General Introduction of Cost Management for Highway Engineering

公路工程造价管理概论

组织编写　交通运输部路网监测与应急处置中心
主　　编　孔凡国
副 主 编　虞丽云　方　申
　　　　　帖卉霞　于　柯

人民交通出版社股份有限公司
China Communications Press Co.,Ltd.

内 容 提 要

本书以贯彻国家法规、规范为指导思想，以交通运输部发布的《公路工程造价管理暂行办法》为基本依据，从基本理论和实践应用入手，介绍了公路工程造价管理的相关理论、计算评价方法和发展方向。

本书主要面向公路工程造价、工程项目管理、土木工程、交通运输工程等专业的技术、管理人员和研究人员，可作为从事公路工程造价管理的专业人员培训和学习用书，也可作为高等院校相关专业研究生和本科生的教学用书。

图书在版编目(CIP)数据

公路工程造价管理概论 / 孔凡国主编 ; 交通运输部路网监测与应急处置中心组织编写. — 北京 : 人民交通出版社股份有限公司, 2019.9

ISBN 978-7-114-15812-4

Ⅰ. ①公… Ⅱ. ①孔… ②交… Ⅲ. ①道路工程—工程造价—造价管理—概论 Ⅳ. ①U415.13

中国版本图书馆 CIP 数据核字(2019)第 182201 号

Gonglu Gongcheng Zaojia Guanli Gailun

书　　名：公路工程造价管理概论
著 作 者：孔凡国　虞丽云　方　申　帖卉霞　于　柯
责任编辑：王海南
责任校对：赵媛媛
责任印制：张　凯
出版发行：人民交通出版社股份有限公司
地　　址：(100011)北京市朝阳区安定门外外馆斜街 3 号
网　　址：http://www.ccpress.com.cn
销售电话：(010)59757973
总 经 销：人民交通出版社股份有限公司发行部
经　　销：各地新华书店
印　　刷：北京市密东印刷有限公司
开　　本：787 × 1092　1/16
印　　张：12.75
字　　数：320 千
版　　次：2019 年 9 月　第 1 版
印　　次：2019 年 9 月　第 1 次印刷
书　　号：ISBN 978-7-114-15812-4
定　　价：70.00 元

《公路工程造价管理概论》编写组

主　　编： 孔凡国

副 主 编： 虞丽云　方　申　帖卉霞　于　柯

编写人员： 李　宁　王彩仙　汪　优　王欲敏

李　燕　王　博　王世伟　王　聪

王超颖　张　磊　王　萍　黄祖慰

牟奕峰　刘　丹　彭　娜　罗　沁

总 序

新中国成立70年来，公路交通的发展取得了举世瞩目的成绩，全国公路总里程已达484.65万公里，高速公路突破14万公里，昂居世界第一，为国民经济社会发展、全面建成小康社会提供了基础性、先导性和服务性的重要支撑，为建设交通强国、形成高质量立体互联的综合交通网络化格局奠定了坚实的基础。

进入新时代，交通运输事业仍处于基础设施发展、服务水平提高和转型发展的黄金时期。同时，公路交通的"大路网格局"与"网络化运行"特征越发明显，未来一段时间将是我国公路交通体系重构、标准统一、联网联控、智能智慧的重要发展期、机遇期。随着2019年年底全面取消高速公路省界收费站——这一我国交通发展史乃至世界交通发展史上百年难遇的重大里程碑式工程即将实现，中国公路必将开启"一张网"体系下管理与服务的新时代。

新时代开启新征程，新使命谱写新篇章。作为始终秉承"让路网运行更安全畅通、让公众出行更便捷愉快"宗旨的交通运输部路网监测与应急处置中心（以下简称"中心"），自成立之初就以实现公路网"出行效益最优化、运行效率最大化、不安全因素最小化和服务质量最佳化"作为中国路网事业追求的发展目标，努力践行"融合创新、联网保障、协同高效、开放共享、服务至上"的发展理念，积极打造以精准监测为核心、高效处置为关键、出行服务为龙头的智慧路网体系，不断提升路网管理能力和服务水平，为建设具有中国特色、世界一流的现代化、智能化的路网指挥中心而奋斗。

诚然，作为一项新事业、一个新领域，从概念诞生到懵懂前行再到蓬勃发展，公路网管理与服务经历了从抽象到具体、由理论到实践的逐步发展过程。这段宝贵的经验值得我们去珍惜、去总结、去借鉴。为此，中心倾全员之力、多年之功，编撰了由6本专著组成的"中国路网丛书"。丛书立足于公路"一张网"时代运行特征与现状，着眼于智慧中国路网技术发展最前沿，从公路网运行管理基本概念、基本理论入手，全面深入地介绍了路网监测、应急处置、出行服务、联网收费、造价管理等领域系统性、前瞻性的研究成果，以及以"云网融合"为代表的新一代智慧路网技术新理论、新架构、新体系。

“中国路网丛书”是国内首部综合介绍公路运行管理与服务体系的优秀著作。编撰过程周密严谨、内容完整翔实，注重业务实践及新技术应用，可以有效引领“智慧中国路网”建设健康、可持续发展。希望“中国路网丛书”能够成为从事公路网管理与服务工作行业同仁、专家学者以及广大读者的良师益友和参考工具，促中国路网事业发展蒸蒸日上，为实现交通强国伟大战略作出更大贡献！

“中国路网丛书”编审委员会

2019 年 9 月

前言

公路工程造价管理与公路工程质量、安全、进度管理，共同构成公路工程建设项目管理的四大任务，贯穿于公路工程建设管理的全过程，体现在公路工程建设管理的每一个环节，对公路工程品质和行业建设环境等具有直接影响。合理地确定建设项目造价，并有效控制建设投资，对工程的质量、安全、进度有着重要的保障作用，对公路运营期间保证良好的路况水平和安全便捷出行具有重要意义。2016 年 9 月 2 日，交通运输部发布了《公路工程造价管理暂行办法》（交通运输部令 2016 第 67 号）（以下简称《办法》），并自 2016 年 11 月 1 日起施行。这是我国第一部关于公路工程造价管理的规章制度，作为行业规章，从国家层面完善了公路工程造价管理制度体系，明确了各方职责、权利和义务，确定了建设工程全过程造价监管机制，为公路工程造价管理有法可依、遵章守规提供了有效的制度保障。

自《办法》发布实施以来，相关工程技术人员和造价管理人员对于《办法》的关键条款内涵及政策上的解读存在一定程度的偏差，执行尚存在一定的问题。为了厘清新形势下公路工程造价管理中存在的问题和不足，为公路行业供给侧结构性改革提供技术支撑，故编写此书。本书以《办法》为主线，以"紧扣制度、紧扣程序、紧扣发展、紧扣读者"为原则，通过制度解读、原理分析和案例评述等，循序渐进、深入浅出地反映了《办法》的脉络和技术路线。全书内容与《办法》一呼一应互相联系，便于读者学习和理解，亦力求突出公路工程造价管理发展的最新成果，为进一步推动工程造价管理基本理论和实践的发展与工程造价、项目管理和工程信息化等学科的发展贡献绵薄之力。

全书共分五章。第一章从造价管理现状、各阶段管理内容和制度体系等方面出发，对我国公路工程造价管理工作进行了全面梳理，对新形势下公路工程造价管理发展趋势和工作内容进行了展望。第二、第三章对公路工程造价基础内容，即费用组成和计价依据，进行解读，为参与公路工程建设各方开展成本分析、定额测算和补充标准制定等实际工作提供了理论和技术上的有益参考。第四章明确了造价确定控制的概念，对应给出了公路工程建设各环节造价确定和控制的具体内容、要求和步骤。第五章通过对造价管理信息化的概念论述和现状概述，提出了造价管理信息化的技术架构和标准化体系，结合实施案例分析为后续公路造价信息化管理的发展给出了参考和方向。

撰写本书，得到了交通运输行业各级领导的鼓励与亲切关怀，得到了各省级公路工程造价管理机构和中南大学、重庆交通大学等单位的支持，得到了业内同行和专家学者的宝贵意见和建议，对此表示衷心感谢。本书编写过程中参考和引用了诸多公开发表的文献资料，在此一并表示衷心感谢。

尽管笔者尽了最大努力，但由于能力、时间等有限，书中难免存在不足和疏漏之处，敬请广大读者批评指正、不吝赐教。

本书编写组

2019 年 8 月

目 录

第一章

公路工程造价管理制度

第一节　公路工程发展现状

一、全国公路工程发展数据统计

交通运输建设是国家的基础产业和经济发展的重要组成部分。其中,公路建设对于改善路网结构,促进区域地区经济联系,有效拉动内需,刺激公路附近地区的经济繁荣和发展,以及区域经济发展和空间格局演化具有重要作用。

2018 年末全国公路总里程 484.65 万 km,比上年增加 7.31 万 km。公路密度 50.48km/100km^2,增加 0.76km/100km^2。公路养护里程 475.78 万 km,占公路总里程 98.2%。2014—2018 年全国公路总里程及公路密度发展情况如图 1-1 所示。

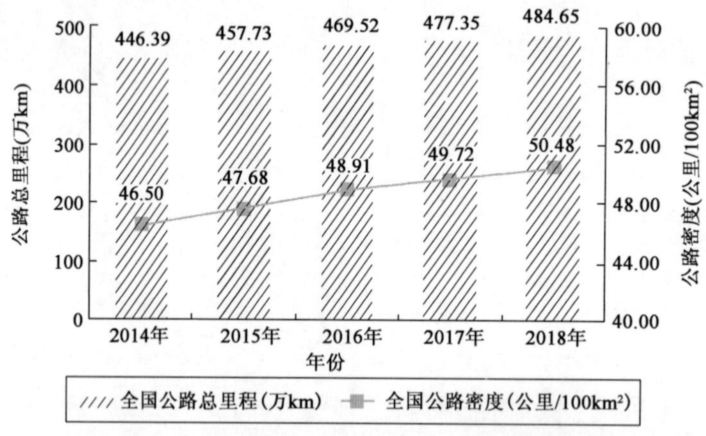

图 1-1　2014—2018 年全国公路总里程及公路密度

2018 年末全国四级及以上等级公路里程 446.59 万 km,比上年增加 12.73 万 km,占公路总里程 92.1%,提高 1.3 个百分点。二级及以上等级公路里程 64.78 万 km,增加 2.56 万 km,占公路总里程 13.4%,提高 0.3 个百分点。高速公路里程 14.26 万 km,增加 0.61 万 km;高速公路车道里程 63.33 万 km,增加 2.90 万 km。国家高速公路里程 10.55 万 km,增加 0.33 万 km。2018 年全国公路里程分技术等级构成如图 1-2 所示。

2018 年末国道里程 36.30 万 km,省道里程 37.22 万 km。农村公路里程 403.97 万 km,其中县道里程 54.97 万 km,乡道里程 117.38 万 km,村道里程 231.62 万 km。

2018 年末国道里程 36.30 万 km,省道里程 37.22 万 km。农村公路里程 403.97 万 km,其中县道里程 54.97 万 km,乡道里程 117.38 万 km,村道里程 231.62 万 km。

2018 年末全国公路桥梁 85.15 万座、5568.59 万 m,比上年增加 1.90 万座、342.97 万 m,其中特大桥梁 5053 座、902.69 万 m,大桥 98869 座、2637.04 万 m。全国公路隧道 17738 处、1723.61 万 m,比上年增加 1509 处、195.10 万 m,其中特长隧道 1058 处、470.66 万 m,长隧道

4315 处、742.18 万 m。

2018 全年完成公路建设投资 21335 亿元，比上年增长 0.4%。其中，高速公路建设完成投资 9972 亿元，比上年增长 7.7%；普通国省道建设完成投资 6378 亿元，比上年下降 12.2%；农村公路建设完成投资 4986 亿元，比上年增长 5.4%。

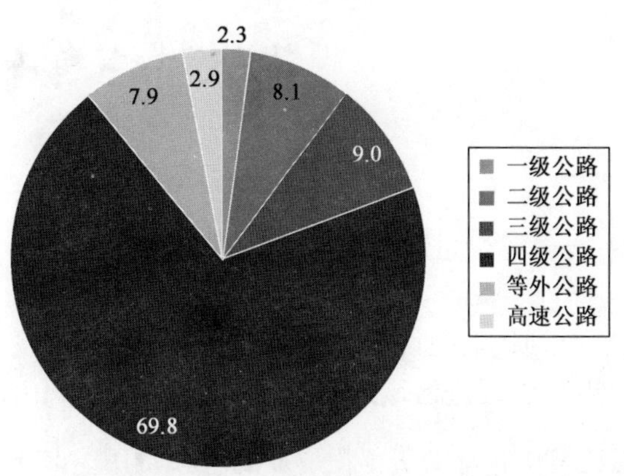

图 1-2　2018 年全国公路里程分技术等级构成

随着社会化大生产的发展，国内外经济环境持续变化，国家政策不断调整。总体来说，公路建设里程与投资总体呈现高速公路建设速度逐渐趋缓，农村公路建设速度逐渐加快，国省道稳步推进的特点。高速公路的发展态势除表现在建设里程和投资总额快速增长外，还表现在由平原微丘向山岭重丘区推进，由发达区域向欠发达区域快速推进。国省道建设新增里程虽然在减少，但投资仍保持稳步推进，主要表现在加宽扩建、桥梁等结构物荷载标准提高与局部改线等技术等级的提高上，以及路面大修罩面等行车条件的改善上。农村公路的建设里程和投资均持续增长，主要表现在通乡、通村公路建设里程的增加和已建成公路抗灾害能力的提高上。

二、公路工程发展政策导向

党的十八届三中全会和四中全会明确要求政府将进一步深化经济体制改革，核心问题是处理好政府和市场的关系：使市场在资源配置中起决定性作用和更好地发挥政府监管作用，推进依法行政。政府通过加强发展战略规划、政策、标准等的制定和实施，加强市场活动监管，加强各类公共服务。推动资源配置依据市场规则、市场价格、市场竞争实现效益最大化和效率最优化，完善由市场决定价格的机制。从法制到法治，这是质的飞跃。

交通运输部作出一系列法治改革安排：推出了《关于深化公路建设管理体制改革的若干意见》和《公路工程造价管理暂行办法》征求意见稿等。交通运输部在召开的全国标准化工作电视电话会议上，专题部署将标准化贯穿到交通行业全寿命周期的各个过程，推进行业治理能力现代化，促进行业工作方式转型升级，有力支撑“四个交通”建设。

同时，交通运输部进一步强调：标准与战略规划、政策一样，都是制度规则体系的重要组成部分，各级交通运输管理部门相继取消和下放了部门行政审批项目，同时要加强事中、事后的监管，使市场在交通建设资源配置中起决定性作用和更好发挥政府监管作用。加强交通运输标准化建设，把政府该管的强制性标准、基础性标准管理好，把适合市场机制调整的推荐性标准放到位，进一步发挥标准规范对市场主体的指导作用。标准是规范行业行为、引领行业发展、评价行业工作的重要依据。行业的标准化发展建设就是现代信息化发展的“集结号”。这一系列改革措施给交通公路建设及其造价管理发展带来新的机遇。

第二节　公路工程造价管理内容

一、公路工程造价组成

1. 建筑安装工程费

(1)直接费。由直接工程费、其他工程费组成。直接工程费是指施工过程中耗费的构成工程实体和有助于工程形成的各项费用。其他工程费是指直接费以外施工过程中发生的直接用于工程的费用。

(2)间接费。由规费、企业管理费组成。规费系指政府和有关权力部门规定施工企业必须缴纳的费用。企业管理费是指施工企业为组织施工生产经营活动所发生的管理费用。

(3)利润。指按照国家有关规定,施工企业应取得的利润。

(4)税金。指按国家税法规定,应计入建筑安装工程造价内的营业税、城市维护建设税及教育费附加。

2. 设备工具、器具购置费

设备购置费系指为满足公路的运营、管理、养护需要,购置的构成固定资产标准的设备和虽低于固定资产标准但属于设计明确列入设备清单的设备费用。工具、器具购置费是指建设项目交付使用后,为满足初期正常运营必须购置的第一套不构成固定资产的设备、仪器、仪表、工卡模具、器具、工作台(框、架、柜)等的费用。

3. 工程建设的其他费

为保证工程建设顺利完成和交付使用后能够正常发挥效用而产生的其他各项费用的总和,它主要包括以下几个方面:土地补偿费与安置补助费(征用土地费和拆迁费)、建设单位管理费、勘察设计费和研究试验费、施工机构迁移费、供电贴费、大型专业机械设备购置费及进口设备项目的其他费用(按需购置的清单计算)、固定资产投资方向调节税(差别税率)及建设期贷款利息。

4. 预备费

预备费指在初步设计和概算中难以预测的工程和费用,以及建设项目由于物价、汇率、税金、贷款利率等变化所引起的费用,包括工程造价增长预备费和预备费两部分。

二、公路工程各阶段造价管理

公路工程建设项目各阶段造价管理构成框架如图 1-3 所示。

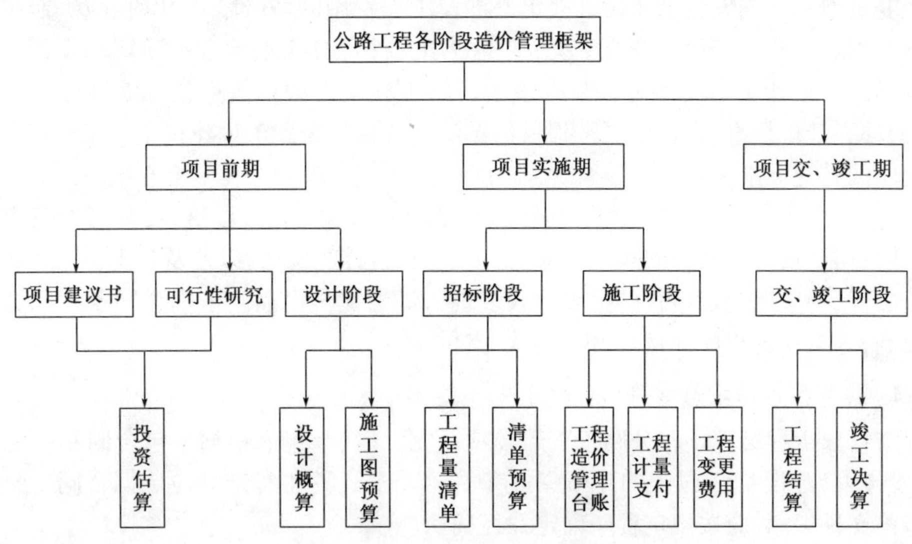

图 1-3　公路工程建设阶段造价管理框架图

1. 前期阶段的造价管理

投资估算。投资估算是在公路工程的项目建议、工程可行性研究阶段进行,对应分别为预可行性研究投资估算、工程可行性研究投资估算。投资估算的编制应依据公路工程建设项目投资估算编制办法及配套估算指标;设计深度达到初步设计深度时,可依据公路工程建设项目概算预算编制办法及配套定额、相应的补充计价标准。

设计概算。设计概算是公路工程的初步设计(修编初步设计)、技术设计编制阶段进行,对应分别为设计概算(修编设计概算)、修正概算。设计概算的编制应依据公路工程建设项目概算预算编制办法及配套定额、相应的补充计价标准。

施工图预算。施工图预算是公路工程的施工图(修编施工图设计)设计阶段进行,对应为施工图预算(修编施工图预算)。在公路工程发生重(较)大设计变更时,也应编制设计变更预算。施工图预算的编制应依据公路工程建设项目概算预算编制办法及配套定额、相应的补充计价标准。

2. 实施阶段的造价管理

工程量清单。工程量清单是公路工程在招标阶段或合同签订阶段进行,采用工程量清单方式计价时应编制。根据其用途,可分为招标工程量清单、投标报价清单、合同工程量清单等。工程量清单的编制应依据公路工程建设项目工程量清单计价规范及相应的补充标准。

清单预算。清单预算是采用工程量清单方式计价时,依据招标文件,参照公路工程建设项目概算预算编制办法和配套定额、相应的补充计价标准,而编制的造价文件。清单预算一般在招标阶段编制,作为确定招标标底或最高投标限价的基础。

工程造价管理台账。工程造价管理台账是在公路工程建设项目实施阶段,建设单位为准确掌握项目在实施期工程投资动态变化,批复设计概算(或一阶段施工图预算)与预估竣工决算对比情况,而编制的造价文件。造价管理台账应动态管理,以准确反映工程实施阶段造价相关的动态信息。

工程变更费用。当发生工程设计变更并涉及工程费用的增(减)变化时,应编制工程变更费用文件。根据公路工程设计变更分类,变更费用文件可分为设计变更预算和设计变更工程量清单的形式。设计变更预算的编制应依据公路工程建设项目概算预算编制办法及配套定额、相应的补充计价标准;设计变更工程量清单编制应依据公路工程建设项目工程量清单计价规范及相应的补充标准。

工程计量支付。工程计量支付是在公路工程建设项目实施阶段进行,为了对已完工程进行计量,并根据计量结果和合同规定对应付价款进行统计和确认,以便及时支付工程价款而编制的造价文件,一般以规定格式的报表形式表现。计量支付报表应依据合同条款和合同工程量清单编制,并按规定程序计量、计价、签认、支付。

3. 竣(交)工阶段的造价管理

工程结算。工程结算是在公路工程建设项目完工后,承包人根据承包合同和已完成的工程量,向发包人(建设单位)办理工程价款清算的经济文件。工程结算应依据合同、变更、计量支付等造价文件编制,应按规定程序确定并经确认。

竣工决算。公路工程竣工验收前应编制竣工决算,竣工决算是工程竣工验收的重要依据之一。竣工决算应完整反映公路工程的全部实际投资,是公路工程的最终价格,也是作为建设单位财务部门汇总固定资产的主要依据。竣工决算应按公路工程建设项目竣工决算编制办法及相应的补充标准编制,按规定程序认定。

第三节　我国公路工程造价管理分析

一、公路工程造价管理成绩

1. 规章制度逐步完善

各省、自治区、直辖市以本地实际需求为导向,率先制定了一些地方造价管理制度,比如云南省以省政府令颁布了《云南省交通运输工程造价管理办法》,北京、山西、辽宁、吉林、山东、四川、陕西、青海等省级交通运输主管部门也纷纷出台了相关管理制度。各地的积极探索和先行先试,有力推动了造价管理工作法制化。在各地实践探索的基础上,在交通运输部路网中心、职业资格中心等单位的共同协作下,历时三年,经过广泛调查研究和充分征求意见,多次修改完善,正式颁布实施了《公路工程造价管理暂行办法》,作为行业规章,从国家层面完善了公路工程造价管理制度体系,明确了各方职责和权利、义务,确定了监管机制,为公路工程造价管理有法可依、遵章守规提供了制度保障。

2. 标准体系日益健全

在实践探索过程中,各地各单位及时分析工程建设和养管工作中出现的问题,总结提炼经验,紧跟发展形势要求,适应管理职能转变,不断补充和完善造价标准体系,加快造价标准制修订频率,增列和更新了一系列计价标准,更好地满足了全过程造价管理需求。目前,已经基本建立了建设项目造价文件编制规范、建设项目投资估算编制规范、建设项目概算预算编制规范、工程量清单计价规范、建设项目决算编制规范、公路养护预算编制导则等全过程造价标准体系,涵盖了工程建设和养护管理各个阶段。其中,《公路工程建设项目造价文件管理导则》(JTG 3810—2017),解决了工程建设各阶段造价文件衔接等问题。同时,各地也结合本地实际和管理需要,组织制定了大量的补充规定和补充定额,发布了材料指导价格信息等地方计价依据。

3. 造价控制成效显著

各地普遍推行了重点环节造价审查制度,有的省还实现了全过程的造价审查,对科学确定工程造价、合理监管资金使用发挥了重要作用。部分省开展了投标控制价、工程变更、价差调整等造价审查工作。部分省严格执行《公路工程竣(交)工验收办法》相关规定,开展工程决算审查,在工程竣工验收前先行把关,及时发现问题,及时纠正错误,树立了行业威信,维护了行业形象。湖南、广东、云南等省还开展了造价监督检查工作,促使相关单位落实造价管理责任,确保建设资金得到有效监管。

4. 管理能力稳步提升

在各省级交通运输主管部门的推动下,各地基本都成立了省级造价管理机构,浙江、河南、广东、四川、云南等省还建立了地市级造价管理机构。健全的机构设置和人力、物力投入,为造价管理工作提供了良好的基础保障,为交通运输主管部门依法履职提供了重要支撑。各地造价管理机构在建设项目前期工作时间紧、任务重的情况下,迎难而上,主动作为,创新工作方式、方法,及时提出造价审核意见,为工程管理保驾护航。积极应用信息技术,打通信息壁垒,整合数据资源,通过大数据分析,大力提升以数据管理为核心的造价管理工作水平和能力。据统计,目前全国已有17个省自治区、直辖市建立了公路工程造价信息系统,在确保造价文件编制质量、提高计价准确性、提升造价信息服务能力、提高造价管理效率等方面发挥了重要作用。

二、公路工程造价管理的严峻形势

1. 造价法规和标准

管理法规缺失,不能从根本上落实管理责任;计价标准虽有,但不健全;地方层面不乏亮点。

(1)造价法规

国家层面:相较于住建、水利、铁路等行业,公路工程造价管理规章制度建设较为滞后,在诸多涉及公路建设管理法规中均未有工程造价管理明确内容。

地方层面:各省根据自身管理需要,制定了大量的公路工程造价管理制度,内容涉及职责定位、计价依据、造价监督、招投标、工程变更、造价信息发布、从业队伍管理、造价软件管理等多方面。经统计,各省出台制度共195项,地方法规3项,行业规范性文件159项,政策指导意见23项,其他管理文件9项。

一方面,各省制定了大量的地方管理制度和补充规定,形成了涉及面宽、各具特色的造价管理制度体系。部分省更是先试先行,积极探索造价管理法制化之路。另一方面,各省之间制度建设和执行力度并不均衡,尤其是缺少造价管理责任制度、信用管理制度、信息公开制度,不能从根本上解决管理责任的落实。

(2)计价标准

国家层面:交通运输部一直比较重视计价标准建设,公路建设项目立项、设计等阶段都已形成了较完善的计价办法、指标和定额标准。但对此类标准修编不够及时,更新慢,与施工阶段、交竣工阶段的市场计价体系衔接性不够。公路养护工程计价标准体系尚未建立。

地方层面:各省计价标准建设多是对部颁标准的补充和完善,有一定的创新和突破。在材料价差调整、价格信息发布、工程量清单计价规则等方面补充了部颁计价依据。针对科技发展和现代交通管理需要,开展了造价文件编制、造价信息系统研发,定额管理、造价计价软件管理等研究,完善和丰富了部颁计价标准体系。

2. 监管机制

国家层面政出多门,各省监管体制差异较大,部分主要环节监管力度不足。

从调研情况看,造价监管无论是从国家,还是省级层面,监管职能都涉及多个政府部门,存在相互交叉,从估算核准、概算审批、招标价核备、决算认定,各造价控制环节监管机制差异较大,监管责任不明确,监管力度不足。虽然对工程立项、初步设计阶段的造价监管较到位,但施工、交竣工阶段的造价监管有所缺失。

(1)国家层面造价监管环节

国家重点公路项目从立项、设计、招标、施工和竣(交)工验收等环节的造价管理涉及发改、交通、财政、审计、住建等多个部门。

(2)省级造价监管体制

各省审批的公路项目,不同省之间管理体制差异较大。以初步设计概算审批为例,有的由交通运输部门审批,有的由发改部门审批,有的由交通运输部门初审,最终由住建部门审批,等等。

(3)交通行业内部造价监管环节

国家层面:交通运输部各部门承担的造价监管环节主要在前期造价审批(查),没有完全涵盖造价各环节。尤其是重大变更、竣工决算认定作为公路投资最终核定环节非常关键,而对其监管缺失;即使是初步设计审批和项目立项行业初审,虽然责任明确,但具体审查一般采取委托咨询单位代部审查形式,监管力度不足,其审查标准也不统一,造成类似项目之间造价水平差异大。

地方层面:各省间具体监管机制和监管力度差别较大。64.5%的省交通运输部门委托所属专职造价机构独立承担具体管理工作;25.8%的省由专职造价机构和交通运输主管部门相关处室分工承担具体管理工作;还有9.7%的省直接由交通运输主管部门相关处室负责具体工作。在造价监管方面,大部分省重视前期阶段造价审定,忽视后期阶段造价监管,如有33.3%的省不审查招标控制价,66.7%的省不审查结算和竣工决算,造成重要环节的造价监管缺失,监管责任不落实。

3. 管理责任

行业主管部门监管责任不明确,专职造价机构的管理责任不到位,公路建设各方控制责任缺失。

(1)交通运输部门的监管责任

国家层面：交通运输部的主要职责中没有明确公路工程造价管理监管责任。没有专设公路造价管理机构，交通运输部公路局负责造价管理相关政策、计价标准的制定和监督实施，负责国家重点项目的初步设计概算审批及调整，指导全国造价管理工作；交通运输部综合规划司负责国家重点项目投资估算的行业审查；交通运输部职业资格中心负责造价从业人员的考试管理。以上职责没有完全涵盖造价管理各环节。

地方层面：调研各省交通运输主管部门的主要职责，发现只有广东、湖南、贵州三省交通运输厅明确了造价管理或造价控制是其主要职责之一。除北京、辽宁、广西外，其他省(自治区、直辖市)均设公路造价管理机构，具体承担造价管理职责。

(2)专职造价管理机构的管理责任

长期以来，各省级、市级公路造价管理机构在履行造价管理具体职责方面，做了大量富有成效的工作，为加强公路造价控制、推进公路交通事业发展提供了有效的经济支撑和技术保障。

(3)公路建设各方的管理责任

公路建设各方是工程造价控制的直接主体。从此次调研采集的信息来看，没有资料显示有制度、手段、措施来约束建设、设计、监理、施工等参建单位的造价管控责任。广东2012年修订其公路工程造价管理办法，对公路建设各方的造价管控责任提出了规定，但也基本停留在制度层面，还没有制定责任追究实施细则。

4. 管理机构

部级专职机构缺失，省级专职机构基本健全；从业人员管理有一定基础，从业单位管理处于缺失状态。

(1)造价专职管理机构

国家层面专职机构：相比住建、水利、铁路等部门均设有其部属专职造价管理机构而言，交通运输部未设有专职公路工程造价管理机构。专职机构的缺失一定程度上影响了交通运输部对造价监管职能的履行。

地方层面专职机构：除北京、辽宁、广西外，省级交通运输部门大多设立了其下属专职造价管理机构[称“交通运输工程造价(定额)站(局)”]，多为正处级事业单位。广东、云南等13个省还在地市级设立了专职管理机构。省级专职机构人员配置30人以上的有广东等6个省，10~30人的有陕西等12个省，10人以下的有江苏等10个省，专业技术人员比例约占70%~80%。经费来源以实行财政全额预算为主广东等21个省。

省级专职造价管理机构从职能上可区分为侧重定额依据管理(6个省)、侧重前期造价审查(14个省)、侧重行政监管(2个省)、侧重全过程管理(6个省)四类。其中，全过程管理的职能设置由于能够在管理机构内部形成闭合管理回路，使造价处于受控状态，实践效果较好。

(2)从业队伍管理

人是生产力中最重要的因素。公路工程计价是一项复杂的专业活动，造价是否合理、能否有效控制，离不开一只高素质的从业队伍。

从业人员管理：交通运输部从1995年开展公路工程造价从业人员资格考试制度至今，登记在册公路甲、乙级造价人员共18141人,为公路建设积累了一批专业人员,在各地造价管理中发挥着重要作用。受机构缺失的限制,交通运输部对持证人员的继续教育、后续考核没有配套制度和措施,持证上岗制度未能真正执行。

持证人员数量远不能满足交通运输大发展的需要,无证从业现象普遍存在。近年来从管理需要出发,福建、重庆、广东、内蒙古等少数省(自治区、直辖市)开展了造价从业人员资格年检,广东等少数省定期开展造价从业人员继续教育培训。信用管理由于缺乏客观、可操作的技术工具也还没有实质性开展。

(3)从业单位管理

指对公路工程造价咨询从业单位的管理。在公路工程造价从估算、概预算到工程(结)决算核定过程中,造价咨询发挥着重要作用,承担重要角色,但目前,由于缺乏管理权限,交通运输部门既未出台相关规定,各省也基本未开展该项工作。

三、公路工程造价管理存在的问题

(1)造价管理定位不清,对加强造价管理必要性认识不足。

"重质量、保安全、抓工期、轻造价"的观念普遍存在。长期以来,无论是各级交通运输主管部门,还是公路建设各方,普遍存在"重质量、保安全、抓工期、轻造价"的观念,常常为了落实工期、质量、安全责任而不惜加大公路建设成本,与建设节约型社会的目标背道而驰。尤其高速公路建设项目,投资主体呈现多元化,行业主管部门只关注项目开工、完工,忽视投资大小;建设单位只关注追求精品工程,希望做大概算;设计单位只关注获得设计任务,忽视投入产出效益;施工单位只关注工程顺利实施,谋求企业最大利润。以上行为,体现了长期以来由于造价管理定位不清,责任不明确,控制主体缺位,造成大家忽视造价管理工作。没有把造价管理与建设节约型社会联系起来。建立节约型社会要求我们以最小的投入,产生最大的效益。造价管理产生的效益长期以来被忽视。公路建设管理过程中,简单地理解为造价管理就是编制和审查估算、概预算的观点还普遍存在,不能深刻理解造价管理实质是一项政策性很强的融行政、技术、经济为一体的管理工作,要通过制定科学、合理、准确的计价标准,通过优化设计方案、合理利用资源、进行技术经济分析、依据相关法规和约定合同,规范各级计价行为,以达到科学核定各阶段工程造价,把好投资控制关的根本目的。

(2)管理制度和机构缺失,是造成造价监管不到位的主因。

目前为止,国家层面没有相关的法规,交通运输部也没有一部统领行业的纲领性造价管理部门规章,相应配套规范性文件、管理制度难以出台,管理行为缺乏上位法支持,"依法管价"缺乏依据,部级专职机构的缺失,下级行业管理部门无所适从、管理职能逐渐遭削弱,严重制约了造价管理职能的发挥。由于上位法缺失,交通运输部门对公路造价监管缺乏引导、缺少规范。造成各地各自为政,主要环节监管不到位等现象。制度缺失造成监管体制不顺、机构设置不力造成监管效果差异明显、管理责任不落实,造成重要环节监管不到位。

此外,对涉及造价管理的政策、管理办法常常政出多门,对民营企业的投资管理没有有效的管理约束办法和机制。

(3)部属专职造价机构的缺失,造成计价体系缺乏规划和更新。

由于交通运输部未设专业造价管理部门，目前公路工程计价标准的制修订多以公路局采取委托采购形式，由设计院、科研机构或省级造价机构承担。各阶段计价标准的制修订可能常常政出多门，且相互脱节、更新过慢，定额的测定、编制、修编均缺乏长效机制和科学规划，造成适用性欠佳，对新技术、新工艺的计价标准不及时，影响工程造价的准确核定。计价体系系统性和适用性不强，对各省补充计价体系指引性不够，是造成各省间造价水平差异大的重要原因之一。

此外，交通运输部就估算、概预算编制出台了相应编制办法和配套定额，但计价体系中涉及与编办相配套的公路工程材料价格的调查与发布、历史建成公路造价资料的搜集与利用、计价软件工具的接口标准的制定、新工艺新技术的计价等内容，均未能形成统一规划，造成现有计价依据执行力不足、计价标准的采用随意性大等问题。

(4)对从业队伍管理不力，造成计价不规范行为普遍存在。

从业队伍人数上的不足，没有建立可持续人才培养机制。随着公路建设任务的日益繁重，现代工程管理对造价管理也提出了更高的要求，造价从业人数远不能适应“日益繁重的造价管理任务与生产力不足的矛盾”。一方面，公路工程造价咨询中介市场行业发育缓慢，对中介的行业培育和引导缺失；另一方面，公路造价从业人员基本处于“放任自流”状态。持证上岗制度远未全面落实，无证从业现象较为普遍；执业管理未能形成制度化、常态化，随意性较大；信用管理缺少客观、可操作的办法，基本未开展。

对公路建设市场还存在的地方保护主义、局部垄断行为、业主不作为、市场主体追求利润最大化、低价抢标、设计周期不足深度不够、人为缩短工期造成投资增加等可能产生的不规范计价行为，由于缺乏对公路建设市场造价从业人员的有效监管，管理部门对市场这类不规范行为也缺乏有效的管控手段，造价编制和审核缺乏规范引导，造价数据失真成为必然。

(5)缺乏信息公开制度，造成公众对造价管理公信力质疑。

造价审批、公路收费年限及标准核定等信息不透明、社会监督不足是造价管理公信力降低的根本原因。公众对了解关系切身利益的公路造价信息的愿望迫切，但开展造价信息公开的省寥寥无几(目前仅河南省将招标控制价和工程决算主要指标在网站公开，福建省定期在网站上发布部分阶段的造价审查指标数据)。加之涉及公路造价的违法行为不时曝光，期望与失望交织下，公路造价管理的公信力受到质疑。

(6)公路工程造价信息化管理混乱，缺乏有效过程监管手段。

目前我国造价信息的提供还是以政府主管部门为主导，造价信息咨询行业的发展相对滞后，没有统一标准。目前，在造价信息管理主要的成果及规章方面，除行业关于造价方面的规章制度(主要为概预算编制办法)外，交通运输部于 2018 年 2 月 27 日发布了《公路工程标准施工招标文件》(2018 年版)，其中载有工程量清单样式，以及相应的计量支付条款，但工程量清单子目的划分相对较粗，综合性较大。这些管理办法、规章制度虽然均参照交通运输部的标准招标文件制定，但同时也考虑了各省实际情况和历史习惯，导致工程量清单子目划分标准不一，没有形成全国性的统一性标准，如挖土石方清单子目，湖南省代号为 203-1-a，云南省代号为 203-1-1，而重庆市代号虽然也为 203-1-a，则表示挖土石方。

第四节　公路工程造价管理制度体系

一、工程造价制度建设情况

全国31个省(自治区、直辖市)中,云南、甘肃、宁夏3个省(自治区)出台了造价管理地方法律;广东、广西、陕西、辽宁、吉林、黑龙江、湖北、湖南、江苏、浙江、重庆、安徽、山西、山东、河南、海南、新疆、内蒙古18个省(自治区)出台了造价管理省级政府规章;北京、天津、贵州3个省(直辖市)出台了省级建设行政主管部门规范性文件;上海、江西、福建、青海、西藏、河北、四川7个省(自治区)尚未发布建设工程造价管理办法。发布省级地方性法律占9.7%,省级规章占58.1%,行业规范性文件占9.7%,未发布占22.5%(图1-4)。所有发布的建设工程造价规章制度基本涵盖了造价管理全过程、全要素的主要内容。

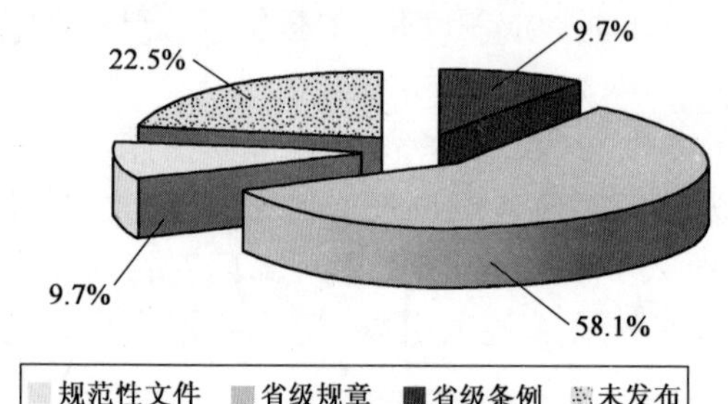

图1-4　全国建设工程造价管理办法建设情况

建设工程造价管理起步早,制度较为健全,以广东、云南为例,广东省人民政府1998年就以省人民政府第40号令发布了《广东省建筑工程造价管理规定》,云南省人民代表大会常务委员会2002年9月以第66号公告发布了《云南省建设工程造价管理条例》,随后配套发布了相关的造价管理规章制度。

铁路、水利、石油、国家发改委等部门均发布了工程造价管理规定,其中铁道部2013年发布了《铁路工程造价标准管理办法》(铁建设〔2013〕27号);水利部1999年9月发布了《水利工程造价工程师注册管理办法》(水建管〔2007〕83号);石油部2000年发布了《加强工程造价管理工作的暂行规定》(石油计字〔2000〕第130号);国家发改委2008年发布了《可再生能源发电工程定额和造价工作管理办法》(发改办能源〔2008〕649号)。

相较于建设及其他行业工程造价管理规章制度建设,公路工程造价管理规章制度建设较为滞后,长期以来把进度、质量放在了工程管理的首位,造价管理相对弱化,除在《中华人民共和国公路管理条例实施细则》第十八条明确"公路主管部门应当加强公路建筑市场管理、定额管理和工程质量监理"外,至今尚未发布一部公路工程造价管理规章,在诸多的公路工程管理法规中均未涉及工程造价管理相关内容。而实施细则中所指的"定额管理"也仅仅只是造价管理的一个方面,尚不能涵盖工程造价的全部。

至今发布的《公路工程造价人员资格管理办法》(交公路发〔1995〕1235号)、《公路工程造价人员资格认证管理实施细则》(交公路发〔1996〕39号)和《关于发布公路建设项目工程决算编制办法的通知》(交公路发〔2004〕507号)。从目前情况看,由于缺乏明确的职能部门和监督体系,以上办法在贯彻落实过程中遇到的阻力较大。

目前为止,云南省出台了《云南省交通运输工程造价管理办法》(2010 年云南省人民政府令 164 号);湖南、湖北、黑龙江、吉林、河北、广东、浙江、福建、江西、江苏、山东、山西、西藏、青海、贵州、云南、河南、新疆、内蒙古、四川 20 个省(自治区)交通行政主管部门发布实施了《公路工程造价管理暂行办法》;北京、天津、重庆、辽宁、陕西、广西、甘肃、宁夏、海南 9 个省(自治区、直辖市)尚未发布公路工程造价管理办法,已发布的制度均以省级交通行政主管部门的规范性文件发布。

29 个省(自治区、直辖市)公路工程与建设工程造价管理办法制度建设对比情况如图 1-5 所示。

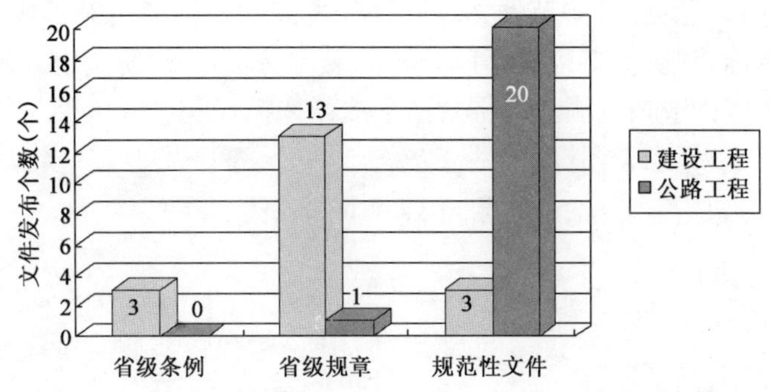

图 1-5　29 个省(自治区、直辖市)公路工程与建设工程造价管理办法制度建设对比情况

二、公路工程造价管理法规制度

1. 国家法律法规

在国家层面上应在全国人大制定的《中华人民共和国公路法》《中华人民共和国合同法》《中华人民共和国招标投标法》《中华人民共和国价格法》中涵盖工程造价管理的主要内容、管理原则,完善相关制度。其中建筑法和公路法确定的是工程造价(工程价格)管理的基本制度;合同法明确的是合同管理的基本原则,以及公路工程合同管理的原则要求和内容等;招标投标法确立的是发承包制度和价格形成机制;价格法明确的是价格管理原则和属性。

2. 行政法规

国务院制定的《招标投标管理条例》等相关法规的是依据《中华人民共和国公路法》《中华人民共和国合同法》《中华人民共和国招标投标法》《中华人民共和国价格法》等上位法,进一步明确工程管理的内容和有关制度。完善的经济立法是市场经济健康发展的基本要求,从工程造价在工程管理的作用看,工程造价是工程建设各方关注的焦点,对工程建设的各要素发挥着重大的制约作用。因此,从立法规划上,建议通过正常渠道推动国务院制定《建设工程造价管理条例》,这部法规将与《建设工程质量管理条例》《建设工程安全管理条例》具有同样的地位,它将明确工程造价管理的原则、内容和相关制度。

3. 行业规章

纲领性规章。2016 年 9 月 2 日,交通运输部发布了《公路工程造价管理暂行办法》(交通运输部令2016第67号),并自2016年11月1日起施行。这是我国第一部关于公路工程造价管理的规章制度,作为行业规章,从国家层面完善了公路工程造价管理制度体系,明确了各方职责和权利、义务,确定了全过程造价监管机制,为公路工程造价管理有法可依、遵章守规提供了制度保障。

一般性规章。主要包括《公路工程建设项目概算预算编制办法》(JTG 3830—2018),但是针对市场经济合同管理工程量清单计价方式还没有完整的计价办法或规定。目前,住建部已经制定了《建筑工程施工承发包计价管理办法》《建设工程结算管理办法》《工程造价咨询资质管理办法》《造价工程师注册管理办法》《建筑安装工程项目费用组成》和《关于进一步推进工程造价管理改革的指导意见》等规范性文件。这些规范性文件通过完善或推进工程量清单计价、国有投资项目招标控制价、工程决算审查和备案、工程经济纠纷调解等制度,为工程造价科学决策、有效控制和咨询业拓宽服务范围营造了法律依据。

三、《公路工程造价管理暂行办法》(以下简称《办法》)

1.《办法》内容

第一章 总　　则

第一条　为加强公路工程造价管理,规范造价行为,合理控制建设成本,保障公路工程质量和安全,根据《中华人民共和国公路法》等法律、行政法规,制定本办法。

第二条　在中华人民共和国境内的公路新建、改建、扩建工程(以下统称公路工程)的造价活动,适用本办法。

本办法所称公路工程造价活动,是指公路工程建设项目从筹建到竣工验收交付使用所需全部费用的确定与控制,包括投资估算、设计概算、施工图预算、标底或者最高投标限价、合同价、变更费用、竣工决算等费用的确定与控制。

第三条　公路工程造价活动应当遵循客观科学、公平合理、诚实信用、厉行节约的原则。

第四条　交通运输部负责全国公路工程造价的监督管理。省级交通运输主管部门负责本行政区域内公路工程造价的监督管理。

第二章 造 价 依 据

第五条　交通运输部制定公路工程造价依据。省级交通运输主管部门可以根据交通运输部发布的公路工程造价依据,结合本地实际,组织制定补充性造价依据。

前款所称造价依据,是指用于编制各阶段造价文件所依据的办法、规则、定额、费用标准、造价指标以及其他相关的计价标准。

第六条　交通运输部对通用性强、技术成熟的建设工艺,编制统一的公路工程定额。

省级交通运输主管部门对公路工程定额中缺项的,或者地域性强且技术成熟的建设工艺,可以编制补充性定额规定。

第七条　对交通运输主管部门制定的公路工程造价依据中未涵盖但公路工程需要的造价

依据,公路工程建设单位应当根据该工程施工工艺要求等因素组织开展成本分析。

第八条　交通运输主管部门应当及时组织造价依据的编制和修订工作,促进造价依据与公路技术进步相适应。公路工程建设、勘察设计、监理、施工、造价咨询等单位应当给予支持和配合。

第九条　编制造价文件使用的造价软件,应当符合公路工程造价依据,满足造价文件编制需要。

第三章　造价确定和控制

第十条　公路工程造价应当针对公路工程建设的不同阶段,根据项目的建设方案、工程规模、质量和安全等建设目标,结合建设条件等因素,按照相应的造价依据进行合理确定和有效控制。

第十一条　建设单位承担公路工程造价控制的主体责任,在设计、施工等过程中,履行以下职责,接受交通运输主管部门的监督检查:

(一)严格履行基本建设程序,负责组织项目投资估算、设计概算、施工图预算、标底或者最高投标限价、变更费用、工程结算、竣工决算的编制;

(二)对造价进行全过程管理和控制,建立公路工程造价管理台账,实现设计概算控制目标;

(三)负责公路工程造价信息的收集、分析和报送;

(四)依法应当履行的其他职责。

第十二条　勘察设计单位应当综合分析项目建设条件,结合项目使用功能,注重设计方案的技术经济比选,充分考虑工程质量、施工安全和运营养护需要,科学确定设计方案,合理计算工程造价。

勘察设计单位应当对其编制的造价文件的质量负责,做好前后阶段的造价对比,重点加强对设计概算超投资估算、施工图预算超设计概算等的预控。

第十三条　施工单位应当按照合同约定,编制工程计量与支付、工程结算等造价文件。

第十四条　从事公路工程造价活动的人员应当具备相应的专业技术技能。鼓励从事公路工程造价活动的人员参加继续教育,不断提升职业素质。

从事公路工程造价活动的人员应当对其编制的造价文件的质量和真实性负责。

第十五条　公路工程建设项目立项阶段,投资估算应当按照《公路工程基本建设项目投资估算编制办法》等规定编制。

第十六条　公路工程建设项目设计阶段,设计概算和施工图预算应当按照《公路工程基本建设项目概算预算编制办法》等规定编制。

初步设计概算的静态投资部分不得超过经审批或者核准的投资估算的静态投资部分的110%。施工图预算不得超过经批准的初步设计概算。

第十七条　公路工程建设项目实行招标的,应当在招标文件中载明工程计量计价事项。

设有标底或者最高投标限价的,标底或者最高投标限价应当根据造价依据并结合市场因素进行编制,并不得超出经批准的设计概算或者施工图预算对应部分。建设单位应当进行标底或者最高投标限价与设计概算或者施工图预算的对比分析,合理控制建设项目造价。

投标报价由投标人根据市场及企业经营状况编制，不得低于工程成本。

第十八条 国家重点公路工程项目和省级人民政府相关部门批准初步设计的公路工程项目的建设单位应当在施工阶段，将施工合同的工程量清单报省级交通运输主管部门备案。

第十九条 勘察设计单位应当保证承担的公路工程建设项目符合国家规定的勘察设计深度要求和勘察设计质量，避免因设计变更发生费用变更。发生设计变更的，建设单位按照有关规定完成审批程序后，合理确定变更费用。

第二十条 在公路工程建设项目建设期内，建设单位应当根据年度工程计划及时编制该项目年度费用预算，并根据工程进度及时编制工程造价管理台账，对工程投资执行情况与经批准的设计概算或者施工图预算进行对比分析。

第二十一条 由于价格上涨、定额调整、征地拆迁、贷款利率调整等因素需要调整设计概算的，应当向原初步设计审批部门申请调整概算。原初步设计审批部门应当进行审查。

未经批准擅自增加建设内容、扩大建设规模、提高建设标准、改变设计方案等造成超概算的，不予调整设计概算。

由于地质条件发生重大变化、设计方案变更等因素造成的设计概算调整，实际投资调增幅度超过静态投资估算10%的，应当报项目可行性研究报告审批或者核准部门调整投资估算后，再由原初步设计审批部门审查调整设计概算；实际投资调增幅度不超过静态投资估算10%的，由原初步设计审批部门直接审查调整设计概算。

第二十二条 公路工程建设项目竣工验收前，建设单位应当编制竣工决算报告及公路工程建设项目造价执行情况报告。审计部门对竣工决算报告提出审计意见和调整要求的，建设单位应当按照要求对竣工决算报告进行调整。

第四章 监督管理

第二十三条 交通运输主管部门应当按照职责权限加强对公路工程造价活动的监督检查。被监督检查的单位和人员应当予以配合，不得妨碍和阻挠依法进行的监督检查活动。

第二十四条 公路工程造价监督检查主要包括以下内容：

（一）相关单位对公路工程造价管理法律、法规、规章、制度以及公路工程造价依据的执行情况；

（二）各阶段造价文件编制、审查、审批、备案以及对批复意见的落实情况；

（三）建设单位工程造价管理台账和计量支付制度的建立与执行、造价全过程管理与控制情况；

（四）设计变更原因及费用变更情况；

（五）建设单位对项目造价信息的收集、分析及报送情况；

（六）从事公路工程造价活动的单位和人员的信用情况；

（七）其他相关事项。

第二十五条 省级以上交通运输主管部门组织对从事公路工程造价活动的人员和造价咨询企业的信用情况进行监管，纳入统一的公路建设市场监管体系。

第二十六条 交通运输主管部门应当按照国家有关规定，及时公开公路工程造价相关信息，并接受社会监督。

交通运输部建立公路工程造价信息化标准体系，建立部级公路工程造价信息平台。

省级交通运输主管部门建立省级公路工程造价信息平台，并与部级公路工程造价信息平台实现互联互通和信息共享。

公路工程造价信息公开应当严格审核，遵守信息安全管理规定，不得侵犯相关单位和个人的合法权益。

第二十七条　交通运输主管部门应当对公路工程造价信息及公路工程建设项目造价执行情况进行动态跟踪、分析评估，为造价依据调整和造价监督提供支撑。

第二十八条　交通运输主管部门应当将监督检查活动中发现的问题及时向相关单位和人员通报，责令其限期整改。监督检查结果应当纳入公路建设市场监管体系。

第五章　附　　则

第二十九条　公路养护工程可以根据作业类别和规模参照本办法执行。

第三十条　本办法自 2016 年 11 月 1 日起施行。

2.《办法》解读

(1)界定了适用范围

《办法》规定在中华人民共和国境内的公路新建、改建、扩建工程的造价活动，适用本办法。目前公路的投资主体呈多元化趋势，无论哪种投资建设模式，都不改变公路作为公共基础设施的服务属性，为维护公众利益，无论是使用国有资金投资、国家融资还是其他主体投资建设的公路工程项目(如 BT、BOT、PPP 项目)，都应进行造价的有效监管，其造价活动都适用于本办法。对于养护工程，由于其管理程序、工程内容和造价组成不同于新建工程，因此规定公路养护工程造价管理可根据作业类别和规模参考本办法执行。同时，《办法》阐明了公路工程造价活动的涵盖范围是从项目筹建到竣工验收交付使用的全部过程，也明确了全过程中主要环节的造价控制节点。

(2)确立了造价活动遵循的原则

《办法》规定公路工程造价活动应当遵循客观科学、公平合理、诚实信用、厉行节约的原则。开展造价管理不是一味谋求压低造价，而是主张合理造价：在优化建设方案、设计方案的基础上，在建设程序的各个阶段，采取有效的方法和措施，合理利用资金，在保证质量和安全的前提下，把建设工程造价控制在合理范围，取得更好的社会效益和经济效益。

(3)明确了各方造价管理职责

《办法》明确了公路参建各方在造价管理中的职责和权利：交通运输部负责全国公路工程造价的监督管理；省级交通运输主管部门负责本行政区域内公路工程造价的监督管理；重点明确了建设单位承担公路工程造价控制的主体责任，这是部相关文件首次就建设项目的造价控制提出责任主体，也是行业主管部门开展监督管理的责任主体；其次是对勘察设计单位提出了造价确定和控制的具体要求。勘察设计单位在造价控制中发挥着重要作用，应切实做好技术经济方案比选、科学确定设计方案，同时做好前后阶段对比、加强造价预控；对于施工单位，重点是履行合同约定；而对于监理、咨询等其他相关参建单位，因与建设单位是合同关系，由建设单位承担造价控制的主体责任，其职责更多体现在市场行为自律中，因此在《办法》中没有具体规定。

(4)规定了造价依据的主要内容和管理层次

《办法》明确规定了“造价依据”的范围,并分层次明确了交通运输部和省级交通运输主管部门对造价依据的管理范畴,同时考虑到公路工程不断采用新工艺、新设备、新材料,而交通运输主管部门制定定额等造价依据一般有滞后性,无法及时全面涵盖,在工程计价亟需时,建设单位作为造价控制的主体责任单位,应组织开展成本分析。与此同时,交通运输主管部门和相关从业单位也应共同长期不懈地开展定额标准、费用标准等造价依据的及时补充和更新工作,积极促进造价依据与公路技术进步相适应。

(5)强化了公路造价全过程管理机制

《办法》规定了公路建设项目立项阶段、勘察设计阶段、招投标阶段、施工阶段、工程交(竣)工阶段等各阶段造价确定和控制的具体要求,这是首次完整地对公路建设全过程、各环节的造价确定和控制提出系统要求,尤其是对招投标阶段、实施阶段、交竣工等阶段的明确规定,填补了行业在这方面的制度欠缺;此外,针对参建各方普遍关注的设计变更、政策性影响、调整概算、审计调整等问题,对造价影响亦较大,《办法》均原则性提出了处理方式,解决了业内长期以来思路不统一、方法差异大的问题。《办法》分阶段控制、全过程管理的系统化管理思路有利于全国公路建设资源的均衡及有效利用。

(6)加强了造价监督管理

《办法》明确规定了交通运输主管部门的监督管理职责、监督检查主要内容、处理方式等内容。造价的监督管理应贯穿公路建设的全过程重点环节,但有别于常规的建设项目督导,应更侧重于与投资控制相关的管理行为,以内业为主。同时充分发挥信用体系在鼓励守信、惩戒失信中的震慑作用。通过加强监督和信用评价、信息公开等方式起到提升管理的作用。

(7)引导公路造价信息化管理发展方向

随着科技的发展和“互联网+”时代的来临,信息化已成为工程管理体系的主要手段和重要措施。《办法》对此进行原则性引导,造价管理要顺应时代发展,利用科技进步,搭建起部级和各省公路工程造价大数据平台,并实现互联互通和信息共享,形成全国一盘棋的思想,深层挖掘造价数据价值,以信息技术引领造价管理发展,大幅度提升管理效率,提升行业管理水平。信息化是以数据的标准化为基础的,因此,部还将尽快制定发布造价信息化标准,以统一部省两级造价信息平台的数据接口。

(8)提出公路造价队伍建设的要求

公路建设具有周期长、投资额大、自然条件复杂多变、社会涉及面广等特点,决定了工程造价的单件性、多次性、动态性、组合性、多样性、复杂性等。造价管理需要一支高水平、稳定的队伍,这就对公路造价从业人员提出了较高的要求,要不断加强自身职业素质建设。在国家职业资格制度改革背景下,《办法》顺应改革思路,将通过对从业人员的信用体系建立和信用评价、信息公开等方式来开展队伍建设。与公路建设信用体系相融合,建立造价人员信用管理平台,对其编制造价文件的质量和真实性进行评价,对造价人员行为进行有效管理和监督。

第五节　公路工程造价管理展望

一、公路工程造价管理发展趋势

1. 公路工程造价管理法治化

从宏观角度制定工程造价投资管理方面的相关制度，围绕工程造价项目管理的相关制度，在工程造价管理法规体系建设方面，应逐步建立包括国家法律法规、地方立法和部门立法在内的多层次法律、法规、条例、办法为一体的法制体系。在制定、发展、完善法制体系的同时，充分调动公路工程造价管理从业各方的积极性与能动性，严格依照法制体系开展公路工程造价管理工作，贯彻落实各项法律规章制度，以完备的法制为基础，实行法治，使公路工程造价管理工作有章可循，有法可依；同时，公路工程造价管理法治化将提升交通运输部公路工程造价管理机构的权威性，加大指导交通建设工程造价管理的工作力度，加强造价计价依据执行的监督与检查，为提供优质高效的公路工程造价管理工作奠定基础。

2. 公路工程造价计价标准化

针对公路工程计价体系还是以定额计价法为基础，估算、概算预算编制办法和配套定额的编制、修编均缺乏长效机制和科学规划，公路工程造价计价体系更新慢，远远跟不上新技术、新材料、新工艺、新设备等"四新"技术发展的需要，未来的公路工程造价计价体系发展，将以市场经济条件下定额等计价依据测定模式及其标准化，加强公路工程造价计价依据制定，强化标准定额的测定。及时更新调整各项计价依据，不断完善定额、费用、标准等计价依据，完善公路工程计价体系，完善与衔接概预算计价体系和清单计价体系，构建涵盖建设、运营、维护各阶段的计价标准化体系，为更科学合理的造价管理提供依据。同时，逐步探索造价计价体系模式从计划定价向市场定价的转变，形成造价管理的标准体系，保障可研估算、初步设计概算、施工图预算、施工阶段结算、工程竣工决算等体系的统一性和完整性，构建贯穿工程建设程序以及后期运营维护阶段的全过程的计价标准化体系，适应公路建设市场的需要，以公路工程造价计价标准化实现造价的全过程管控。

3. 公路工程造价管理信息化

信息化、网络化技术在公路工程造价管理和服务中高速发展，通过信息化建立与完善工程造价标准体系，编制工程造价数据交换标准、打破信息孤岛，奠定造价数据共享基础。规范造价资料积累，统一各软件接口，互相兼容，实现资源共享，为未来公路工程造价计价依据的制定提供有力的基础数据，为公路工程造价全过程管理提供技术支持。实施基础数据建设工程，建立动态工程造价管理信息系统，构建工程造价信息的多渠道发布体系，整合各地造价数据库资源，形成建立统一开放的公路工程造价数据库信息管理系统，提升信息服务功能，提高造价管理的社会公信力，为综合交通、智慧交通、绿色交通、平安交通的建设提供支撑。

4. 公路工程造价管理专业化

公路工程造价全过程管理的专业化、从业单位及从业人员管理的专业化也是未来公路工程造价管理发展的一个重要趋势，通过行业协会，建立公路工程造价管理从业单位的诚信体系，推行行业自律机制，提高行业整体素质；组织各种技术交流活动，推广和应用新工艺、新技术、新材料、新设备，促进行业节约能源、保护环境、管理创新和技术进步，帮助和协调会员单位之间加强经济联系与合作，推动企业提高经营管理水平；参与企业资质评审和专业技术人员执(职)业资格管理、职业资格考试等，重视专业人才培养，不断提升队伍的整体素质与专业化。

二、公路工程造价管理工作展望

(1)全面贯彻落实《公路工程造价管理暂行办法》要求，切实做到履职尽责。

交通运输主管部门要加强监督管理。全面系统的梳理本地公路工程建设和养护管理的各环节造价业务需求，统筹制定推进造价管理体系建设的工作方案并组织实施，切实加强公路工程造价活动的监督检查，对建设迟缓造成资金沉淀、随意变更提高造价、疏于管理导致工程报废等典型问题要制定惩戒措施，形成震慑力，加强对工程造价信息及工程项目造价执行情况的动态跟踪和分析评估，及时制定发布造价依据，及时通报问题并督促整改。造价管理机构要提高服务能力。以推进事业单位改革为契机，进一步明晰造价管理机构职能，在单位性质、机构职责、人员规模、工作经费等方面，与本地区造价管理工作任务要相适应，准确定位，强化服务，争取支持，确保专业水平和服务能力不断提高。项目建设单位要加强造价控制。要切实承担起工程造价控制的主体责任，主动接受交通运输主管部门的监督检查，严格履行基本建设程序，组织做好项目各阶段造价文件的编制，对造价进行全过程管理和控制，建立造价管理台账，及时收集造价信息并开展分析和报送工作。项目参建单位要加强支持配合。设计是重头，注重设计方案的技术经济比选，充分考虑工程质量、施工安全和运营养护需要，科学确定设计方案，合理计算工程造价，做好前后阶段造价对比，加强预控；施工单位应当按照合同约定，认真编制工程计量与支付、工程结算等造价文件；各单位要积极配合交通运输主管部门及造价管理机构开展的监督检查、造价依据修订等工作，建立良好的互动机制，促进造价管理工作不断进步。

(2)全面加强法规制度建设，确保符合法治要求。

造价管理事关工程全局，责任重大，必须要用制度进行刚性约束，确保造价管理工作始终保持在法治轨道上。各地交通运输主管部门要依据《公路工程造价管理暂行办法》，结合本地实际，尽快制定相关实施细则。要进一步明确工程造价监督管理的承担部门和实施单位，强化落实责任；进一步细化监督检查的对象、环节和任务，强化过程监督；进一步规定全过程管理和控制流程，强化各阶段衔接；进一步规定造价信息采集、报送的主体、内容和时限，强化数据管理；进一步规定信息公开的主体、流程和内容，强化社会监督。积极探索实施信用管理，逐步完善行业信用法规制度和标准规范，以制度的力量培养诚信的自觉，营造行业风清气正的环境。在造价管理工作中，逐步建立健全公路造价从业人员信用体系，并把造价工作情况纳入建设单位、勘察设计单位、施工单位、造价咨询单位等各相关从业单位的信用评价中，把造价编制、审查等从业人员的专业服务能力评价纳入其行业信用评价中，形成有效的社会监督机制，建立守信奖励和激励,失信约束和惩戒制度,构建一处失信、处处受限的信用惩戒大格局。

(3)全面加强技术标准建设,不断充实计价依据。

造价技术标准是造价管理的基础。要加强标准管理指导。着重解决标准之间协调性不够、指导性不强等问题,构建科学合理、层次清晰、全面覆盖、包容开放的造价标准体系。加快重点标准制定,加快《公路工程养护预算导则》的制定。要加强地方标准制定。地方标准是行业标准的补充,是标准体系中不可或缺的组成部分,要发挥地方标准区域性、针对性和拓展性的特点,作为工程造价的补充依据,同时,具有共性的内容要及时提升为行业标准,指导全局。及时修订完善标准。结合标准使用过程中发现的问题和情况,及时组织更新修订相关内容,建立标准全面修订和局部修订相结合的调整机制,及时修订不符合市场实际的内容,提高标准时效性;对估算指标、概预算定额等计价标准的修编要逐步建立动态修订机制;针对政策、市场的变化要形成联动机制,及时研究对策,为合理计价及时提供依据。

(4)全面加强监管,提高建设市场规范化水平。

健全公路建设市场监管相关制度,强化制度贯彻落实。根据部有关规章和文件,出台完善《公路工程分包管理办法实施细则》《招标投标管理办法实施细则》等规章制度,进一步加强对公路建设项目、招标投标活动等方面的管理。严格执行基本建设程序。按照《公路建设市场管理办法》等有关规定,严格执行设计变更审批、施工许可等审批程序,确保工程建设合法合规。规范招标投标行为,加强招投投标监管。贯彻实施部《公路工程建设项目招标投标管理办法》,规范招标方式、招标流程、招标备案、资格条款、合同条款设置等;最大限度利用全国和省级公路建设市场信用信息管理系统中的信息数据,加大招标投标信息公开力度,积极探索电子招投标,确保招标投标活动公平公正、规范有序。规范信用评价工作。及时修订各省评价规则,保持与部规则一致;规范信用台账,及时收集和整理信用信息,落实相关责任人,规范评价工作流程,切实提高各项评价依据的可追溯性;加大信息化投入,积极推进部省信用信息平台互连互通。加强转包违法分包和违规设计变更问题治理,完善各级设计变更台账,严格执行变更程序和制度要求,及时履行变更手续,切实加强设计变更管理。按照交通运输部《公路工程施工分包管理办法》及项目管理实际,各省级交通运输主管部门应尽快制定实施细则,鼓励和推进项目阳光分包、合法合规分包,加强分包管理,确保工程质量。提升合同履约和现场管理,严格人员变更审批程序和变更审核,保证现场管理人员力量,加强施工质量和安全监督,落实现场管理责任,提高从业单位履约和项目质量安全管理水平。

(5)全面加强收费公路运营成本管理,提高整体支出绩效水平。

收费公路运营成本涉及管理费用、业务费用和薪酬福利等多个方面,是社会各界高度关注的热点问题,直接关系收费公路的社会形象和事业的健康可持续发展,应给予高度重视,切实加强对收费公路运营成本的监督管理。各地收费公路监督管理部门和经营管理单位要对收费公路运营费用推行定额管理,科学合理设定定额科目、定额标准、计算方法和核定方法,作为运营成本控制的基本依据。在总结各地实践经验的基础上,研究出台收费公路运营定额标准,通过严格控制运营成本,促进收费公路行业降本增效。

(6)全面加强信息平台建设,切实提高服务能力。

充分利用互联网、大数据、云计算等技术,搭建公路造价管理信息平台,推进信息资源的整合和开发利用。要做好顶层设计。统筹规划,有序实施,坚决避免出现标准不一致、接口不统一导致的不能互联互通的情况发生,造成工程浪费。交通运输部路网中心要加快全国公路工程造价管理信息系统建设,各地要加快本地造价管理信息系统建设,部省协调,共同推进。要加强数据采集。信息系统就是围绕信息而建而生,没有数据的信息系统就是一个空中楼阁,工程行业不乏这样的先例,因此要重视数据采集,充分利用已有的数据采集队伍,丰富数据采集手段,不断提高数据采集频率和效率。要加强数据分析。公路造价数据纷繁庞杂,波动性大,应深入分析其特征、特点,针对性的开发数据分析和矫正的算法及程序,提高数据分析的科学性,提高公路造价数据的准确度。要加强数据共享。部省应共同开展研究,建立高效、易行的数据共享机制,彻底打破信息孤岛,实现闭环的造价信息流,实现公路造价数据价值和平台效益最大化。

(7)全面加强人才队伍建设,为实现造价管理权覆盖提供人才保障。

牢牢抓住"人"这一核心要素,在人员结构、专业结构和素质提升上下功夫,大力实施从业人员素质提升工程:鼓励开展继续教育。要高度重视造价人才培养,加大教育培训投入,重点对从业人员在政策理解、标准掌握、专业知识、实用技能等方面开展教育培训,推进工学并举,拓展教育方式,丰富培训手段,提高培训效率和质量。积极组织技术交流。行业层面,定期组织各省之间的交流活动,同时还将加强与住建、铁路、水利、市政等行业造价管理部门的横向工作交流,拓宽视野,相互借鉴。加强从业人员信用管理。公路工程造价人员资格虽被取消,但行业对造价从业人员的职业要求并没有降低,交通运输主管部门要建立事中、事后监管机制,充分利用信用管理手段加强对从业人员的素质要求。

第二章

公路造价费用组成

第一节　公路造价费用组成概述

一、我国现行建设项目投资构成及公路工程造价的构成

1. 我国现行建设项目投资构成

2017 年 9 月住房和城乡建设部办公厅发布建办标函〔2017〕621 号，关于征求《建设项目总投资费用项目组成（征求意见稿）》《建设项目工程总承包费用项目组成（征求意见稿）》意见函，指出建设项目总投资为完成工程项目建设并达到使用要求或生产条件，而在建设期内预计或实际投入的总费用，包括工程造价、增值税、资金筹措费和流动资金。

工程造价是指工程项目在建设期预计或实际支出的建设费用，包括工程费用、工程建设其他费用和预备费。工程费用是指建设期内直接用于工程建造、设备购置及其安装的费用，包括建筑工程费、设备购置费和安装工程费。工程建设其他费用是指建设期发生的与土地使用权取得、整个工程项目建设以及未来生产经营有关的，除工程费用、预备费、增值税、资金筹措费、流动资金以外的费用。预备费是指在建设期内因各种不可预见因素的变化而预留的可能增加的费用，包括基本预备费和价差预备费。从业主（投资者）的角度来定义，工程造价是指工程的建设成本，即为建设一项工程预期支付或实际支付的全部固定资产投资费用。尽管这些费用在建设项目的竣工决算中，按照新的财务制度和企业会计准则核算新增资产价值时，并没有全部形成新增固定资产价值，但这些费用是完成固定资产建设所必需的。因此，从这个意义上讲，工程造价就是建设项目固定资产投资。从承发包角度来定义，工程造价是指工程价格，即为建成一项工程，预计或实际在土地市场、设备市场、技术劳务市场以及工程承包市场等交易活动中所形成的建筑安装工程的价格或建设工程总价格。

2. 公路工程造价的构成

公路工程建设项目现行标准《公路工程建设项目投资估算编制办法》（JTG 3820—2018）及《公路工程建设项目概算预算编制办法》（JTG 3830—2018）中对公路工程造价组成进行了明确定义。公路工程造价的构成如图 2-1 所示。

二、世界银行工程造价的构成

世界银行（World Bank）是世界银行集团的简称，国际复兴开发银行的通称。是联合国经营国际金融业务的专门机构，同时也是联合国的一个下属机构。

由国际复兴开发银行、国际开发协会、国际金融公司、多边投资担保机构和国际投资争端解决中心 5 个成员机构组成；成立于 1945 年，1946 年 6 月开始营业。

1978 年，世界银行、国际咨询工程师联合会对项目的总建设成本（相当于我国的工程造价）作了统一规定，工程项目总建设成本包括直接建设成本、间接建设成本、应急费用和建设成本上升费用。

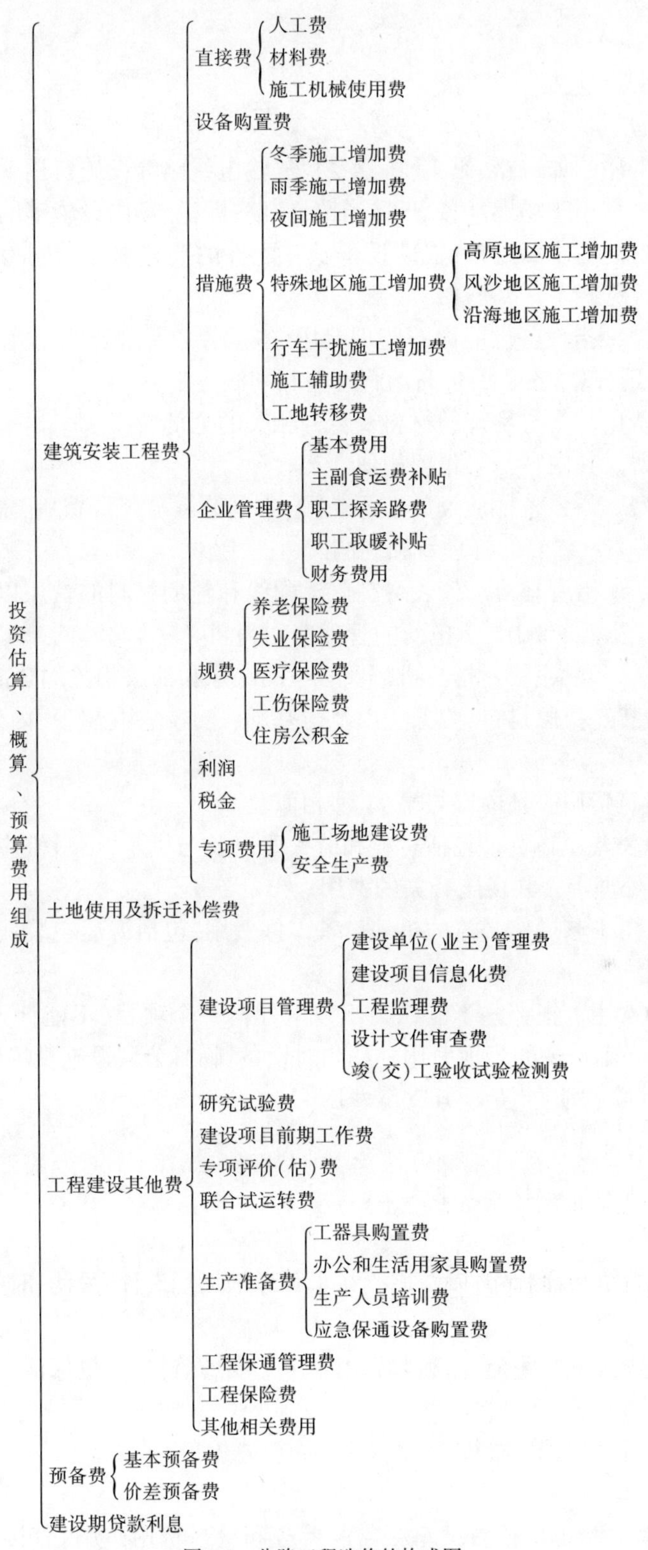

图 2-1 公路工程造价的构成图

1. 项目直接建设成本

项目直接建设成本包括以下内容：

(1)土地征购费。

(2)场外设施费用。如道路、码头、桥梁、机场、输电线路等设施费用。

(3)场地费用。指用于场地准备、厂区道路、铁路、围栏、场内设施等的建设费用。

(4)工艺设备费。指主要设备、辅助设备及零配件的购置费用,包括海运包装费用、交货港离岸价,但不包括税金。

(5)设备安装费。指设备供应商的监理费用,本国劳务及工资费用,辅助材料、施工设备,消耗品和工具等费用,以及安装承包商的管理费和利润等。

(6)管道系统费用。指与系统的材料及劳务相关的全部费用。

(7)电气设备费。其内容与第4项相似。

(8)电气安装费。指设备供应商的监理费用,本国劳务与工资费用,辅助材料、电缆、管道和工具费用,以及营造承包商的管理费和利润。

(9)仪器仪表费。指所有自动仪表、控制板、配线和辅助材料的费用以及供应商的监理费用、外国或本国劳务及工资费用、承包商的管理费和利润。

(10)机械的绝缘和油漆费。指与机械及管道的绝缘和油漆相关的全部费用。

(11)工艺建筑费。指原材料、劳务费以及与基础、建筑结构、屋顶、内外装修、公共设施有关的全部费用。

(12)服务性建筑费用。其内容与第11项相似。

(13)工厂普通公共设施费。包括材料和劳务费以及与供水、燃料供应、通风、蒸汽发生及分配、下水道、污物处理等公共设施有关的费用。

(14)车辆费。指工艺操作必需的机动设备零件费用,包括海运包装费用以及交货港的离岸价,但不包括税金。

(15)其他当地费用。指那些不能归类于以上任何一个项目,不能计入项目的间接成本,但在建设期间又是必不可少的当地费用。如临时设备、临时公共设施及场地的维持费,营地设施及其管理、建筑保险和债券、杂项开支等费用。

2. 项目间接建设成本

项目间接建设成本主要包括以下内容：

(1)项目管理费。

①总部人员的薪金和福利费,以及用于初步和详细工程设计、采购、时间和成本控制,行政和其他一般管理的费用。

②施工管理现场人员的薪金、福利费和用于施工现场监督、质量保证、现场采购、时间及成本控制、行政及其他施工管理机构的费用。

③零星杂项费用,如返工、旅行、生活津贴、业务支出等。

④各种酬金。

(2)开工试车费。指工厂投料试车必需的劳务和材料费用(项目直接成本包括项目完工后的试车和空运转费用)。

(3)业主的行政性费用。指业主的项目管理人员费用及支出(其中某些费用必须排除在外,并在“估算基础”中详细说明)。

(4)生产前费用。指前期研究、勘测、建矿、采矿等费用(其中一些费用必须排除在外,并在“估算基础”中详细说明)。

(5)运费和保险费。指海运、国内运输、许可证及佣金、海洋保险、综合保险等费用。

(6)地方税。指地方关税、地方税及对特殊项目征收的税金。

3. 应急费

应急费包括以下内容:

(1)未明确项目的准备金。此项准备金用于在估算时不可能明确的潜在项目,包括那些在做成本估算时因为缺乏完整、准确和详细的资料而不能完全预见和不能注明的项目,并且这些项目是必须完成的,或它们的费用是必定要发生的。它是估算不可缺少的一个组成部分。

(2)不可预见准备金。此项准备金(在未明确项目准备金之外)用于在估算达到了一定的完整性并符合技术标准的基础上,由于物质、社会和经济的变化,导致估算增加的情况。不可预见准备金只是一种储备,可能不动用。

4. 建设成本上升费用

通常,估算中使用的构成工资率、材料和设备价格基础的截止日期就是“估算日期”。必须对该日期或已知成本基础进行调整,以补偿直至工程结束时的未知价格增长。

第二节 建筑安装工程费

公路工程投资估算、概算、预算费用中建筑安装工程费由直接费、设备购置费、措施费、企业管理费、规费、利润、税金及专项费用组成。

一、直接费

直接费是指施工过程中耗费的构成工程实体和有助于工程形成的各项费用,包括人工费、材料费、施工机械使用费。

1. 人工费

人工费是指列入估算指标、概算、预算定额的直接从事建筑安装工程施工的生产工人开支的各项费用。人工费以估算指标,概、预算定额人工工日数乘以综合工日单价计算。

人工费标准按照本地区公路建设项目的人工工资统计情况以及公路建设劳务市场情况进行综合分析、确定综合工日单价。综合工日单价由省级交通运输主管部门制定发布,并适时进行动态调整。人工费单价仅作为编制概、预算的依据,不作为施工企业实发工资的依据。

2. 材料费

材料费系指施工过程中耗用的构成工程实体的原材料、辅助材料、构配件、零件、半成品或成品的费用,按工程所在地的材料价格计算的费用。

材料预算价格由材料原价、运杂费、场外运输损耗、采购及仓库保管费组成。

$$材料预算价格 = (材料原价 + 运杂费) \times (1 + 场外运输损耗率) \times (1 + 采购及保管费率) - 包装品回收价值 \tag{2-1}$$

材料预算价格组成及计算方法见表 2-1。材料毛质量系数及单位毛质量见表 2-2。材料场外运输损耗率见表 2-3。

材料预算价格组成及计算方法一览表 表 2-1

材料预算价格名称		计 算 方 法
一	材料原价	材料原价应按实计取。各省、自治区、直辖市公路(交通)工程造价(定额)管理机构(局、中心)应通过调查,编制并发布本地区的材料价格信息,供编制概、预算使用
1	外购材料	其原价指材料指定交货地点的交易价格。按实际调查价格或当地主管部门规定的价格计算
2	地方材料	地方性材料包括外购的砂、石材料等,按实际调查价格或当地主管部门规定的价格计算
3	自采材料	自采的砂、石、黏土等自采材料,按定额中开采单价加辅助生产间接费和矿产资源税(如有)计算
二	运杂费	运杂费系指材料自供应地点至工地仓库(施工地点存放材料的地方)的运杂费用,包括装卸费、运费,如果发生,还应计囤存费及其他杂费(如过磅、标签、支撑加固、路桥通行等费用)
		通过铁路、水路和公路运输的材料,按有关部门规定的运价或调查的社会运价计算运费
		一种材料如有两个以上的供应点时,都应根据不同的运距、运量、运价采用加权平均的方法计算运费。由于概、预算定额中已考虑了工地运输便道的特点,以及定额中已计入了"工地小搬运"的费用,因此汽车运输平均运距中不得乘调整系数,也不得在工地仓库或堆料场之外再加场内运距或二次倒运的运距
		有容器或包装的材料及长大轻浮材料,应按表 2-2 规定的毛重计算。桶装沥青、汽油、柴油按每吨摊销一个旧汽油桶计算包装费(不计回收)
三	场外运输损耗	场外运输损耗系指有些材料在正常的运输过程中发生的损耗,这部分损耗应摊入材料单价内。材料场外运输操作损耗率见表 2-3
四	采购及保管费	材料采购及保管费系指在组织采购、保管过程中,所需的各项费用及工地仓库的材料储存损耗
		材料采购及保管费,以材料的原价加运杂费及场外运输损耗的合计数为基数,乘以采购保管费率计算
		钢材的采购及保管费费率为 0.7%。燃料、爆破材料的采购及保管费费率为 3.0%。其余材料为 2.0%。商品水泥混凝土、沥青混合料和各类稳定土混合料、外购的构件、成品及半成品的预算价格,其计算方法与材料相同,其采购保管费率为 0.4%

材料毛质量系数及单位毛质量表 表 2-2

材 料 名 称	单位	毛重系数(%)	单 位 毛 重
爆破材料	t	1.35	—
水泥、块状沥青	t	1.01	—
铁钉、铁件、焊条	t	1.10	—
液体沥青、液体燃料、水	t	桶装 1.17,油罐车装 1.00	—
木料	m^3	—	原木 0.750t、锯材 0.650t
草袋	个	—	0.004t

材料场外运输损耗率表（%）　　表 2-3

材料名称		场外运输（包括一次装卸）	每增加一次装卸
块状沥青		0.5	0.2
石屑、碎砾石、砂砾、煤渣、工业废渣、煤		1.0	0.4
砖、瓦、桶装沥青、石灰、黏土		3.0	1.0
草皮		7.0	3.0
水泥（袋装、散装）		1.0	0.4
砂	一般地区	2.5	1.0
	多风地区	5.0	2.0

注：汽车运水泥，当运距超过 500km 时，袋装水泥损耗率增加 0.5 个百分点。

3. 施工机械使用费

施工机械使用费系指列入估算指标，概、预算定额的工程机械和工程仪器仪表台班数量，按相应的施工机械台班费用定额计算的费用。包括工程机械使用费和工程仪器仪表使用费。施工机械使用费组成及计算方法见表 2-4。

施工机械使用费组成及计算方法一览表　　表 2-4

<table>
<tr><th colspan="2">施工机械使用费名称</th><th>费用组成内容及计算方法</th></tr>
<tr><td>一</td><td>工程机械使用费</td><td>施工机械台班预算价格应按交通运输部公布的现行《公路工程机械台班费用定额》计算，机械台班单价由不变费用和可变费用组成</td></tr>
<tr><td>1</td><td>不变费用</td><td>包括折旧费、检修费、维护费、安拆辅助费等</td></tr>
<tr><td>2</td><td>可变费用</td><td>包括机上人员人工费、动力燃料费、车船税。可变费用中的人工工日数及动力燃料消耗量，应以机械台班费用定额中的数值为准。台班人工费工日单价同生产工人人工费单价。动力燃料费用则按材料费的计算规定计算</td></tr>
<tr><td rowspan="3">二</td><td rowspan="3">工程仪器仪表使用费</td><td>工程仪器仪表使用费是指机电工程施工作业所发生的仪器仪表使用费。
以施工仪器仪表台班耗用量乘以施工仪器仪表台班单价计算</td></tr>
<tr><td>机电仪器仪表台班预算价格应按交通运输部公布的现行《公路工程机械台班费用定额》计算。
台班人工费工日单价同生产工人人工费单价。动力燃料费用则按材料费的计算规定计算</td></tr>
<tr><td>当工程用电为自行发电时，电动机械每 kW · h（度）电的单价可由下述近似公式计算：
$A = 0.15K/N$
式中：A——每 kW · h 电单价（元）；
K——发电机组的台班单价（元）；
N——发电机组的总功率（kW）</td></tr>
</table>

二、设备购置费

设备购置费系指为满足公路初期运营、管理需要购置的构成固定资产标准的设备和虽低于固定资产标准但属于设计明确列入设备清单的设备的费用。包括渡口设备,隧道照明、消防、通风的动力设备,公路收费、监控、通信、路网运行监测、供配电及照明设备等。

设备购置费应列出计划购置的清单(包括设备的规格、型号、数量),以设备预算价计入。

设备购置费(预算价)包括设备原价、运杂费、运输保险费、采购及保管费,各种税费按编制期有关部门规定计算。

需要安装的设备,按建筑安装工程费的有关规定计算设备的安装工程费。设备费的构成与计算方法详见《公路工程建设项目概算预算编制办法》(JTG 3830—2018)。

三、措施费

措施费包括:冬季施工增加费、雨季施工增加费、夜间施工增加费、特殊地区施工增加费、行车干扰工程施工增加费、施工辅助费、工地转移费。措施费组成内容及计算方法见表2-5。

措施费组成内容及计算方法一览表 表2-5

<table>
<tr><th colspan="2">措施费名称</th><th colspan="2">费用组成内容及计算方法</th></tr>
<tr><td rowspan="4">一</td><td rowspan="4">冬季施工增加费</td><td>概念</td><td>冬季施工增加费系指按照公路工程施工及验收规范所规定的冬季施工要求,为保证工程质量和安全生产所需采取的防寒保温设施、工效降低和机械作业效率降低以及技术操作过程的改变等所增加的有关费用</td></tr>
<tr><td>组成内容</td><td>(1)因冬季施工所需增加的一切人工、机械与材料的支出。
(2)施工机械所需修建的暖棚(包括拆、移),增加其他保温设备费用。
(3)因施工组织设计确定,需增加的一切保温、加温及照明等有关支出。
(4)与冬季施工有关的其他各项费用,如清除工作地点的冰雪等费用</td></tr>
<tr><td>计算方法</td><td>根据各类工程的特点,规定各气温区的取费标准。为了简化计算手续,采用全年平均摊销的方法,即不论是否在冬季施工,均按规定的取费标准计取冬季施工增加费。一条路线穿过两个以上的气温区时,可分段计算或按各区的工程量比例求得全线的平均增加率,计算冬季施工增加费。
冬季施工增加费以各类工程的定额人工费和定额施工机械使用费之和为基数,按工程所在地的气温区选用《公路工程建设项目概算预算编制办法》(JTG 3830—2018)表3.1.6-1的费率计算</td></tr>
<tr><td>备注</td><td>全国各地的冬季区划分见《公路工程建设项目概算预算编制办法》(JTG 3830—2018)附录D。若当地气温资料与附录D中划定的冬季气温区划分有较大出入时,可按当地气温资料及上述划分标准确定工程所在地的冬季气温区</td></tr>
</table>

续上表

<table>
<tr><th colspan="4">措施费名称</th><th>费用组成内容及计算方法</th></tr>
<tr><td rowspan="4">二</td><td colspan="2" rowspan="4">雨季施工增加费</td><td>概念</td><td>雨季期间施工为保证工程质量和安全生产所需采取的防雨、排水、防潮和防护措施、工效降低和机械作业率降低以及技术作业过程的改变等，所需增加的有关费用</td></tr>
<tr><td>组成内容</td><td>(1)因雨季施工所需增加的工、料、机费用的支出，包括工作效率的降低及易被雨水冲毁的工程所增加的工作内容等(如基坑坍塌和排水沟等堵塞的清理、路基边坡冲沟的填补等)。
(2)路基土方工程的开挖和运输，因雨季施工(非土壤中水影响)而引起的黏附工具，降低工效所增加的费用。
(3)因防雨水必须采取的防护措施的费用，如挖临时排水沟、防止基坑坍塌所需的支撑、挡板等。
(4)材料因受潮、受湿的耗损费用。
(5)增加防雨、防潮设备的费用。
(6)其他有关雨季施工所需增加的费用，如因河水高涨致使工作困难而增加的费用等</td></tr>
<tr><td>计算方法</td><td>将全国划分为若干雨量区和雨季期，并根据各类工程的特点规定各雨量区和雨季期的取费标准，采用全年平均摊销的方法，即不论是否在雨季施工，均按规定的取费标准计取雨季施工增加费。
一条路线通过不同的雨量区和雨季期时，应分别计算雨季施工增加费或按工程量比例求得平均的增加率，计算全线雨季施工增加费。
雨季施工增加费以各类工程的定额人工费和定额施工机械使用费之和为基数，按工程所在地的雨量区、雨季期选用《公路工程建设项目概算预算编制办法》(JTG 3830—2018)表3.1.6-2的费率计算</td></tr>
<tr><td>备注</td><td>雨量区和雨季期的划分，是根据气象部门提供的满15年以上的降雨资料确定的。凡月平均降雨天数在10天以上，月平均日降雨量在3.5~5mm之间者为Ⅰ区，月平均日降雨量在5mm以上者为Ⅱ区。
全国各地雨量区及雨季期的划分见《公路工程建设项目概算预算编制办法》(JTG 3830—2018)附录E。若当地气象资料与附录E所划定的雨量区及雨季期出入较大时，可按当地气象资料及上述划分标准确定工程所在地的雨量区及雨季期</td></tr>
<tr><td rowspan="2">三</td><td colspan="2" rowspan="2">夜间施工增加费</td><td>概念
及组成内容</td><td>根据设计、施工技术规范和合理的施工组织要求，必须在夜间施工或必须昼夜连续施工而发生的夜班补助费、夜间施工降效、施工照明设备摊销及照明用电等费用</td></tr>
<tr><td>计算方法</td><td>夜间施工增加费按夜间施工工程项目的定额人工费与定额施工机械使用费之和为基数，按《公路工程建设项目概算预算编制办法》(JTG 3830—2018)表3.1.6-3的费率计算</td></tr>
<tr><td rowspan="2">四</td><td rowspan="2">特殊地区
施工
增加费</td><td colspan="2">组成内容</td><td>特殊地区施工增加费包括高原地区施工增加费、风沙地区施工增加费和沿海地区施工增加费三项</td></tr>
<tr><td>高原地区
施工
增加费</td><td>概念</td><td>高原地区施工增加费系指在海拔高度2000m以上地区施工，由于受气候、气压的影响，致使人工、机械效率降低而增加的费用</td></tr>
</table>

续上表

<table>
<tr><th colspan="4">措施费名称</th><th>费用组成内容及计算方法</th></tr>
<tr><td rowspan="5">四</td><td rowspan="5">特殊地区施工增加费</td><td>高原地区施工增加费</td><td>计算方法</td><td>该费用以各类工程定额人工费与定额施工机械使用费之和为基数，按《公路工程建设项目概算预算编制办法》(JTG 3830—2018)表3.1.6-4的费率计算</td></tr>
<tr><td rowspan="2">风沙地区施工增加费</td><td>概念</td><td>风沙地区施工增加费系指在沙漠地区施工时，由于受风沙影响，按照施工及验收规范的要求，为保证工程质量和安全生产而增加的有关费用。内容包括防风、防沙及气候影响的措施费，材料费，人工、机械效率降低增加的费用，以及积沙、风蚀的清理修复等费用</td></tr>
<tr><td>计算方法</td><td>风沙地区施工增加费以各类工程的定额人工费和定额施工机械使用费之和为基数，根据工程所在地的风沙区划及类别，按《公路工程建设项目概算预算编制办法》(JTG 3830—2018)表3.1.6-5的费率计算</td></tr>
<tr><td rowspan="2">沿海地区工程施工增加费</td><td>概念</td><td>沿海地区工程施工增加费系指工程项目在沿海地区施工受海风、海浪和潮汐的影响，致使人工、机械效率降低等所需增加的费用。本项费用，由沿海各省级交通运输主管部门制定具体的适用范围(地区)，并抄送交通运输部公路局备案</td></tr>
<tr><td>计算方法</td><td>沿海地区工程施工增加费以各类工程的定额人工费和定额施工机械使用费之和为基数，按《公路工程建设项目概算预算编制办法》(JTG 3830—2018)表3.1.6-6的费率计算</td></tr>
<tr><td rowspan="2">五</td><td rowspan="2" colspan="2">行车干扰工程施工增加费</td><td>概念</td><td>由于边施工边维持通车，受行车干扰的影响，致使人工、机具效率降低而增加的费用</td></tr>
<tr><td>计算方法</td><td>该费用以受行车影响部分的工程项目的定额人工费和定额施工机械使用费之和为基数，按《公路工程建设项目概算预算编制办法》(JTG 3830—2018)表3.1.6-7的费率计算。改(扩)建工程如需中断既有道路或为保证交通正常通行而修建临时运营便道(可兼作施工临时便道)，则此类工程不计取该项费用</td></tr>
<tr><td rowspan="4">六</td><td rowspan="4">施工辅助费</td><td colspan="2">组成内容</td><td>施工辅助费包括生产工具用具使用费、检验试验费和工程定位复测、工程点交、场地清理等费用。
包括所有桥梁的施工监控和隧道的施工监控量测，但不包括隧道的超前地质预报，根据需要另行计算</td></tr>
<tr><td>生产工具用具使用费</td><td>概念</td><td>施工所需不属于固定资产的生产工具、检验、试验用具及仪器、仪表等的购置、摊销和维修费，以及支付给生产工人自备工具的补贴费</td></tr>
<tr><td>检验试验费</td><td>概念</td><td>施工企业对建筑材料、构件和建筑安装工程进行一般鉴定、检查所发生的费用，包括自设试验室进行试验所耗用的材料和化学药品的费用，以及技术革新和研究试验费。但不包括新结构、新材料的试验费和建设单位要求对具有出厂合格证明的材料进行检验、对构件破坏性试验及其他特殊要求检验的费用</td></tr>
<tr><td colspan="2">计算方法</td><td>施工辅助费以各类工程的定额直接费为基数，按《公路工程建设项目概算预算编制办法》(JTG 3830—2018)表3.1.6-8的费率计算</td></tr>
</table>

续上表

措施费名称		费用组成内容及计算方法	
七	工地转移费	概念	施工企业迁至新工地的搬迁费用
		组成内容	(1)施工单位职工及随职工迁移的家属向新工地转移的车费、家具行李运费、途中住宿费、行程补助费、杂费等; (2)公物、工具、施工设备器材、施工机械的运杂费,以及外租机具的往返费及施工机械、设备、公物、工具的转移费等; (3)非固定工人进退场的费用
		计算方法	工地转移费以各类工程的定额人工费和定额施工机械使用费之和为基数,按《公路工程建设项目概算预算编制办法》(JTG 3830—2018)表3.1.6-9的费率计算
		备注	转移距离高速公路、一级公路及独立大桥、隧道按省城(自治区首府)至工地的里程;二级及以下公路按地(市、盟)至工地的里程计算工地转移费;工地转移里程数在表列里程之间时,费率可内插计算。工地转移距离在50km以内的工程按50km计取本项费用
八	辅助生产间接费	概念	由施工单位自行开采加工的砂、石等自采材料及施工单位自办的人工、机具装卸和运输的间接费
		计算方法	辅助生产间接费按定额人工费的5%计。该项费用并入材料预算单价内构成材料费,不直接出现在概(预)算中
		备注	高原地区施工单位的辅助生产,可按高原地区施工增加费费率,以定额人工费与施工机械费之和为基数计算高原地区施工增加费(其中:人工采集、加工材料、人工装卸、运输材料按土方费率计算;机械采集、加工材料按石方费率计算;机械装、运输材料按运输费率计算)。辅助生产高原地区施工增加费不作为辅助生产间接费的计算基数

四、企业管理费

企业管理费由基本费用、主副食运费补贴、职工探亲路费、职工取暖补贴和财务费用五项组成。企业管理费组成内容及计算方法见表2-6。企业管理费及措施费取费标准的工程类别划分见表2-7。

企业管理费组成内容及计算方法一览表　　表2-6

措施费名称		费用组成内容及计算方法	
一	基本费用	概念	建筑安装企业组织施工生产和经营管理所需的费用
		组成内容	(1)管理人员工资:系指管理人员的基本工资、绩效工资、津贴补贴及特殊情况下支付的工资、社会保险费用(基本养老、基本医疗、失业、工伤保险、生育保险)、住房公积金等。 (2)办公费:系指企业管理办公用的文具、纸张、账表、印刷、邮电、书报、办公软件、会议、水电、烧水和集体取暖降温(包括现场临时宿舍取暖降温)用煤(电、气)等费用。 (3)差旅交通费:系指职工因公出差、调动工作的差旅费、住勤补助费,市内交通费和误餐补助费,劳动力招募费,职工退休、退职一次性路费,工伤人员就医路费以及管理部门使用的交通工具的油料、燃料等费用。

续上表

措施费名称		费用组成内容及计算方法	
一	基本费用	组成内容	(4)固定资产使用费:系指管理部门及附属生产单位使用的属于固定资产的房屋、设备等的折旧、大修、维修或租赁费。 (5)工具用具使用费:系指企业管理使用的不属于固定资产的工具、器具、家具、交通工具和检验、试验、测绘、消防用具等的购置、维修和摊销费。 (6)劳动保险费:系指企业支付的人身意外伤害险、离退休职工的异地安家补助费、职工退职金、6个月以上的病假人员工资、按规定支付给离休干部的各项经费。 (7)职工福利费:系指按国家规定标准计提的职工福利费。 (8)劳动保护费:是企业按国家有关部门规定标准发放的劳动保护用品的购置费及修理费,徒工服装补贴,防暑降温费,在有碍身体健康环境中施工的保健费用等。 (9)工会经费:系指企业按《中华人民共和国工会法》规定的全部职工工资总额比例计提的工会经费。 (10)职工教育经费:系指按职工工资总额的规定比例计提,企业为职工进行专业技术和职业技能培训,专业技术人员继续教育、职工职业技能鉴定、职业资格认定以及根据需要对职工进行各类文化教育所发生的费用。不含职工安全教育、培训费用。 (11)保险费:系指企业财产保险、管理用及生产用车辆等保险费用。 (12)工程保修费:系指工程竣工交付使用后,在规定保修期以内的修理费用。 (13)工程排污费:系指施工现场按规定缴纳的排污费用。 (14)税金:系指企业按规定缴纳的房产税、车船使用税、土地使用税、印花税等。 (15)其他:系指上述项目以外的其他必要的费用支出,包括技术转让费、技术开发费、招投标费、业务招待费、绿化费、广告费、公证费、定额测定费、法律顾问费、审计费、咨询费以及施工标准化、规范化、精细化产生的管理费用等
		计算方法	基本费用以各类工程的定额直接费为基数,按《公路工程建设项目概算预算编制办法》(JTG 3830—2018)表3.1.7-1的费率计算
二	主副食运费补贴	概念	施工企业在远离城镇及乡村的野外施工购买生活必需品所需增加的费用
		计算方法	该费用以各类工程的定额直接费为基数,按《公路工程建设项目概算预算编制办法》(JTG 3830—2018)表3.1.7-2的费率计算
		备注	综合里程 = 粮食运距 ×0.06 + 燃料运距 ×0.09 + 蔬菜运距 ×0.15 + 水运距 ×0.70; 粮食、燃料、蔬菜、水的运距均为全线平均运距;综合里程数在表列里程之间时,费率可内插;综合里程少于5km的工程不计取本项费用
三	职工探亲路费	概念	按照有关规定发放给施工企业职工在探亲期间发生的往返交通费和途中住宿费等费用
		计算方法	该费用以各类工程的定额直接费为基数,按《公路工程建设项目概算预算编制办法》(JTG 3830—2018)表3.1.7-3的费率计算

续上表

措施费名称		费用组成内容及计算方法	
四	职工取暖补贴	概念	按规定发放给施工企业职工的冬季取暖费和为职工在施工现场设置的临时取暖设施的费用
		计算方法	该费用以各类工程的定额直接费为基数，按工程所在地的气温区［见《公路工程建设项目概算预算编制办法》（JTG 3830—2018）附录 D］选用《公路工程建设项目概算预算编制办法》（JTG 3830—2018）表 3.1.7-4 的费率计算
五	财务费用	概念	施工企业为筹集资金提供投标担保、预付款担保、履约担保、职工工资支付担保等所发生的各种费用
		组成内容	包括企业经营期间发生的短期贷款利息净支出、汇兑净损失、调剂外汇手续费、金融机构手续费，以及企业筹集资金发生的其他财务费用
		计算方法	财务费用以各类工程的定额直接费为基数，按《公路工程建设项目概算预算编制办法》（JTG 3830—2018）表 3.1.7-5 的费率计算

企业管理费及措施费取费标准的工程类别划分表　　表 2-7

序号	类别名称	项目内容
1	土方	人工及机械施工的土方工程
2	石方	人工及机械施工的石方工程
3	运输	用汽车、拖拉机、机动翻斗车、船舶等运送的土石方、路面基层和面层混合料、水泥混凝土及预制构件、绿化苗木等
4	路面	路面所有结构层工程（包括隧道路面、桥面铺装工程）、特殊路基处理的换填
5	隧道	隧道土建工程（不含隧道的钢材及钢结构）
6	构造物Ⅰ	砍树挖根、拆除工程、排水、防护、特殊路基处理（土石方和换填除外）、涵洞、安全设施［金属标志牌、防撞钢护栏、防眩板（网）、隔离栅、防护网等除外］、机电工程（设备安装工程除外）、拌和站（楼）安拆工程、路面附属工程、便道、便桥、便涵、临时电力、电信设施、临时轨道、临时码头、绿化工程等工程
7	构造物Ⅱ	小桥、中桥、大桥、特大桥工程（技术复杂大桥除外）
8	构造物Ⅲ	商品水泥混凝土的浇筑、商品沥青混合料和各类商品稳定土混合料的铺筑、外购混凝土构件、设备安装工程等
9	技术复杂大桥	单孔跨径在 120m 以上（含 120m）或基础水深在 10m 以上（含 10m）的大桥主桥部分的基础、下部和上部工程
10	钢材及钢结构	所有工程的钢材及钢结构，钢结构含钢筋及预应力钢材，钢沉井、钢围堰、钢套箱及钢护筒等基础工程、钢构件［钢索塔、钢管拱、钢锚箱、钢锚梁、钢箱（桁）梁、索鞍、斜拉索、索股、索夹、吊杆、系杆］等安装工程、伸缩缝，支座，路基和隧道工程的锚杆、隧道管棚及钢支撑、金属标志牌、防撞钢护栏、防眩板（网）、隔离栅、防护网等工程

注：购买的路基填料、绿化苗木、商品水泥混凝土、商品沥青混合料和各类稳定土混合料、外购混凝土构件不作为措施费及企业管理费的计算基数。

五、规费

规费指按法律、法规规章、规程规定施工企业必须缴纳的费用。规费组成内容及计算方法见表 2-8。

规费组成内容及计算方法一览表 表 2-8

<table>
<tr><th>名　称</th><th colspan="4">费用组成内容及计算方法</th></tr>
<tr><td rowspan="6">规费</td><td rowspan="5">组成内容</td><td>(1)</td><td>养老保险费</td><td>施工企业按照规定标准为职工缴纳的基本养老保险费</td></tr>
<tr><td>(2)</td><td>失业保险费</td><td>施工企业按照规定标准为职工缴纳的失业保险费</td></tr>
<tr><td>(3)</td><td>医疗保险费</td><td>施工企业按照规定标准为职工缴纳的医疗保险费(含生育保险费)</td></tr>
<tr><td>(4)</td><td>工伤保险费</td><td>施工企业按规定标准为职工缴纳的工伤保险费</td></tr>
<tr><td>(5)</td><td>住房公积金</td><td>施工企业按规定标准为职工缴纳的住房公积金</td></tr>
<tr><td>计算方法</td><td colspan="3">各类规费以各类工程的人工费之和为基数,按国家或工程所在地法律、法规、规章、规程规定的标准计算</td></tr>
</table>

六、利润

利润是指施工企业完成所承包工程获得的盈利。

利润按定额直接费及措施费、企业管理费之和的 7.42% 计算。

七、税金

税金是指国家税法规定的应计入建筑安装工程造价的增值税销项税额。

$$税金=(直接费+设备购置费+措施费+企业管理费+规费+利润)\times建筑业增值税税率 \tag{2-2}$$

建筑业增值税税率按《交通运输部关于调整〈公路工程建设项目投资估算编制办法〉(JTG 3820—2018)和〈公路工程建设项目概算预算编制办法〉(JTG 3830—2018)中“税金”有关规定的公告》(交通运输部公告 2019 年第 26 号)确定为 9%。今后涉及建筑业增值税税率调整的,均按国家最新规定及时调整,交通运输部不再另行通告。

八、专项费用

专项费用包括施工场地建设费和安全生产费。

1. 施工场地建设费

施工场地建设费包括下列内容:

(1)按照工地建设标准化要求进行承包人驻地、工地试验室建设,钢筋集中加工、混合料集中拌制、构件集中预制等所需的办公、生活居住房屋(包括职工家属房屋及探亲房屋),公用房屋(如广播室、文体活动室、医疗室等)和生产用房屋(如仓库、加工厂、加工棚、发电站、变电站、空压机站、停机棚、值班室等)。

(2)包括场区平整(山岭重丘区不含土石方工程)、硬化、排水、绿化、标志、污水处理设施、围墙隔离设施等的费用;但不包括钢筋加工的机械设备、混合料拌和设备及安拆、预制构件台座、预应力张拉设备、起重及养护设备,以及概算、预算定额中临时工程的费用。

(3)包括以上范围内的各种临时工作便道(包括汽车、人力车道)、人行便道,工地临时用水、用电的水管支线和电线支线,临时构筑物(如水井、水塔等)、其他小型临时设施等的搭设或租赁、维修、拆除、清理的费用,但不包括红线范围内贯通便道、进出场的临时道路、保通便道。

(4)工地试验室所发生的属于固定资产的试验设备和仪器等折旧、维修或租赁费用。

(5)施工扬尘污染防治措施费:裸露的施工场地覆盖防尘网、施工便道和施工场地洒水或喷洒抑尘剂,运输车辆的苫盖和冲洗、环境敏感区设置围挡,防尘标识设置,环境监控与检测等所需要的费用。

(6)包括文明施工、职工健康生活的费用。

施工场地建设费计费基数为定额建筑安装工程费减去专项费用,根据不同阶段造价文件,按《公路工程建设项目投资估算编制办法》(JTG 3820—2018)或《公路工程建设项目概算预算编制办法》(JTG 3820—2018)中表3.1.11的费率,以累进办法计算。

2. 安全生产费

安全生产费用是指施工现场安全施工所需要的各项费用,包括完善、改造和维护安全设施设备费用;配备、维护、保养应急救援器材、设备费用;开展重大危险源和事故隐患评估和整改费用;安全生产检查、评价、咨询费用;配备和更新现场作业人员安全防护用品支出;安全生产宣传、教育、培训费用;安全设施及特种设备检测检验费用;施工安全风险评估、应急演练等有关工作及其他与安全生产直接相关的费用。

安全生产费按建筑安装工程费乘以安全生产费费率计算,费率按不少于1.5%计取。

第三节　土地使用及拆迁补偿费

土地使用及拆迁补偿费包含永久占地费、临时设施费、拆迁补偿费、水土保持补偿费、其他费用。

土地征用及拆迁补偿费应根据审批单位批准的建设工程用地和临时用地面积及其附着物的情况,以及实际发生的费用项目,按国家有关规定及工程所在地的省(自治区、直辖市)人民政府颁发的有关规定和标准计算。

当与原有的电力电信设施、管线、水利工程、铁路及铁路设施互相干扰时,应与有关部门联系,商定合理的解决方案和补偿金额,也可由这些部门按规定编制费用以确定补偿金额。

一、永久占地

永久占地组成内容及计算方法见表 2-9。

永久占地组成内容及计算方法一览表 表 2-9

费用名称		费用组成内容及计算方法	
一	土地补偿费	组成内容	土地补偿费指征地补偿费、被征用土地上的青苗补偿费，征用城市郊区的菜地等缴纳的菜地开发建设基金，耕地占用税，用地图编制费及勘界费等
		计算方法	土地征用及拆迁补偿费应根据审批单位批准的建设工程用地和临时用地面积及其附着物的情况，以及实际发生的费用项目，按国家有关规定及工程所在地的省（自治区、直辖市）人民政府颁发的有关规定和标准计算
二	征用耕地安置补助费	征用耕地需要安置农业人口的补助费	
三	耕地开垦费	公路建设项目占用耕地的，应由建设项目法人（业主）负责补充耕地所发生的费用；没有条件开垦或者开垦的耕地不符合要求的，按规定缴纳的耕地开垦费	
四	森林植被恢复费	组成内容	森林植被恢复费指公路建设项目需要占用、征用林地的，经县级以上林业主管部门审核同意或批准，建设项目法人（业主）单位按照省级人民政府有关规定向县级以上林业主管部门预缴的森林植被恢复费
		计算方法	森林植被恢复费应根据审批单位批准的建设工程占用林地的类型及面积，按国家有关规定及工程所在地的省（自治区、直辖市）人民政府颁发的有关规定和标准计算
五	失地农民养老保险费	按国家规定为保障依法被征地农民养老而交纳的保险费用。按项目所在地省级人民政府的相关规定进行计算	

二、临时占地

临时占地费组成内容及计算方法见表 2-10。

临时占地费组成内容及计算方法一览表 表 2-10

费用名称		费用组成内容
一	临时征地使用费	为满足施工所需的承包人驻地、预制场、拌和场、仓库、加工厂（棚）、堆料场、取弃土场、进出场便道、便桥等所有的临时用地及其附着物的补偿费用
二	复耕费	复耕费指临时占用的耕地、鱼塘等，在工程交工后将其恢复到原有标准所发生的费用

三、拆迁补偿费

拆迁补偿费指被征用或占用土地地上、地下的房屋及附属构筑物，公用设施、文物等的拆除、发掘及迁建补偿费，拆迁管理费等。

四、水土保持补偿费

根据国家相关法律、法规规定缴纳。按各省（自治区、直辖市）制定的水土保持补偿费收费标准进行计算。

五、其他费用

指国务院行政主管部门及省级人民政府规定的与征地拆迁相关的费用。

第四节　工程建设其他费用

工程建设其他费包括建设项目管理费、研究试验费、建设项目前期工作费、专项评价（估）费、联合试运转费、生产准备费、工程保通管理费、工程保险费、其他相关费用。

一、建设项目管理费

建设项目管理费包括建设单位（业主）管理费、建设项目信息化费、工程监理费、设计文件审查费、竣（交）工验收试验检测费。各项费用的概念、组成内容及计算方法详见表2-11。

建设项目管理费组成内容及计算方法一览表　　表2-11

费用名称		费用组成内容及计算方法	
一	建设单位（业主）管理费	概念	建设单位（业主）为建设项目的立项、筹建、建设、竣（交）工验收、总结等工作所发生的费用。不包括应计入材料与设备预算价格的建设单位采购及保管材料与设备所需的费用
		组成内容	不在原单位发工资的工作人员工资、工资性津贴、施工现场津贴；社会保险费用（基本养老、基本医疗、失业、工伤保险）、住房公积金、职工福利费、工会经费、劳动保护费；办公费、会议费、差旅交通费、固定资产使用费（包括办公及生活房屋折旧、维修或租赁费，车辆折旧、维修、使用或租赁费，通信设备购置、使用费，测量、试验设备仪器折旧、维修或租赁费，其他设备折旧、维修或租赁费等）、零星固定资产购置费、招募生产工人费；技术图书资料费、职工教育培训经费；招标管理费；合同契约公证费、法律顾问费、咨询费；建设单位的临时设施费、完工清理费、竣（交）工验收费［含其他行业或部门要求的竣工验收费用、建设单位负责的竣（交）工文件编制费］、各种税费（包括房产税、车船使用税、印花税等）；对建设项目前期工作、项目实施及竣工决算等全过程进行审查所发生的审计费用；境内外融资费用（不含建设期贷款利息）、业务招待费及工程质量、安全生产管理费和其他管理性开支

续上表

费用名称			费用组成内容及计算方法
一	建设单位(业主)管理费	计算方法	以定额建筑安装工程费为基数,根据不同阶段造价文件要求按《公路工程建设项目投资估算编制办法》(JTG 3820—2018)或《公路工程建设项目概算预算编制办法》(JTG 3830—2018)表3.3.2-1(以下简称"表3.3.2-1")的费率,以累进方法计算
		备注	对于双洞长度超过5000m的独立隧道、水深>15m、跨径≥400m的斜拉桥和跨径≥800m的悬索桥等独立特大型桥梁工程的建设单位(业主)管理费按表3.3.2-1中的费率乘以1.3的系数计算;海上工程[指由于风浪影响,工程施工期(不包括封冻期)全年月平均工作日少于15天的工程]的建设单位(业主)管理费按表3.3.2-1中的费率乘以1.2的系数计算
二	建设项目信息化费	概念及组成内容	建设项目信息化费指建设单位(业主)和各参建单位用于建设项目的质量、安全、进度、费用等方面的信息化建设、运维及各种税费等费用,包括建设项目全寿命周期的建筑信息模型(BIM)等相关费用
		计算方法	以定额建筑安装工程费为基数,根据不同阶段造价文件要求按《公路工程建设项目投资估算编制办法》(JTG 3820—2018)或《公路工程建设项目概算预算编制办法》(JTG 3830—2018)表3.3.2-2的费率,以累进办法计算
三	工程监理费	概念	建设单位(业主)委托具有监理资格的单位,按施工监理规范进行全面的监督和管理所发生的费用
		组成内容	工作人员的工资、工资性津贴、施工现场津贴、社会保险费用(基本养老、基本医疗、失业、工伤保险)、住房公积金、职工福利费、工会经费、劳动保护费;办公费、会议费、差旅交通费,办公、试验固定资产使用费(包括办公及生活房屋折旧、维修或租赁费,车辆折旧、维修、使用或租赁费,通信设备购置、使用费,测量、试验、检测设备仪器折旧、维修或租赁费,其他设备折旧、维修或租赁费等)、零星固定资产购置费、招募生产工人费;技术图书资料费、职工教育经费、投标费用;合同契约公证费、法律顾问费、咨询费、业务招待费;财务费用、监理单位的临时设施费、完工清理费、竣(交)工验收费、各种税费、安全生产管理费和其他管理性开支
		计算方法	以定额建筑安装工程费为基数,根据不同阶段造价文件要求按《公路工程建设项目投资估算编制办法》(JTG 3820—2018)或《公路工程建设项目概算预算编制办法》(JTG 3830—2018)表3.3.2-3的费率,以累进方法计算
四	设计文件审查费	概念	设计文件审查费指在项目审批前,建设单位(业主)为保证勘察设计工作的质量,组织有关专家或委托有资质的单位,对提交的建设项目可行性研究报告和勘察设计文件进行审查所需要的相关费用
		计算方法	以定额建筑安装工程费为基数,根据不同阶段造价文件要求按《公路工程建设项目投资估算编制办法》(JTG 3820—2018)或《公路工程建设项目概算预算编制办法》(JTG 3830—2018)表3.3.2-4的费率,以累进方法计算
		备注	建设项目若有地质勘察监理,费用在此项目开支。 建设项目若有设计咨询(或称设计监理、设计双院制),此费用在此项目内开支

续上表

费用名称		费用组成内容及计算方法	
五	竣(交)工验收试验检测费	概念	在公路建设项目竣(交)工验收前,由建设单位(业主)或工程质量监督机构委托有资质的公路工程质量检测单位按照有关规定对建设项目的工程质量进行检测并出具检测试验意见,以及桥梁动(静)载荷载试验等所需的费用
		计算方法	竣(交)工验收试验检测费按《公路工程建设项目投资估算编制办法》(JTG 3820—2018)或《公路工程建设项目概算预算编制办法》(JTG 3830—2018)表3.3.2-5规定的费率计算。道路工程按主线路基长度计,桥梁工程以主线桥梁、分离式立交、匝道桥的长度之和进行计算,隧道按单洞长度计算
		备注	道路工程,高速公路、一级公路按四车道计算,二级及二级以下等级公路按两车道计算,每增加一个车道,根据不同阶段造价文件要求按《公路工程建设项目投资估算编制办法》(JTG 3820—2018)或《公路工程建设项目概算预算编制办法》(JTG 3830—2018)表3.3.2-5的费用增加10%。桥梁和隧道按双向四车道考虑的,每增加一个车道时增加15%。二级及二级以下等级公路的桥隧工程,按上述表3.3.2-5费用的40%计算

二、研究试验费

研究试验费指按项目特点和有关规定,在建设过程中必须进行的研究和试验所需的费用,以及支付科技成果、专利、先进技术的一次性技术转让费。不包括下列内容。

(1)应由前期工作费(为建设项目提供或验证设计数据、资料等专题研究)开支的项目。

(2)应由科技三项费用(即新产品试制费、中间试验费和重要科学研究补助费)开支的项目。

(3)应由施工辅助费开支的施工企业对建筑材料、构件和建筑物进行一般鉴定、检查所发生的费用及技术革新研究试验费。

计算方法:按照设计提出的研究试验内容和要求进行编制。

三、建设项目前期工作费

建设项目前期工作费系指委托勘察设计、咨询等单位对建设项目进行可行性研究、工程勘察设计,以及设计、监理、施工招标文件及招标标底或造价控制值文件编制时,按规定应支付的费用。

组成内容包括:

(1)编制项目建议书(或预可行性研究报告)、可行性研究报告、投资估算,以及相应的勘察、设计所需的费用。

(2)通过风洞试验、地震动参数、索塔足尺模型试验、桥墩局部冲刷试验、桩基承载力试验等为建设项目提供或验证设计数据所需的专题研究费用。

(3)初步设计和施工图设计的勘察费、设计费、概(预)算编制及调整概算编制费用等。

(4)设计、监理、施工招标及招标标底(或造价控制值或清单预算)文件编制费。

计算方法:建设项目前期工作费以定额建筑安装工程费为基数,根据不同阶段造价文件要求按《公路工程建设项目投资估算编制办法》(JTG 3820—2018)或《公路工程建设项目概算预算编制办法》(JTG 3830—2018)表 3.3.4 的费率,以累进方法计算。

四、专项评价(估)费

专项评价(估)费指依据国家法律、法规规定须进行评价(评估)、咨询,按规定应支付的费用。包括环境影响评价费、水土保持评估费、地震安全性评价费、地质灾害危险性评价费、压覆重要矿床评估费、文物勘察费、通航论证费、行洪论证(评估)费、使用林地可行性研究报告编制费、用地预审报告编制费、项目风险评估费、节能评估费和社会风险评估费、放射性影响评估费、规划选址意见书编制费等费用。

计算方法:依据委托合同,或参照类似工程已发生的费用进行计列。

五、联合试运转费

联合试运转费指建设项目的机电工程,按照有关规定标准,需要进行整套设备带负荷联合试运转期间所需的全部费用。不包括应由设备安装工程费中开支的调试的费用。

费用内容包括:联合试运转期间所需的材料、油燃料和动力的消耗,机械和检测设备使用费,工具用具和低值易耗品费,参加联合试运转的人员工资及其他费用等。

计算方法:联合试运转费以定额建筑安装工程费为基数,按 0.04% 费率计算。

六、生产准备费

生产准备费系指为保证新建、改(扩)建项目交付使用后满足正常的运行、管理发生的工器具购置、办公和生活用家具购置、生产人员培训、保通应急设备购置等费用。生产准备费组成内容及计算方法见表 2-12。

生产准备费组成内容及计算方法一览表 表 2-12

费用名称		费用组成内容及计算方法	
一	工器具购置费	概念及组成内容	建设项目交付使用后为满足初期正常运营必须购置的第一套不构成固定资产的设备、仪器、仪表、工卡模具、器具、工作台(框、架、柜)等的费用。本费用不包括:构成固定资产的设备、工器具和备品、备件;已列入设备购置费中的专用工具和备品、备件
		计算方法	应由设计单位列出计划购置的清单(包括规格、型号、数量),计算方法同设备购置费

续上表

费用名称		费用组成内容及计算方法	
二	办公和生活用家具购置费	概念及组成内容	新建、改(扩)建工程项目,为保证初期正常生产、使用和管理所购置的办公和生活用家具、用具的费用,包括行政、生产部门的办公室、会议室、资料档案室、阅览室、宿舍及生活福利设施等的家具、用具
		计算方法	办公和生活用家具购置费按《公路工程建设项目概算预算编制办法》(JTG 3830—2018)表3.3.7的规定计算
三	生产人员培训费	概念及组成内容	为保证生产的正常运行,在工程交工验收交付使用前对运营部门生产人员和管理人员进行培训所需的费用,包括培训人员的工资、工资性津贴、职工福利费、差旅交通费、劳动保护费、培训及教学实习费等
		计算方法	按设计定员和3000元/人的标准计算
四	应急保通设备购置费	概念及组成内容	新建、改(扩)建工程项目,为满足初期正常运营,实现抢修保通、应急处置,且构成固定资产的设备
		计算方法	由设计单位列出计划购置清单,计算方法同设备购置费

七、工程保通管理费

工程保通管理费系指新建或改(扩)建工程需边施工边维持通车或通航的建设项目,为保证公(铁)路运营安全、船舶航行安全及施工安全而进行交通(铁路、海事、航道)管制、交通(铁路)与船舶疏导所需的和媒体、公告等宣传费用及协管人员经费等。工程保通管理费应按设计需要进行列支。涉水项目施工期通航安全保障费用计算方法按《公路工程建设项目概算预算编制办法》附录G执行。

八、工程保险费

工程保险费指在合同执行期内,施工企业按照合同条款要求办理保险的费用,包括建筑工程一切险和第三方责任险。建筑工程一切险是为永久工程、临时工程和设备及已运至施工工地用于永久工程的材料和设备所投的保险。第三方责任险是对因实施合同工程而造成的财产(本工程除外)损失或损害,或人员(业主和承包人雇员除外)的死亡或伤残所负责进行的保险。

工程保险费以建筑安装工程费(不含设备费)为基数,按0.4%费率计算。

九、其他相关费用

其他相关费用指国务院行政主管部门及省级人民政府规定的其他与公路建设相关的费用。按其相关规定计算。

第五节　预　备　费

预备费由基本预备费和价差预备费两部分组成。在公路建设期内,凡需动用预备费时,属于交通运输部门投资的项目,需经建设单位提出,按建设项目隶属关系,报交通运输部或交通运输厅(局、委)核定批准;属于其他部门的建设项目,按其隶属关系报有关部门核定批准。

一、基本预备费

基本预备费指在初步设计和概算、施工图设计和施工图预算中难以预料的工程费用。

基本预备费包括:在进行技术设计、施工图设计和施工过程中,在批准的初步设计和概算范围内所增加的工程费用。在设备订货时,由于规格、型号改变的价差,材料货源变更、运输距离或方式的改变以及因规格不同而代换使用等原因发生的价差。在项目主管部门组织竣(交)工验收时,验收委员会(或小组)为鉴定工程质量必须开挖和修复隐蔽工程的费用。

计算方法:以建筑安装工程费、土地使用及拆迁补偿费、工程建设其他费之和为基数,按下列费率计算:设计概算按5%计列;修正概算按4%计列;施工图预算按3%计列。

二、价差预备费

价差预备费指设计文件编制年至工程竣工年期间,建筑安装工程费中的人工费、材料费、设备费、施工机械使用费、措施费、企业管理等由于政策、价格变化可能发生上浮而预留的费用,及外贸贷款汇率变动部分的费用。

计算方法:价差预备费以建筑安装工程费总额为基数,按设计文件编制年始至建设项目工程竣工年终的年数和年工程造价增长率计算。计算公式如式(2-3)。

$$\text{价差预备费} = P \times [(1+i)^{n-1} - 1] \tag{2-3}$$

式中:P——建筑安装工程费总额(元);

i——年工程造价增长率(%);

n——设计文件编制年至建设项目开工年+建设项目建设期限(年)。

注:年工程造价增长率按有关部门公布的工程投资价格指数计算。设计文件编制至工程交工在一年以内的工程,不列此项费用。

第六节　建设期贷款利息

建设期贷款利息系指工程项目使用的贷款部分,在建设期内应计取的贷款利息。包括各种金融机构贷款、建设债券和外汇贷款等利息。

利息计算方法：根据不同的资金来源分年度投资计算所需支付的利息。计算公式见式(2-4)。

$$建设期贷款利息 = \sum(上年末付息贷款本息累计 + 本年度付息贷款额 \div 2) \times 年利率 \tag{2-4}$$

即：

$$S = \sum_{n=1}^{N}(F_{n-1} + b_n \div 2) \times i$$

式中：S——建设期贷款利息；

N——项目建设期(年)；

n——施工年度；

F_{n-1}——建设期第$(n-1)$年末需付息贷款本息累计；

b_n——建设期第 n 年度付息贷款额；

i——建设期贷款年利率。

第三章

工程造价计价依据

第一节　工程造价计价依据概述

公路工程计价依据是公路工程造价管理的重要内容之一。公路工程计价依据是指用以计算工程造价的基础资料的总称,内容包括公路工程定额、指标、费率、基础单价、工程量数据、政府主管部门颁发的各种相关经济法规、政策、计价办法等。

目前,我国公路工程的计价依据分为两部分,一是部级计价依据,包括现行的《公路工程估算指标》《公路建设工程投资估算编制办法》《公路工程概算定额》《公路工程预算定额》《公路工程机械台班费用定额》《公路建设项目概算预算编制办法》《公路工程标准施工招标文件》《公路建设项目工程决算编制办法》等;二是省级计价依据包括各省概算、预算编制办法补充规定、材料价格信息、造价数据库信息、价格指数、工程量清单计价规则等。

一、工程造价计价依据的内容

工程造价计价依据复杂,种类繁多,主要可分为下列内容。

1. 有关工程造价的政策、法规

有关工程造价的政策、法规主要有:与建安工程造价相关的国家规定的企业管理费、建筑安装工程营业税率;与进口设备价格相关的设备进口关税率、增值税率;与其他基建费中土地补偿相关的国家对征用各类土地所规定的各项补偿费标准等。

2. 设计图纸资料

如项目建议书、可行性研究报告、设计文件等。设计图纸资料在编制造价时其作用主要表现在两个方面:一是提供计价的主要工程量,这部分工程量一般是从设计图纸中直接摘取;二是根据设计图纸提出合理的施工组织方案,确定造价编制中有关费用的基础数据,计算相应的辅助工程和辅助设施的费用。

3. 工程定额

计算人工、材料、机械等实物消耗量依据,包括投资估算指标、概算定额、预算定额、施工定额等。

4. 费用定额

公路工程建设项目费用定额,是公路工程建设项目在编制工程造价中,除人工、材料、机械消耗数量以外的其他费用需要量计算的依据,即工程造价计价依据除工程定额以外各项费用计算的主要内容。

5. 基础单价

如计算工程单价的价格依据,包括人工单价、材料价格、材料运杂费、机械台班单价、设备费单价等。

6. 施工组织设计

施工组织设计对工程施工时间、空间、资源所作的全面规划和统筹安排,它包括施工方案的确定、施工进度的安排、施工资源的计划和施工平面的布置等内容。以上这些内容均涉及造价编制中有关费用的计算,如对统一施工任务可采用不同的施工方法,因而其过程费用会不相同;资源供应计划不同,施工现场的临时生产和生活设施就不会相同,因而相应的费用也不会相同;施工平面布置中,堆场、拌和场的位置不同,则材料运距不同,因而其运费也不相同等。由以上可知,施工组织设计是造价编制中不可忽略的重要计价依据之一。

7. 工程量计算规则

工程量计算规则是计量工作的法规,它规定了工程量的计算方法和计算范围。在公路工程中,工程量计算规则都是放在工程定额的说明中。公路工程设计文件中均列有各分部分项工程的工程量,在编制造价时,对设计文件中提供的工程量进行复核,检查是否符合工程量计算规则,是否应按工程量计算规则进行调整。

8. 其他资料

在编制造价时,还会用到其他的一些资料,如某种规格钢筋的每米质量,土地平整中土体体积计算时的棱台公式,标准构建的尺寸等,这些资料应从一些工具书、标准图集中查阅。

二、工程造价计价依据的作用

依照不同的建设管理主体,计价依据在不同的工程建设阶段,针对不同的管理对象具有不同的作用。

(1)编制计划的基本依据。无论是国家建设计划、业主投资计划、资金使用计划还是施工企业的施工进度计划、年度计划、月旬作业计划以及下达生产任务单等,都是以计价依据来计算人工、材料、机械、资金等需要数量,合理的平衡和调配人力、物力、财力等各项资源,以保证提高投资效益,落实各种建设计划。

(2)计算和确定工程造价的依据。工程造价的计算和确定必须依赖定额等计价依据。如估算指标用来计算和确定投资估算,概算定额用于计算和确定设计概算,预算定额用于计算和确定施工图预算,施工定额用于计算确定施工项目成本。预算定额和企业定额和人工、材料、机械市场价格还能够按照清单计价规范组价成为相应清单子目的综合单价,成为清单计价的依据。

(3)企业实行经济核算的依据。经济核算制是企业管理的重要经济制度,它可以促使企业以尽可能少的资源消耗,取得最大的经济效益,定额等计价依据是考核资源消耗的主要标准。如对资源消耗和生产成果进行计算、对比和分析,就可以发现改进的途径,采取措施加以改进。

(4)有利于建筑市场的良好发育。计价依据既是投资决策的依据,又是价格决策的依据。对于投资者来说,可以利用定额等计价依据有效地提高其项目决策的科学性,优化其投资行为;对于施工企业来说,定额等计价依据是施工企业适应市场投标竞争和企业进行科学管理的重要工具。

第二节　工程定额概述

一、工程定额的概念

定额是一种规定的额度,是生产部门为指导和管理生产经营活动,根据一定时期的生产力水平和产品的质量要求,制定的完成一定数量的合格产品所需消耗的人力、物力和财力的数量标准。由于不同的产品有不同的质量和安全要求,因此定额不单纯是一种合理的数量标准,而是数量、质量和安全要求的统一体。

工程定额指在合理的劳动组织和合理地使用材料与机械的条件下,完成一定单位数量合格建筑产品所消耗的人工、材料、机械。这种规定额度是在一定时期社会生产力水平下,完成工程建设中的某项产品与各种生产要素之间的特定的数量关系,是现在正常施工条件下人工、材料、机械的社会平均合理水平。

二、工程定额的分类

工程建设定额是一个综合概念,是工程建设中各类定额的总称,它包括许多种类的定额,可按不同的原则和方法进行分类。

1. 按定额反映的物质消耗内容分类

(1)劳动消耗定额

劳动消耗定额简称劳动定额,是指活劳动消耗的数量标准。在施工定额、预算定额、概算定额、估算指标等多种定额、指标中,劳动消耗定额都是其中重要的组成部分。劳动消耗定额是完成单位数量的合格产品(工程实体或劳务)规定活劳动消耗的数量标准。为了便于综合和核算,劳动定额大多采用工作时间消耗量来计算劳动消耗的数量,所以劳动定额主要表现形式是时间定额,但同时也表现为产量定额。

(2)机械消耗定额

机械消耗定额简称机械定额,由于我国机械消耗定额是以一台机械一个工作班为计量单位,所以又称为机械台班定额。同劳动消耗定额一样,在施工定额、预算定额、概算定额、估算指标等多种定额、指标中,机械消耗定额都是其中的组成部分。机械消耗定额是指为完成单位数量合格产品(工程实体或劳务)所规定的施工机械消耗的数量标准。机械消耗定额的主要表现形式是机械时间定额,但同时也以机械产量定额表现。

过去,由于我国建筑业技术装备水平较低,所以机械消耗在工程建设的全部生产消耗中占的比重不大。但是随着生产技术的进一步发展,建筑业的机械化程度不断提高,如在高等级公路施工中,路基、路面的机械化程度达到90%以上,使机械消耗定额成为更加重要的定额。

(3)材料消耗定额

材料消耗定额简称材料定额,是指完成一定合格产品所需消耗材料的数量标准。这里的材料是指工程建设中使用的原材料、成品、半成品、构配件、燃料以及水、电等动力资源的统称。材料作为劳动对象是构成工程的实体物资,需用数量很大、种类繁多,所以材料消耗量多少及消耗合理与否,不仅关系到资源的有效利用,影响市场供需状况,而且对建设工程的投资、建筑产品的成本控制都有决定性影响。

2.按照定额的编制程序和用途来分类

按定额编制程序和用途分类,可以把工程建设定额分为施工定额、预算定额、概算定额、概算指标和投资估算指标五种。

(1)施工定额

施工定额是施工企业(建筑安装企业)组织生产和加强管理在企业内部使用的一种定额。其性质属于企业生产定额。它由劳动定额、机械定额和材料定额三个相对独立的部分组成。为了适应组织生产和管理的需要,施工定额的项目划分很细,是工程建设定额中分项最细、定额子目最多的一种定额,也是工程建设定额中的基础性定额。在预算定额的编制过程中,施工定额的劳动、机械、材料消耗的数量标准,是计算预算定额中劳动、机械、材料消耗数量标准的重要依据。

(2)预算定额

预算定额是在编制施工图预算时,计算工程造价和计算工程中劳动、机械台班、材料需要量使用的一种定额。预算定额是一种计价性的定额。

(3)概算定额

概算定额是编制设计概算时,计算和确定工程概算造价,计算劳动、机械台班、材料需要量所使用的定额。它的项目划分较粗,与初步设计的深度相适应。它一般是在预算定额基础上编制的,是预算定额的综合扩大。

(4)概算指标

概算指标是概算的扩大与合并,它是以整个建筑物和构筑物为对象,以更为扩大的计量单位来编制的。概算指标的设定和初步设计的深度相适应,是设计单位编制设计概算或建设单位编制年度投资计划的依据,也可作为编制估算指标的基础。

(5)投资估算指标

投资估算指标通常是以单独的项目工程或完整的工程项目为计算对象,编制确定的生产要素消耗的数量标准或项目费用标准,是根据已建工程或现有工程的价格数据和资料,经分析、归纳和整理编制而成的。投资估算指标是在项目建议书和可行性研究阶段编制投资估算、计算投资需要时使用的一种指标,是合理确定建设工程项目投资的基础。

3.按照投资的费用性质分类

按投资的费用性质分类,可以把工程建设定额分为建筑工程定额、设备安装工程定额,建筑安装工程费用定额,工具、器具定额,工程建设其他费用定额等。

(1)建筑工程定额

建筑工程定额是建筑工程的施工定额、预算定额、概算定额和投资估算指标的统称。建筑工程定额在整个建设工程定额中占有突出的地位。

(2)设备安装工程定额

设备安装工程定额是设备安装工程的施工定额、预算定额、概算定额和投资估算指标的统称。设备安装工程一般是指对需要安装的设备进行定位、组合、校正、调试等工作的工程。在通用定额中有时把建筑工程定额和安装工程定额合二为一,称为建筑安装工程定额。建筑安装工程定额属于人、料、机费用定额,仅仅包括施工过程中人工、材料、机械台班消耗的数量标准。

(3)建筑安装工程费用定额

建筑安装工程费用定额一般包括措施费定额、企业管理费定额。

(4)工具、器具定额

工具、器具定额是为新建或扩建项目投产运转首次配置的工具、器具数量标准。工具和器具是指按照有关规定不够固定资产标准而起劳动手段作用的工具、器具和生产用家具。

(5)工程建设其他费用定额

工程建设其他费用定额是独立于建筑安装工程定额、设备和工器具购置之外的其他费用开支的标准。其他费用定额是按各项独立费用分别编制的,以便合理控制这些费用的开支。

4.按主编单位和管理权限分类

按主编单位和管理权限,工程建设定额可分为全国统一定额、行业统一定额、地区统一定额、企业定额和补充定额五种。

(1)全国统一定额是由国家建设行政主管部门,综合全国工程建设中技术和施工组织管理的情况编制,并在全国范围内执行的定额,如全国统一安装工程定额。

全国统一定额反映一定时期社会生产力水平的一般状况,作为编制地区单位估价表,确定工程造价,编制招标工程标底的基础,也可作为制订企业定额和投标报价的基础。

(2)行业统一定额。是考虑到各行业部门专业工程技术特点,以及施工生产和管理水平编制的,一般只在本行业和相同专业性质的范围内使用,如矿井建设工程定额、公路工程定额等。

(3)地区统一定额。包括省(自治区、直辖市)定额。地区统一定额主要是考虑地区性特点和全国统一定额水平做适当调整补充编制的。由于各地区气候条件、经济技术条件、物质资源条件和交通运输条件等的差异,构成对定额项目、内容和水平的影响,是地区统一定额存在的客观依据。

(4)企业定额。是指由施工企业考虑本企业具体情况,参照国家、部门或地区定额的水平制定的定额。企业定额只在企业内部使用,是企业素质的一个标志。企业定额水平一般应高于国家、行业定额,才能满足生产技术发展、企业管理和市场竞争的需要。

(5)补充定额。是指随着设计、施工技术的发展,现行定额不能满足需要的情况下,为了补充缺项所编制的定额。补充定额只能在规定的范围内使用,可以作为以后修订定额的基础。

以上各类定额之间互相联系、互相区别、互相交叉、互相补充,从而形成一个与建设程序各阶段工作深度相适应的、层次分明、分工有序的庞大的工程建设定额体系。

三、公路工程施工定额

1. 施工定额的概念

施工定额是在正常的施工条件下，为完成单位合格产品所需劳动、机械、材料消耗的数量标准，反映企业的施工水平、装备水平和管理水平，作为考核建筑安装企业劳动生产率水平、管理水平的标尺和确定工程成本、投标报价的依据。施工定额是建筑安装企业内部管理的定额，属于企业定额的性质。

施工定额的这种企业定额性质，要求明确赋予企业以施工定额的管理权限(包括编制和颁发施工定额的权限)。企业可以根据本企业的具体条件和可能挖掘的潜力，根据市场的需求和竞争环境，根据国家有关政策、法律和规范、制度，自己编制定额，自行决定定额的水平。允许同类企业和同一地区的企业之间存在施工定额水平的差距，甚至允许企业就施工定额的水平对外作为商业秘密进行保密，这样在市场上才能具有竞争能力。

2. 施工定额的作用

(1)施工定额是企业计划管理工作的基础

施工定额在企业管理中的基础作用，主要表现在：施工定额是计划管理的依据，是组织和指挥施工生产的有效工具，是计算工人劳动报酬的依据，是企业激励工人的标准，是编制施工预算、加强企业成本管理和经济核算的基础。

(2)施工定额是工程建设定额体系的基础

施工定额在工程建设定额体系中的基础作用，主要表现在：施工定额水平是确定概算、预算定额和估算指标的基础，对预算定额来说，它是直接基础，对其他各类定额则是间接基础。

(3)施工定额有利于先进技术的推广

施工定额是按成熟的先进的施工技术和施工组织编制的，工人要达到和超过定额，就必须掌握和运用这些先进技术；如果工人要想大幅度超过定额，就必须进行创造性的劳动，在工作中注意改进工具和改进技术操作方法，注意节约原材料，避免原材料和能能源的浪费。施工定额中往往明确要求采用某些较先进的施工工具和施工方法，所以贯彻施工定额也就意味着推广先进技术。企业或主管部门为了推行施工定额，往往也要组织技术培训，以帮助工人达到和超过定额。技术培训和技术演示等方式也都可以大大普及先进技术和先进操作方法。

3. 施工定额的编排和内容

定额的编排涉及定额结构形式和使用问题。现行公路工程施工定额是以章、节、文字说明的结构形式编排的，分别为：准备工作、路基工程、路面工程、隧道工程、桥涵工程、交通工程及沿线设施、绿化及环境保护工程、临时工程、材料采集及加工、材料运输。另外还有附录等内容。

施工定额的内容，一般包括劳动定额、机械消耗定额、材料消耗定额三部分。汇编成册的施工定额包括文字说明部分、分节定额和附录三部分。

文字说明又分总说明、章说明和分节说明。

分节定额包括分节说明，定额表和附注，定额表是分节定额中的核心部分和主要内容。施工定额中包括劳动定额、机械台班定额等,附注一般列在定额表的下面,主要是根据施工条件的变动,规定工人、材料、机械定额用量的增减变化,通常采用乘系数和增减工日或台班的方法来计算。附注的作用是对定额表的补充,也是对定额使用的限制。

附录放在定额分册的最后,作为使用定额的参考和换算的依据。包括名字解释,必要时附图解说明;先进经验介绍及先进工具介绍;参考资料。

4. 施工定额的表现形式

(1)劳动定额的表现形式

劳动定额在施工定额中往往形成一个独立的部分,这是由劳动定额在企业管理中的特殊作用所决定的。劳动定额是劳动消耗定额的简称,也称人工定额,有两种表现形式,即时间定额和产量定额。

①时间定额

时间定额指在正常施工条件,为完成单位合格产品或工作任务所消耗的必要劳动时间。时间定额以工日为单位,按现行制度公路工程每个工日工作时间为 8h(潜水作业按 6h 计,隧道洞内作业按 7h 计)。其计算方法如下:

$$\text{单位产品时间定额(工日)} = \frac{1}{\text{每工日产量}} \tag{3-1}$$

或

$$\text{单位产品时间定额(工日)} = \frac{\text{班组成员工日数总和}}{\text{班组完成产品数量总和}} \tag{3-2}$$

②产量定额

产量定额指在合理的生产技术和生产组织下,某工种、某技术等级的工人小组或个人,在单位时间内所应该完成的合格产品的数量。

$$\text{产量定额} = \frac{1}{\text{单位产品时间定额(工日)}} \tag{3-3}$$

或

$$\text{产量定额} = \frac{\text{班组完成产品数量总和}}{\text{班组成员工日数总和}} \tag{3-4}$$

时间定额与产量定额互为倒数。

(2)机械定额的表现形式

机械定额是机械台班使用定额的简称。机械定额也有两种表现形式,即时间定额和产量定额。它是在正常施工条件下,使用施工机械生产单位合格产品所必需的机械工作时间(即时间定额),或在单位时间内完成合格产品的数量(即产量定额)。其计算方法如下:

$$\text{时间定额(工日)} = \frac{1}{\text{每台班产量}} \tag{3-5}$$

或

$$\text{产量定额} = \frac{1}{\text{单位产品时间定额(台班)}} \tag{3-6}$$

四、公路工程预算定额

1. 预算定额的概念

预算定额是规定消耗在单位的分项工程和结构构件上的人工、材料和机械的数量标准，是在施工图设计阶段计算建筑安装产品价格的基础。预算定额是一种具有广泛用途的计价定额。

2. 预算定额的作用

(1) 预算定额是编制施工图预算，确定建设项目工程造价、控制项目投资的基础。施工图设计一经确定，工程预算造价就取决于预算定额水平和人工、材料及机械台班的价格等。预算定额起着控制劳动消耗、材料消耗和机械台班使用的作用，进而起到控制建筑产品价格的作用。

(2) 预算是编制施工组织设计的依据。施工组织设计的重要任务之一，是确定施工中所需人力、物力的供求量，并作出最佳安排。施工单位在缺乏本企业的施工定额的情况下，根据预算定额，也能够比较精确地计算出施工中各项资源的需要量，为有计划地组织材料采购和预制件加工、劳动力和施工机械的调配提供了可靠的计算依据。

(3) 预算定额是施工单位进行经济活动分析的依据。预算定额规定的物化劳动和劳动消耗指标，是施工单位在生产经营中允许消耗的最高标准。施工单位必须以预算定额作为评价企业工作的重要标准，作为努力实现的目标。施工单位可根据预算定额对施工中的劳动、材料、机械的消耗情况进行具体分析，以便找出并克服低功效、高消耗的薄弱环节，提高竞争能力。只有在施工中经理降低劳动消耗，采用新技术，提高劳动者素质及劳动生产率，才能取得较好的经济效益。

(4) 预算定额是编制概算定额的基础。概算定额是在预算定额的基础上综合扩大编制的。利用预算定额作为编制依据，不但可以节省编制工作上的大量人力、物力和时间，收到事半功倍的效果，还可以使概算定额在水平上与预算定额保持一致，以免造成执行中的不一致。

(5) 预算定额是合理编制招标控制价、标底和投标报价的基础。在深化改革中，预算定的指令性作用将日益削弱，而对施工单位按照工程个别成本报价的指导性作用仍然存在，因此预算定额作为编制招标控制价的依据和施工企业报价的基础性作用仍将存在，这也是由于预算定额本身的科学性和指导性决定的。

3.《公路工程预算定额》简介

《公路工程预算定额》(JTG/T 3832—2018)(以下简称《预算定额》)共分九章，主要内容包括：总说明、章说明、节说明、定额表及表下附注和附录。

(1) 说明

说明包括：总说明、章说明和节说明。

总说明的内容主要包括：预算定额的适用范围、目的、作用、编制原则、主要依据、对各章节都适用的统一规定、定额采用的标准及允许抽换定额的原则、定额包括的内容及未包括的内容，需编制补充定额的规定等。章(节)说明则规定各章(节)包括的内容、各章(节)工程项目的工程量计算规则等。

以上各项说明是为了正确使用定额而做出的规定和解释,是正确运用定额所应遵循的条件。因此,编制施工图预算时,首先应阅读预算定额的总说明、章说明、节说明,对定额的编制依据、适用范围、包含的主要工程内容,以及其他有关的说明和使用方法等也应熟记、通晓。同时,对常用的子项、人工、材料、机械的计量单位等,都应有一个全面的了解,从而达到正确、快速使用定额编制预算文件的目的。

(2)定额项目表

《预算定额》分为路基工程、路面工程、隧道工程、桥涵工程、交通工程及沿线设施、绿化及环境保护工程、临时工程、材料采集及加工、材料运输等九章,以定额项目表的形式给出相应的工、料、机消耗的定额标准。

(3)定额附录

定额附录是配合定额使用不可缺少的一个重要部分。现行《预算定额》附录包括"路面材料计算基础数据""基本定额""材料的周转及摊销""定额人工、材料、设备单价表"。

4. 预算定额的应用

《预算定额》的应用可分为直接套用和换算两种情况。

在应用定额编制预算文件时,直接套用定额的情况占大多数。当设计要求、结构形式、施工工艺、施工机械、材料品种规格等与定额条件完全相符合时,可直接套用定额。套用定额时,应根据设计图纸的要求、做法说明,从工程内容、技术特征、施工方法、材料品种规格等方面一一仔细核对,正确选择相应的套用项目,这是正确使用定额的关键。

当设计要求与定额条件不完全相符时,则不可直接套用定额,应根据定额的规定进行换算,预算定额的换算包括乘系数换算、砂浆和混凝土强度等级的换算及定额规定的其他换算等。

五、公路工程概算定额

1. 概算定额的概念

概算定额是为编制初步设计概算和技术设计概算而制定的,是完成一定计量单位的扩大结构构件与扩大分项工程消耗人工、材料和机械台班的数量标准。它的项目划分粗细与初步设计或技术设计的深度相适应。概算定额是在预算定额的基础上编制的,是预算定额的综合和扩大。

概算定额与预算定额都属于计价定额,不同的是它们在项目划分和综合扩大程度上的差异,以适用于不同设计阶段计价需要。

2. 概算定额的作用

(1)概算定额是初步设计阶段编制概算和技术设计阶段编制修正概算的主要依据,基于建设程度规定,采用两阶段设计时,其初步设计必须编制设计概算;采用三阶段设计时,其技术设计必须编制修正概算,对拟建项目进行总估价。

(2)概算定额是设计方案比较的依据。设计方案比较,目的是选择出技术先进可靠、经济合理的方案,在满足使用功能的条件下,达到降低造价和资源消耗的目的。概算定额采用扩大综合后可为设计方案的比较提供方便的条件。

(3)概算定额是编制主要材料需要量的计算基础。根据概算定额所列材料消耗指标计算工程用料数量,可在施工图设计之前提出供应计划,为材料的采购、供应做好施工图准备,提供前提条件。

(4)概算定额是编制投资计划、控制投资的依据。

(5)概算定额是编制建设项目投资估算指标的基础。

(6)在不具备施工图预算的情况下,概算定额还可以作为制订工程标底的基础。

(7)在实行建设项目投资包干时,其项目包干费通常也可以概算定额为计算依据。

3.《公路工程概算定额》简介

《公路工程概算定额》(JTG/T 3831—2018)(以下简称《概算定额》),包括总说明、章说明、节说明和定额表。

总说明的内容是对整册定额所做的全面性的规定和解释。章(节)说明则规定各章(节)包括的内容、各章(节)工程项目的统一规定、各章(节)工程项目综合的内容及允许抽换的规定、各章(节)工程项目的工程量计算规则等。以上各项说明是为了正确使用定额而做出的规定和解释,是正确运用定额所应遵循的条件。

《概算定额》分为路基工程、路面工程、隧道工程、桥涵工程、交通工程及沿线设施、绿化及环境保护工程、临时工程等七章,以定额项目表的形式给出相应各部分的工、料、机消耗的额定标准。概算定额项目表的主要内容包括:定额项目的名称,定额项目包括的工作内容,定额单位,完成定额单位工程的人工、材料、机械的名称、代号、数量,定额基价。有些定额项目表下还列有在总说明、章(节)说明中没有包括的仅供本子目使用的注释。

六、公路工程估算指标

1.估算指标的概念

估算指标是以独立的建设项目、单项工程或单位工程为对象,综合项目全过程投资和建设中各类成本和费用,它既是定额的一种表现形式,但又不同于其他的计价定额。

2.估算指标的作用

估算指标作为项目前期服务的一种扩大的技术经济指标,具有较强的综合性、概括性。估算指标在编制项目建议书和可行性研究报告中,是多方案比选、优化设计方案、正确编制投资估算、合理确定项目投资的重要基础;在建设项目评价、决策过程中,是评价建设项目投资可行性、分析投资效益的重要经济指标;在实施阶段,是限额设计和工程造价确定与控制的依据。

3.《公路工程估算指标》简介

《公路工程估算指标》(JTG/T 3821—2018)(以下简称《估算指标》)是交通运输部根据公路建设项目建议书和可行性研究报告的工作深度要求,结合公路工程行业标准、规范的规定,以及近年来公路建设项目的设计和竣工资料为依据而制定,适用于公路基本建设的新建和改建工程。对《估算指标》中缺少的项目可以编制补充指标。补充指标应按照现行的《估算指标》的编制原则、编制方法进行编制,由各省市交通运输主管部门编制执行,抄送交通运输部备案。

与《概算定额》一样,《估算指标》列出了指标子目的人工消耗量、材料名称及消耗量、机械名称及消耗量,这种表现形式更符合现代公路项目的特点和实际情况。

现行《估算指标》包括说明、指标项目表及附录三个部分。

(1)说明

《估算指标》的说明包括总说明和章说明。总说明是对整册指标所做的全面性的规定和解释,章说明则规定各章包括的内容、各章工程项目的统一规定、各章工程项目综合的内容及允许抽换的规定、各章工程项目的工程量计算规则等。以上各项说明是为了正确使用指标而做出的规定和解释,是正确运用指标所应遵循的条件。

(2)指标项目表

现行《估算指标》的指标表根据公路工程项目的组成分为路基工程、路面工程、隧道工程、桥涵工程、交叉工程、交通工程、临时工程等七章,以指标项目表的形式给出相应各部分的工、料、机消耗的定额标准。估算指标项目表的主要内容包括:指标项目的名称,指标项目包括的工作内容,指标单位,完成指标单位工程的人工、材料、机械的名称、单位、代号、数量、指标基价。有些估算指标项目标下还列有在总说明、章说明中没有包括的,仅供本估算指标表使用的注释。

(3)附录

为满足现代公路工程项目投资估算编制的需要,现行《估算指标》的最后列有附录—设备购置费参考值。

七、补充定额

当设计图纸上某项工程采用新材料、新结构、新工艺、新设备,而现行的定额又无近似的可利用定额来编制工程造价时,可以编制补充定额作为工程造价计价的依据。这是编制补充定额必须遵守的一条基本原则。

补充定额中的人工、材料、施工机械的基本消耗定额资料,可以参照《预算定额》附录中的各种计算基础资料、基本定额、材料的周转及摊销等作为计算分析的依据;施工机械台班费用定额可以参照制定同类型号施工机械台班费用所采用的基础数据资料作为编制依据。

第三节　费用定额

公路工程费用定额是在编制工程造价中除人工、材料、机械消耗以外的其他费用需要量的计算标准,即是工程造价计价依据除工程定额(工程指标)以外各项费用的计算标准。《公路工程建设项目投资估算编制办法》(JTG 3820—2018)(以下简称《投资估算编制办法》)和《公路工程建设项目概算预算编制办法》(JTG 3830—2018)(以下简称《概预算编制办法》)中规定的费用指标和一系列费用的费率,都属于费用定额的范围,因此,从这个角度来看,《投资估算编制办法》和《概预算编制办法》就是费用定额,其主要内容包括造价编制的方法和规定、各种费用的取费标准和计算方法及有关附录。

一、公路工程建设项目投资估算编制办法

《投资估算编制办法》是为加强公路工程造价管理，合理确定和有效控制工程造价而制定的，估算编制办法适用于新建、改(扩)建的公路工程建设项目投资估算的编制和管理。

《投资估算编制办法》分第一章总则、第二章投资估算编制方法、第三章投资估算费用标准和计算方法、附录、本办法用词说明等5个部分。其中第二章投资估算编制方法对编制投资估算的基本规定、编制依据、文件组成、投资估算项目及编码规则及费用组成进行了说明；第三章投资估算费用标准和计算方法分别对建筑安装工程费、土地使用及拆迁补偿费、工程建设其他费用、预备费、建设期贷款利息所包括的费用内容及公路工程建设项目各项费用计算程序计算方法进行了说明；附录则包括封面、目录及投资估算表格样式，投资估算项目表，项目建议书投资估算各项费用取定表，设备与材料划分标准，全国冬季施工气温区划分表，全国雨季施工雨量区及雨季期划分表，全国风沙地区公路施工区划分表，涉水项目施工期通航安全保障费用计算方法；本办法用词说明则包括对总则和投资估算费用标准和计算方法中的建筑安装工程费、土地使用及拆迁补偿费、工程建设其他费的部分条文进行了说明。

二、公路工程建设项目概算预算编制办法

《概预算编制办法》是为适应公路建设发展的需要，构建节约型公路行业，合理确定和有效控制工程造价，提高公路建设项目工程造价文件编制质量，规范工程造价文件的编制依据，结合公路行业的特点而制定。编制办法适用于新建和改(扩)建的公路工程建设项目工程概算、预算的编制和管理。

《概预算编制办法》分为第一章总则、第二章概算预算编制办法、第三章概算预算费用标准和计算方法及附录组成。其中第二章概算预算编制方法主要包括概算预算的基本规定、编制依据、文件组成、概算预算项目及编码规则、费用组成五部分；第三章概算预算费用标准和计算方法主要包括建筑安装工程费、土地使用及拆迁补偿费、工程建设其他费用、预备费、建设期贷款利息及公路工程建设项目各项费用计算程序计算方式六部分；附录包括封面、目录及概(预)算表格样式、概算预算项目表、设备与材料的划分标准、全国冬季施工气温区划分表、全国雨季施工雨量区及雨季期划分表、全国风沙地区公路施工区划表、涉水项目施工期通航安全保障费用计算方法七部分。

三、公路工程机械台班费用定额

1. 公路工程机械台班费用定额的概念

公路工程机械台班费用定额是公路工程预算定额和公路工程概算定额的配套定额，是编制公路基本建设工程概算、预算的依据。

2. 公路工程机械台班费用定额的作用

公路工程机械台班费用定额的主要作用是计算机械台班单价,同时也可以计算台班消耗的人工、燃料等实物量,供编制施工组织方案(特别是机械化施工方案)、进行经济比较之用,《公路工程机械台班费用定额》(JTG/T 3833—2018)中的基价作为概、预算台班单价。

3.《公路工程机械台班费用定额》简介

现行《公路工程机械台班费用定额》(JTG/T 3833—2018)(以下简称《机械台班费用定额》)是依据目前国际有关经济技术政策,充分考虑公路建设工程的特点以及近几年来高等级公路和施工机械技术发展情况而制定的。

公路工程施工机械每台(艘)班一般按 8h 计算;潜水设备每台班按 6h 计算;变压器和配电设备每台班按一个昼夜计算。

《机械台班费用定额》编列了在公路建设工程中常用的土、石方工程机械,路面工程机械,混凝土及灰浆机械,水平运输机械,起重及垂直运输机械,打桩、钻孔机械,泵类机械,金属、木、石料加工机械,动力机械,工程船舶,工程检测仪器仪表,通风机,其他机械等,共计 13 类 972 个子目。

《机械台班费用定额》的主要内容包括定额说明和机械台班费用定额表两大部分。

在定额说明中用文字对编制《机械台班费用定额》的作用、机械分类、费用组成、依据和相关规定作了说明。

机械台班费用定额表是《机械台班费用定额》的主要组成部分。定额的费用项目划分为不变费用和可变费用。不变费用包括折旧费、检修费、维护费、安拆辅助费,以金额形式给出,该费用除青海、新疆、西藏等边远地区外,其他地区均应直接采用;可变费用包括人工费、动力燃料费、车船税,其中人工费、动力燃料费以人工消耗量、动力燃料消耗量的形式给出,其费用以定额消耗量乘以工程所在地的人工、动力、燃料预算价格。

第四节　基础单价

一、人工单价

人工工日单价是计算各种生产工人人工费、施工机械使用费中的人工费的基础单价。人工工日单价是指一个建筑安装工人一个工作日应计入的全部人工费用,一般包括:

(1)计时工资或计件工资:指按计时工资标准和工作时间对已做工作按计件单价支付给个人的劳动报酬。

(2)津贴、补贴:指为了补偿职工特殊或额外的劳动消耗和其他特殊原因支付给个人的津贴,以及为了保证职工工资水平不受物价影响支付给个人的物价补贴。

(3)特殊情况下支付的工资:指根据国家法律、法规和政策规定,因病、工伤、产假、计划生育假、婚丧假、事假、探亲假、定期休假、停工学习、执行国家或社会义务等原因按计时工资标准或计时工资标准的一定比例支付的工资。

人工费标准按照本地区公路建设项目的人工工资统计情况以及公路建设劳务市场情况进行综合分析、确定人工工日单价，人工工日单价由各省级交通运输主管部门制定发布，并适时进行动态调整。

人工工日单价仅作为编制概算、预算的依据，不作为施工企业实发工资的依据。

二、材料单价

材料费是指施工过程中耗用的构成工程实体的原材料、辅助材料、构配件、零件、半成品或成品等，按工程所在地的材料价格计算的费用。

即：

$$\text{材料费}=\sum\left\{\begin{array}{l}\text{实物工程数量/定额单位}\times(\text{定额材料用量}\times\text{材料预算价格}+\\ \text{其他材料费}+\text{设备摊销费})\end{array}\right\} \tag{3-7}$$

材料预算价格系指材料从来源地或交货地到达工地仓库或施工地点堆放材料地后的综合平均价格，因此，由材料的原价、运杂费、场外运输损耗、采购及保管费四部分所组成。由于建筑材料的品种规格多、来源渠道多、工程种类多、施工分散点多，故根据公路建设工程的实践和以上的特点，不论用于哪类工程的材料，对构成材料预算价格的各个因素，一般均以一个建设项目为对象，作为综合计算的依据。这样有利于规范各类工程及其分部分项工程材料费的计算。材料预算价格的计算公式如下：

$$\begin{aligned}\text{材料预算价格}=&(\text{材料原价}+\text{运杂费})\times(1+\text{场外运输损耗费})\times\\&(1+\text{采购及仓库保管费率})-\text{包装品的回收价值}\end{aligned} \tag{3-8}$$

1. 材料原价

公路建设工程所耗用的各种建筑材料，其材料原价可按下列要求计算。

(1)外购材料。外购材料价格参照本行政区域内交通运输主管部门发布的价格和按调查的市场价格进行综合取定。

(2)自采材料。自采的砂、石、黏土等，根据建设工程沿线开采条件，按定额中开采单价加辅助生产间接费和矿产资源税(如有)计算。

2. 运杂费

运杂费是指材料自供应点或产地至工地仓库(施工现场堆放材料的地方)的费用，包括装卸费、运费，如有发生，还应计囤存费及其他杂费(如过磅、标签、支撑加固、路桥通行等费用)。运杂费的计算中，运距和运价的确定是关键。运杂费中相关费用的确定方法有以下几个方面。

第一，运距的确定。运距应从材料来源地算到工地堆放地点，因此运距的确定其实关键是运距终点的取定。一般情况下，运距终点可根据施工组织设计中的施工平面规划来确定，如果施工组织设计不能提供工地仓库和堆料场位置时，路线工程材料终点里程为路线中心点里程桩号，大中桥或独立桥梁工程材料终点里程为桥梁中心粧号。

第二，运价的确定。通过铁路、水路和公路运输的材料，按调查的市场运价计算运费。凡有容器或包装材料及长大轻浮材料，应按表2-2规定的毛质量计算。桶装沥青、汽油、柴油按每吨摊销一个旧汽油桶计算包装费(不计回收)。一种材料若有两个以上的供应点时,应根据不同的运距、运量、运价采用加权平均法计算运费。但通常都先计算出加权平均运距,然后再计算费用,这样量价分离有利于规范材料运杂费的计算行为。同时,由于概算、预算定额已考虑了工地运输便道的特点,以及定额中已计入"工地小搬运"费用,因此汽车运输平均运距中不得乘调整系数,也不得在工地仓库或堆料场之外,再加场内运输运距或二次倒运的运距。

第三,由于公路运输的运价标准大都是按路况分等级制定的,当采用汽车运输时,要注意了解道路的路况,以便按道路等级分别计算运杂费。

第四,在各个运输环节中,过路、过桥、过闸(船舶)费,调车和驳船费,专用车辆运输增加费等,均应视同运费一并计算。至于装卸费要考虑不同的装卸方法、环节、次数以及物品的单件重量、危险物品等的不同计算规定。如钢筋一般都成捆以吊车进行装车,其装卸费就应按吊车装吊价格计算。

第五,砂、石材料的运输,无论是施工单位自办运输还是社会运输,原则上均应按当地交通运输部门规定的运价计算,其装卸费则应按《预算定额》中"材料运输"的相应装卸定额计算,采用人工装卸的应加计辅助生产间接费。若采用汽车台班定额计算时,应按相应规定执行,如长短途的界定等。

第六,在不能采用各种运输工具运输建筑材料的条件下,可按人工运输定额计算并加计辅助生产间接费。

运杂费的计算比较复杂烦琐,因为存在运输里程、运输方法、运价标准和计费方式的不同,而一般建筑材料又有多个运输环节,所以除应正确选择材料来源地以缩短运距外,还应综合考虑其他因素,如运输方式、运输条件是否方便等,这对降低材料预算价格有着特别重要的现实意义。

3. 场外运输损耗

场外运输损耗是指有些材料在正常的运输过程中会发生损耗,这部分损耗应摊入材料单价内。材料场外运输损耗率见表2-3。

4. 采购及保管费

采购及保管费是指在组织采购及保管过程中,所需的各项费用及工地仓库材料储存损耗。以材料原价与运杂费及场外运输损耗之和为基数,乘以采购保管费率计算。钢材的采购及保管费费率为0.75%。燃料、爆破材料的采购及保管费费率为3.26%,其余材料为2.06%。商品水泥混凝土、沥青混合料和各类稳定土混合料不计采购及保管费,外购的构件、成品及半成品的预算价格,其计算方法与材料相同,其采购保管费率为0.42%。

三、施工机械台班单价

施工机械使用费是指列入概算、预算定额的施工机械台班数量,按相应机械台班费用定额计算的施工机械使用费和小型机具使用费,即:

$$\text{机械使用费} = \Sigma\{\text{实物工程量/定额单位} \times (\text{定额机械台班数量} \times \text{机械台班预算价格} + \text{小型机具使用费})\} \tag{3-9}$$

施工机械台班预算价格,应按《机械台班费用定额》计算,由不变费用和可变费用组成。不变费用包括折旧费、检修费、维护费、安卸辅助费等;可变费用包括机上人员人工费、动力燃料费、车船税。可变费用中的人工工日数及动力燃料消耗量,应以机械台班费用定额中的数值为准。台班人工费工日单价同生产工人人工费单价。动力燃料费用则按材料费的计算规定计算。

当工程用电为自发电时,电动机械每 kW · h(度)电的单价,应按《机械台班费用定额》计算所选定的发电机组的台班预算价格,然后按下列近似公式进行换算确定。

$$A = 0.15K/N \tag{3-10}$$

式中:A——每度 kW · h 电单价(元);

K——发电机组的台班单价(元);

N——发电机组的总功率(kW)。

运输机械的养路费、车船税和保险费,应按当地政府规定的征收范围和标准算,其计算公式如下。

$$\text{台班养路费、车船税和保险费} = [\text{养路费(元/月·t)} \times \text{吨位} \times 12 + \text{车船税(元/年)} \times \text{吨位} + \text{保险费(元/年)}] \div \text{年工作台班} \tag{3-11}$$

年工作台班按《机械台班费用定额》计算。

在编制各设计阶段公路工程造价文件的过程中,除投资估算不需计算施工机械台班的预算价格外,其余都要分别编制人工、材料、施工机械台班的预算价格。其计算的原则、方法和表现形式都是一样的。其中,材料和施工机械台班的预算价格,是采用表格化的形式计算确定的。因此,特设置了三大计算表,即材料预算单价计算表、自采材料料场价格计算表、机械台班单价计算表,它们是工程造价文件的组成部分,在运作过程中,不得随意修改表格的形式和内容。人工、材料、施工机械台班预算价格,不论是编制哪个阶段的造价文件,都要取两位小数。

第五节　工程造价指数

一、指数概念及分类

1. 指数的概念

指数是用来统计研究社会经济现象数量变化幅度和趋势的一种特有的分析方法和手段。指数有广义和狭义之分。广义的指数指反映社会经济现象变动与差异程度的相对数,如产值指数、产量指数、出口额指数等。而狭义的指数是用来综合反映社会经济现象复杂总体数量变动状况的相对数。所谓复杂总体,是指数量上不能直接加总的总体。例如,不同的产品和商品,有不同的使用价值和计量单位,不同商品的价格也以不同的使用价值和计量单位为基础,都是不同度量的事物,是不能直接相加的。但通过狭义的指数就可以反映出不同度量的事物所构成的特殊总体变动或差异程度,如物价总指数、成本总指数等。

2. 指数的分类

(1)指数按其所反映的现象范围的不同,分为个体指数、总指数。个体指数是反映个别现象变动情况的指数,如个别产品的产量指数、个别商品的价格指数等。总指数是综合反映不能同度量的现象动态变化的指数,如工业总产量指数、社会商品零售价格总指数等。

(2)指数按其所反映的现象的性质不同,分为数量指标和质量指标。数量指标是综合反映现象总的规模和水平变动情况的指数,如商品销售量指数、工业产品产量指数、职工人数指数等。质量指标是综合反映现象相对水平或平均水平变动情况的指数,如产品成本指数、价格指数、平均工资水平指数等。

(3)指数按照采用的基期不同,可分为定基指数和环比指数。当对一个时间数列进行分析时,计算动态分析指标通常用不同时间的指标值作对比。在动态对比时作为对比基础时期的水平,称为基期水平。所要分析的时期(与基期相比较的时期)的水平,称为报告期水平或计算期水平。定基指数是指各个时期指数都是采用同一固定时期为基期计算的,表明社会经济现象对某一固定基期的综合变动程度的指数。环比指数是以前一时期为基期计算的指数,表明社会经济现象对上一期或前一期的综合变动的指数。定基指数或环比指数可以连续将许多时间的指数按时间顺序加以排列,形成指数数列。

(4)指数按其所编制的方法不同,分为综合指数和平均数指数。综合指数是通过确定同度量因素,把不能同度量的现象过渡为可以同度量的现象,采用科学方法计算出两个时期的总量指标并进行对比而形成的指数。平均数指数是从个体指数出发,通过对个体指数加权平均计算而形成的指数。

综合指数是总指数的基本形式。计算总指数的目的,在于综合测定由不同度量单位的许多商品或产品所组成的复杂现象总体适量方面的总动态。综合指数的编制方法是先综合后对比。因此,综合指数主要解决比同度量单位的问题,使不能直接加总的不同使用价值的各种商品或产品的总体,改变称为能够进行对比的两个时期的现象的总体。综合指数可以把各种不能直接相加的现象还原为价值形态,先综合(相加),然后再进行对比(相除),从而反映观测对象的变化趋势。

平均数指数是综合指数的变形。综合指数虽然能最完整地反映所研究现象的经济内容,但其编制时需要全面资料,即对应的两个时期的数量指标和质量指标的资料。但在实践中,要取得这样全面的资料往往是困难的。因此,实践中可用平均指数的形式来编制总指数。所谓平均数指数,是以个体指数为基础,通过对个体指数计算加权平均数编制的总指数。

二、工程造价指数概念及分类

1. 工程造价指数概念

随着我国经济体制改革,特别是价格体制改革的不断深化,设备、材料价格和人工费的变化对工程造价的影响日益增大。在建筑市场供求和价格水平发生经常性波动的情况下,建设工程造价及其各组成部分也处于不断变化之中,这不仅使不同时期的工程在“量”与“价”两方面都失去可比性,也给合理确定和有效控制造价造成了困难。根据工程建设的特点,编制工程造价指数是解决这些问题的途径。以合理方法编制的工程造价指数,不仅能够较好地反映工程造价的变动趋势和变化幅度,而且可剔除价格水平变化对造价的影响,正确反映建筑市场的供求关系和生产力发展水平。

工程造价指数是反映一定时期由于价格变化对工程造价影响程度的一种指标,它是调整工程造价价差的依据。工程造价指数反映了报告期与基期相比的价格变动趋势,利用它来研究实际工作中的下列问题很有意义。

(1)可以利用工程造价指数分析价格变动趋势及其原因。

(2)可以利用工程造价指数估计工程造价变化对宏观经济的影响。

(3)工程造价指数是工程承发包双方进行工程研究和结算的重要依据。

2. 工程造价指数分类

工程造价指数可以分为各种单项价格指数,设备、工器具价格指数,建筑安装工程造价指数,建设项目或单项工程造价指数;也可以根据造价资料的期限长短来分类,分为时点造价指数、月指数、季指数和年指数。

(1)各种单项价格指数

各种单项价格指数是反映各类工程的人工费、材料费、施工机具使用费报告期对基期价格的变化程度的指标。各种单项价格指数属于个体指数(个体指数是反映个别现象变动情况的指数),编制比较简单。如直接费指数、间接费指数、工程建设其他费用指数等的编制可以直接用报告期的费用(率)与基期的费用(率)之比求得。

(2)设备、工器具价格指数

总指数是用来反映不同度量单位的许多商品或产品所组成的复杂现象总体方面的总动态。综合指数是总指数的基本形式,可以把各种不能直接相加的现象还原为价值形态,先综合(相加),再对比(相除),从而反映观测对象的变化趋势。设备、工器具由不同规格不同品种组成,因此设备、工器具价格指数属于总指数。由于采购数量和采购价格的数据无论是基期还是报告期都很容易获得,因此,设备、工器具价格指数可以用综合指数的形式来表示。

(3)建筑安装工程造价指数

建筑安装工程造价指数是一种综合指数,包括人工费指数、材料费指数、施工机具使用费指数、措施费指数、间接费指数等各项个体指数。建筑安装工程造价指数的特点是既复杂又涉及面广,利用综合指数计算分析难度大。可以用各项个体指数加权平均后的平均指数表示。

(4)建设项目或单项工程造价指数

建设项目或单项工程造价指数是由设备、工器具价格指数,建筑安装工程造价指数,工程建设其他费用指数综合得到的。建设项目或单项工程造价指数是一种总指数,用平均指数表示。

三、工程造价指数的编制

1. 人工费、材料费、施工机具使用费价格指数的确定

人工费、材料费、施工机具使用费等价格指数可以直接用报告期价格与基期价格相比后得到。即:

$$人工费(材料费、施工机具使用费)价格指数 = \frac{P_n}{P_0} \tag{3-12}$$

式中：P_n——基期人工日工资单价或材料价格、机械台班价格；

P_0——报告期人工日工资单价或材料价格、机械台班价格。

2. 措施费、间接费及工程建设其他费等费率指数的确定

计算公式见式(3-13)。

$$措施费(间接费、工程建设其他费)费率指数 = \frac{P_n}{P_0} \tag{3-13}$$

式中：P_n——基期措施费或间接费、工程建设其他费费率；

P_0——报告期措施费或间接费、工程建设其他费费率。

3. 设备、工器具价格指数的确定

计算公式见式(3-14)。

$$设备、工器具价格指数 = \frac{\Sigma(报告期设备、工器具单价 \times 报告期购置数量)}{\Sigma(基期设备、工器具单价 \times 报告期购置数量)} \tag{3-14}$$

4. 建筑安装工程价格指数的确定

计算公式见式(3-15)。

建筑安装工程造价指数 = 人工费指数 × 基期人工费占建安工程造价比例 + Σ(单项材料价格指数 × 基期该单项材料费占建安工程造价比例) + Σ(单项施工机械台班指数 × 基期该单项机械费占建安工程造价比例) + 其他直接费、间接费综合指数 × 基期其他直接费、间接费占建安工程造价比例　(3-15)

5. 建设项目或单项工程综合造价指数的确定

计算公式见式(3-16)。

综合造价指数 = 建安工程造价指数 × 基期建安工程费占总造价比例 + Σ(单项设备价格指数 × 基期设备费占总造价比例) + 工程建设其他费指数 × 基期工程建设其他费占总造价比例　(3-16)

第六节　施工组织设计

施工组织设计和施工图预算是相互依存、相互影响的。确切地说，施工图预算的编制过程也是施工组织设计的过程，施工组织设计决定着施工图预算，反过来，施工图预算又制约着施工组织设计，两者是辩证统一的关系，是相辅相成的。

预算费用中与施工组织设计关系最大的是建筑安装工程费，而建筑安装工程费又是由专项管理费和工程费组成。就费用的计算过程来看，直接费的高低基本决定了建筑安装工程费的高低，只要降低了建筑安装工程的直接费，就能降低整个工程费用。

施工组织设计对预算的影响是多方面的,但主要是对直接工程费的影响。现就影响较大的主要因素进行分析。

一、施工现场平面布置对预算的影响

施工现场平面布置是施工组织设计在空间上的综合描述,是施工组织设计的重要组成部分之一。它是在基础资料调查的基础上,结合建设工程的实际情况,按照一定的布置原则和方法,对建设工程在施工过程中的材料供应和运输路线、供电、供水、临时工程、工地仓库、生活设施、管理机械设施、服务区、加油站、道班房、预制场、拌和场以及大型机械设备工作面的布置和安排。平面布置的确定,也就决定了预算中相应的直接工程费,如场内运输的价格、临时工程的费用以及租用土地费、平整场地费用等。在施工组织设计中应考虑技术上的可行性和经济上的合理性,规划平面布置一般应遵循以下原则。

(1)凡是永久性占用土地或临时性租用土地的工程,应结合地形、地貌,在满足施工的前提下,尽可能选择利用荒山、荒地及场地平整工程量小的地点,并尽量少占农田。

(2)合理确定工地仓库和自采材料堆放点。预制场、拌和站的选择,应避免材料的二次倒运并缩短材料的场内运距。

(3)施工平面布置应与施工进度、施工方法等相适应,同时应重视保护生态环境和安全生产。

(4)材料在公路工程建设中占的比重很大,因此,合理选择材料、确定经济运距和运输方案是控制预算造价的重要手段。

二、施工工期对预算的影响

任何一个建筑产品,都有一定的合理生产周期。合理地确定施工工期,对工程质量和预算造价都会产生极大的影响,公路工程也不例外。在施工组织设计中应按合理的工期进行劳动力安排、材料的供应和机械设备的配置。

三、施工方法的选择对预算的影响

在公路工程设计和施工中,施工方法的选择是至关重要的,必须依据工程条件和经济合理的原则进行多方面的比较。随着施工工艺、施工技术的不断发展和更新,完成一个项目其施工方法是多种多样的,而每种施工方法又有其自身的特点和不足,这就要求设计人员根据工程的条件,选择既经济又适用的施工方法。

1.路基施工方法的选择

路基工程中,土石方施工的工程量是施工组织设计中控制预算造价的主要因素之一,施工方法的选择,对土石方施工中的工日消耗、机械台班消耗有很大的影响。目前,公路路基工程施工中,为了满足施工质量,高等级公路一般都采用机械化施工,低等级公路一般采用人工、机械组合进行施工。如采用机械化施工,其施工方法的选择其实就是施工机械的选择,应根据施工的作业种类及运输距离合理选择机械。如土石方的运距小于100m时,选择推土机完成其运输作业就比较经济;土石方的运距大于500m时,再选择推土机完成其运输作业就很不经济,这时应选择挖掘机配合自卸汽车才经济。这是在编制施工组织设计和预算时应注意的。

2. 路面施工方法的选择

路面基层施工方法主要分路拌和厂拌,面层施工主要有热拌、冷拌、贯入、厂拌等方法。各种施工方法的工程成本消耗各不相同,应结合公路等级要求、路面工程规模和工期要求进行综合分析确定施工方法。

3. 构造物施工方法的选择

在公路建设工程中,通常将除路基土石方和路面工程以外的桥梁、涵洞、防护等各项工程,统称为构造物。由于其种类多,结构各异,又各有不同的技术经济特征和施工工艺要求,所以其施工方法也各不相同。从某种意义上来讲,构造物施工方法的选择,是既简单又复杂,说它简单,主要是施工方法的选择余地小,如石砌圬工是以人工施工为主,混凝土工程不是采用木模就是钢模,没有更多的施工方法可供选择;而所谓复杂,因为有些构造物各有特殊专业的施工方法,这在工程设计时就已确定了,如T形梁的安装,一般都采用导梁作为安装工具,箱形拱桥则要采用缆索来进行吊装,悬臂拼装就要配用悬臂吊机等,这是从长期建设实践经验中积累完善起来的施工方法,有定型配套的安装工具。但是,在建设项目中的桥涵工程,数量比较多,在进行桥型结构设计时,要尽可能采用标准设计,避免结构形式上的多样化,这不仅有利于施工,而且还可减少辅助工程费用。进行施工组织设计时,则应尽可能按流水作业的原则安排施工进度计划,如某建设项目中有三座同跨径的石拱桥,砌筑拱圈的工作,应在总的控制工期内实行流水作业,确定各桥拱圈施工的时间顺序。这样,就可提高拱盔支架的周转次数,达到降低工程造价的目的。另外,在混凝土构件的预制与安装工作中,也存在类似情况。所以,在编制施工组织设计时,充分重视这些因素,是有效控制工程造价的一个关键环节。

四、运输组织计划对预算的影响

运输组织计划是施工组织设计中的一个重要内容,它不仅直接影响施工进度,而且在很大程度上也影响了工程造价,为了确保施工进度计划的执行,并力求最大限度降低工程造价,一般要求运输组织计划应达到下列要求。

(1)运距最短,运输量最小。

(2)减少运转次数,力求直达工地。

(3)装卸迅速和运转方便。

(4)尽量利用原有交通条件,减少临时运输设施的投资。

(5)充分发挥运输工具的载运条件。

第七节　其他资料

在编制工程造价之前，必须进行现场调查，收集有关资料。实践证明，现场调查时，往往能发现降低工程费用的更佳施工方法和更切合实际的技术组织措施，这是编好工程造价的重要工作环节和必要手段。

1.社会条件

建设工程所在地的政治、历史、风俗以及社会、经济的发展情况，对此应进行必要的调查了解，它对建设工程的顺利实施有着极其重要的影响。

2.自然条件

包括沿线地形、地质、水文、气候等，是直接影响建设工程实施可能性的重要因素，必须进行充分细致的调查研究。凡遗漏或不全的，均应加以补充和完善，使所搜集的资料真实可靠。

地形情况。包括地貌、河流、交通及附近建筑物、构筑物等情况。公路是一种线形建筑工程，往往要穿越各种各样的地带，如城镇居民地区，地形起伏不定、河流纵横交错的复杂地区；沙漠、草原、原始森林或地质不良的地区等。此外，在实施过程中或建成后，可能遭遇到山洪、冰川、雪崩和塌陷等自然灾害的影响，通过深入调查研究，就能从实际出发，确定合理可靠的设计方案和工程造价，从而避免建设资金的浪费和对人们生产、生活产生不利的影响。

土壤地质情况。如土壤的性质和类别，不良地质地区的特征，泥石流、滑坡以及地震级别等。其中土壤的类别等，是计价的信息资料，如果不准确，就会使工程造价脱离实际，影响工程的顺利实施。

水文资料。包括河流的流量、流速、漂浮物情况，水质、最高洪水位、枯水期水位以及地下水等，这些都是确定编制工程造价及安排施工计划的客观依据。

气象资料。向沿线气象部门调查搜集所需的资料，如气温、季节风、雨量、积雪、冰冻深度等情况，以及雨季和冬季的期限。若与概预算编制办法中有关冬雨季的规定要求有较大出入时，可作为调整计算冬雨季费用的依据。

3.技术经济条件

如技术物资、生活资料、劳务、社会运力、市场行情以及当地政府颁布的经济法规等多方面的经济信息，是工程计价及其重要的信息资料。应做到资料准确，某些资料还应取得书面协议。

(1)运输情况的调查。了解工程所在地可能提供的运输方式、能力、转运情况、过路费、过桥费、各种装卸费等运杂费标准，养路费和车船使用税征收标准。工程施工时，要了解沿线可利用的场地、运输道路和桥梁及在使用前和使用过程中必要的改建加固和维修所需支付的补偿费等。

(2)建筑材料。工程所在地各种建筑材料的供应能力、流通渠道、供应地点、规格、质量是否符合工程设计要求,砂石材料若能自行开采则应探明储存量和开采条件,当地工业废料利用的可能性以及数量、质量、价格等。这些都应调查了解清楚,一般应绘制运距示意图,并作必要的文字说明。

为了建立和完善工程价格信息资料的管理机制,规范工程计价行为,加强宏观调控,近年来,各省(自治区、直辖市)的公路(交通运输)工程定额(造价管理)站,根据国家赋予造价管理的行政职能,都定期发布建筑材料价格信息,故在进行建筑材料价格的调查时,原则上应以此为依据,结合所搜集的建设工程所在地的价格信息资料,征询建设单位的意见,进行必要的分析和研究,合理取定。

(3)劳务。一是要调查建设工程所在地可资利用的社会劳动力资源的情况,如数量、技术水平、分包的可能性;二是要搜集工人工资的资料。人工费的单价也同上述材料价格一样,是由各地的公路(交通运输)工程定额(造价管理)站统一发布的,但是有些特殊的规定,如地区生活补贴、特殊津贴等,是否已包括在统一的单价内,要注意调查了解有关这些方面的情况和规定,以免遗漏。

(4)用水、用电及通信调查。调查了解当地供水、供电能力和管线设施情况、收费标准以及提供通信的可能程度。若不能满足施工要求,应采取相应措施,如自发电、设置相应的取水设施等,这些对工程造价有较大的影响,应尽可能做好相关各项资料的搜集。

(5)生活资料。如主副食、日用生活品的可供情况,以及医疗卫生、文化教育、消防治安等社会服务机构的支援能力,并调查主副食的供应地点、供应量及运距,以提供计算主副食运费补贴综合里程的依据。

(6)市场行情。要通过对市场情况的调查,了解其发展趋势,进行综合预测,确定年工程造价增长率,以便计算工程造价增长预留费。

(7)筹资方式。应向工程建设主管部门或建设单位了解兴建工程筹集建设资金的方式。若系贷款项目,则应明确所需贷款总额、资金来源、年利率、建设年限、当年是否计息,以及年度贷款的分配比例等,以便计算建设期的贷款利息。

(8)实施方法。要向工程建设主管部门或建设单位了解建设项目选择施工单位的方法,初步选定施工单位的意向,对施工单位应具备的资质等级的要求,以及施工方案、标段的划分和机械化程度等。这些不仅是确定工地转移费用的依据,也是取定其他各项有关计价依据的重要条件。

(9)征地、拆迁。要向沿线当地人民政府的土地管理部门调查了解工程建设征用和租用的土地,土地上青苗的产出,经济林木的砍伐,房屋、水井等建筑物的拆除等,应予支付补偿的标准以及土地征收管理费、耕地占用税的有关规定。同时,要搜集近三年各种农作物的平均年产量、人均占有耕地亩数、农作物的市场价格等资料。

(10)其他。除上述各项现场调查内容外,还有临时工程、研究实验、大型专用机械设备购置等。除研究试验和大型专用机械设备购置应向工程建设主管部门或建设单位了解并商定其内容、数量和费用外,临时工程应调查其设置地点、规格标准、单位和数量等,临时占用土地如需恢复耕种的,要了解分析复耕所需的费用,并计入工程造价。

第八节　各阶段造价编制依据

1. 公路工程可行性研究报告投资估算编制依据

可行性投资估算是可行性研究报告的重要组成部分,是建设项目国民经济评价中计算支出费用的基础资料,具有限制建设项目投资限额的重要作用。故编制可行性研究报告投资估算必须严格执行国家有关的公路基本建设工程的方针、政策和公路工程造价管理制度。其编制依据有如下各项内容。

(1)经批准的项目建议书及项目建议书投资估算文件。

了解落实批准的项目建议书的筹资方式、贷款数额、年度贷款计划是否有变动或新的意图,以便确定建设期贷款利息。进一步了解对项目建议书中的总体实施规划有无需要进行调整和补充的。

(2)通过踏勘调查和必要的测量、地质钻探等确定的路线方案,提出的路基土石方、排水与防护工程、路面、桥梁涵洞等主要工程数量,以及对一些典型路段和有代表性的大型构造物作出的典型布置图资料,都是编制可行性研究报告投资估算的基本依据。

(3)工程所在地的自然、技术、经济条件等资料及建设项目施工组织规划设计的意见。

施工组织规划设计是编制可行性研究报告投资估算的主要基础资料,现场施工平面规划设计中确定的取土场、弃土场的位置涉及土石方运距的计算;构件预制场地、路面混合料拌和场、材料堆放场涉及材料平均运距的计算;分年度完成的投资计划和贷款使用计划涉及建设期贷款利息和工程造价预留费的计算年限;标段划分涉及施工单位所需的临时生产、生活用地数量的取定等。可以看出以上费用的计算都是以施工组织规划设计的内容为依据的。所以,施工组织规划的合理与否会对投资估算的编制产生重要的影响。

(4)现行《估算指标》及其相应的有关各项工程量计算方法的规定。

调查掌握公路沿线的水文地质、地形地貌情况,以便正确摘取工程数量套用分项指标。了解《估算指标》的内容、项目划分及其工程量的计算规则是正确摘取工程量的前提。如果了解不清,情况不明,就难以正确摘取工程数量、选用指标,也就不能保证投资估算的编制质量。

(5)现行《投资估算编制办法》中规定的计算表格,以及投资估算项目表的序列及内容的规定。

(6)当设计深度达到初步设计深度时,《概算定额》《机械台班费用定额》《投资估算编制办法》及《概预算编制办法》等也是可行性研究报告投资估算编制依据。

(7)当地公路(交通运输)定额(造价管理)站发布的人工费单价、材料供应价格信息、有关规定及材料价格的有关资料。

项目建议书与可行性研究报告的投资估算,是在不同的时期编制的,故既要了解掌握作为编制项目建议书投资估算的工资标准和材料供应价格情况,又要了解当地公路(交通运输)造价管理部门是否发布了新的价格信息。如果有的话,一则应以此作为编制可行性研究报告投资估算的依据,二则可与项目建议书投资估算所采用的价格水平相比较,以了解其价格的变化情况,从而掌握对可行性研究报告投资估算可能产生的影响程度。

调查落实公路沿线砂石材料的产供情况和市场销售价格,施工单位自行开采的可能性与开采条件,材料的规格品种、质量、数量,以及在今后实施阶段可能产生的变化和问题,都应着重予以调查落实,凡对投资估算可能产生的影响因素,均应做必要的考虑,检查与原项目建议书所采用的数据有无差异,并绘制出筑路材料运距示意图,制作筑路材料调查表,作为计算材料预算价格的原始依据。

(8)当地交通运输主管部门颁布的运价和有关规定,以及收取过路费、过桥费的标准。考虑运输市场的影响因素,合理取定运价。

调查落实建设项目所在地各种外购材料的供应地点、供应渠道,并据此核查原项目建议书投资估算所取定的经济合理的运输方式和计算的平均运距,以及计算的过路费、过桥费和运费标准有无变化,除应以调查落实的资料作为计算材料运费的依据外,还应对存在的差异做必要的分析,掌握其变化规律,不断提高投资估算的编制水平。

(9)当地人民政府颁布的征地、拆迁赔偿标准和有关规定。

调查建设项目占用土地和应予拆迁的建筑物、构筑物的种类和数量,人均占有耕地等资料,以及当地人民政府颁布的征用土地赔偿标准、耕地占用税等有关规定,并制作拆迁及土地占用量表,作为计算土地、青苗等补偿费和安置补助费的依据。

(10)编制可行性研究报告的委托书、合同或协议的有关规定和要求。

(11)建设项目的主管部门或建设单位,对拟建项目投资估算有关的通知和要求。

(12)收集当地工程造价历史资料供编制投资估算参考,是进行投资估算时的一个极为重要的工作手段。

2. 公路工程设计概算的依据

编制初步设计概算的依据,概括起来,主要有以下几项内容。

(1)初步设计图表资料和文字说明。根据设计图纸上所表示的结构形式和尺寸计算的工程数量,以及它反映的设计、施工的基本内容是编制设计概算的基础资料,是决定建设工程造价大小的主要因素。

(2)施工方案。根据《公路工程基本建设项目设计文件编制办法》规定,编制施工方案应提出兴建工程项目年和季度的概略工程进度安排,以及临时工程和临时用地的需要数量,而这些都是与计价有关的主要因素,对设计概算有极其重要的影响。

(3)《概算定额》。《概算定额》是编制设计概算的基础资料,是交通运输部统一制定颁发的。在编制设计概算时,无论是划分项目、确定计量单位、还是计算工程量,都必须以概算定额作为标准和依据,才能做到不重不漏,符合规定。另外,预算定额也是概算的编制依据。

(4)补充定额。随着一些新技术、新工艺、新材料在工程建设中的使用,可能使现行的概算定额缺项。当定额缺项时,应根据概算定额的编制原则和方法编制补充概算定额,作为编制设计概算的依据。

(5)人工、材料、施工机械台班预算价格。人工、材料、施工机械台班预算价格是按建设工程所在地的实际价格确定的,是计算直接工程费的基础资料。其工资标准和材料的供应价格,应以当地交通运输造价管理部门发布的价格信息为依据。

(6)其他工程费、间接费等各项取费标准。这些取费标准是交通运输部及各省(自治区、直辖市)的交通运输主管部门,根据国家有关基本建设的方针政策以及公路建设的工程施工和生产管理的具体情况,制定的以费率形式表现的费用标准,是计算除直接工程费以外的各种费用的依据,也是国家加强设计概算管理的工具之一,在工程造价管理中有着重要的作用。

(7)设计概算编制办法及其计算表格。它是交通运输部统一颁发的编制设计概算文件的重要依据,是规范人们编制设计概算行为的准则。按统一的计算表格编制设计概算,可使设计概算的编制工作更加科学化和规范化。

(8)工程量计算规则。公路工程概算定额中的章、节文字说明,对编制设计概算时,如何选用定额及计算计价工程量做了明确而具体的规定,是必须严格遵守的重要规则。

(9)国家颁发的建设征用土地补偿标准,以及其他应计入建设项目投资中的费用项目的标准等,也是编制设计概算的依据。

(10)可行性研究报告投资估算文件,是控制设计概算的依据,国家要求在批准的投资估算允许幅度范围之内做好限额设计,不断提高设计概算的编制质量。

(11)国家有关公路建设工程的方针、政策以及工程造价管理的有关规定,也是编制设计概算的重要依据。

3. 公路工程施工图预算的依据

编制施工图预算的依据多是由国家有关主管部门批准颁发的,具有法律约束力。人们从事工程造价经济活动时,必须严格遵守,认真贯彻执行。施工图预算的编制必须遵循以下各项依据。

(1)就公路工程的不同设计阶段而言,一阶段设计中的可行性研究报告投资估算,两阶段设计中的初步设计概算,三阶段设计中的技术设计修正概算,是编制施工图预算的主要依据之一。经批准的投资额,是进行施工图限额设计的主要依据,施工图预算不得随意突破批准的投资额。

(2)施工设计图纸和说明。这些资料具体地规定了工程的形式、内容、地质情况、结构尺寸、施工技术要求等,不仅是指导施工的指令性技术文件,而且也是编制施工图预算,计算工程数量的主要依据。

(3)施工组织设计资料。施工组织设计对施工期限、施工方法、机械化程度以及大型构件预制场、路面混合料拌和场、材料堆放地点、临时工程的位置和临时占用土地数量等,都作出明确而具体的规定,而这些资料是计算辅助工程数量、临时工程数量、套用预算定额和计算有关费用的重要依据。

(4)《预算定额》。不仅是计算建设项目的人工、材料、机械台班消耗量的主要依据和标准,还是计算和确定工程量的主要依据。

(5)人工、材料、机械台班预算价格,以及据此计算这些价格的工资标准、材料供应价、运价、机械台班费用定额等,都是编制施工图预算的基础资料。

(6)其他工程费、间接费等各项取费标准。结合我国的国情和建设实践,构成建设工程造价的其他工程费、间接费、利润、税金,以及建设项目管理费等,均是以费率作为计算施工图预算费用的依据。

(7)工程量计算规则和《概预算编制办法》。工程量计算规则包括两方面的含意,一是根据施工设计图纸资料如何计算工程量;二是按预算定额的内容要求如何正确计取工程量,在编制施工图预算时必须严格遵守的规则。《概算预算编制办法》除规定了各种费率标准外,还对组成预算文件的各种计算表格的内容、填表程序和方法,都作出了十分明确的规定,并不得随意修改,所以这些也是编制施工图预算的依据。

(8)勘察设计合同、协议以及建设项目主管部门或建设单位的有关规定。

(9)当采用新结构、新材料、新工艺、新设备而定额缺项时,按规定编制的补充预算定额,也是编制施工图预算的依据。

(10)有关的文件和规定。凡与编制预算有关的中央和地方的有关文件和规定,以及在外业调查中所签订的各种协议和合同都是编制预算的重要依据。

(11)其他资料。如工具书、标准图集等。

4. 公路工程施工结算的编制依据

公路工程施工结算编制的主要依据有国家和地方交通运输主管部门颁发的有关工程造价编制方面的文件、工程承包合同、项目专用合同条款、公路工程专用合同条款、通用合同条件、技术规范、工程量清单、设计图纸、计量的工程量、日常施工记录等。

(1)国家和地方交通运输主管部门颁发的有关工程造价编制方面的文件规定。

国家和地方交通运输主管部门颁发的现行有关工程造价编制方面的文件规定主要有《概算定额》《预算定额》《概预算编制办法》《估算指标》《投资估算编制办法》《机械台班费用定额》等文件以及地方交通运输主管部门颁发的一些补充规定,它们是设计阶段、招投标阶段工程造价编制的依据,也是在一定条件下的工程施工费用结算编制的依据。

(2)工程承包合同。

工程承包合同(协议书)中明确约定了合同双方应承担的责任、可以行使的权利、应获得的利益也明确载明了该工程的合同总价、合同清单单价等。在施工结算编制中,应受合同(协议书)文件有关条款的约束。

(3)专用合同条款、通用合同条款。

通用合同条款以及发包人根据本地区和项目实际情况编制的专用合同条款,涉及施工结算中的一些特定支付项目,如开工预付款、材料预付款、质量保证金、变更费用、价格调整费用、索赔费用、逾期竣工违约金、工期提前奖金、逾期付款违约金等的具体处理方式。因此,通用合同条款、专用合同条款是施工结算的编制依据。

(4)技术规范。

《公路工程标准施工招标文件》(2018 年版)中的技术规范或发包人根据本地区和项目实际情况编制的补充技术规定,其中除详细列有对工程的技术要求外,还列有直接用于施工结算的计量和支付规定(细则)。因此,技术规范是施工结算的编制依据。

(5)工程量清单。

作为合同文件重要组成部分的工程量清单,其中列有支付细目编号、项目名称、计量单位、数量、单价、合价或金额。在施工结算中,细目编号、项目名称、计量单位、单价是施工结算编制的重要依据,且不得随意更改。

(6)计量的工程量。

根据《公路工程标准施工招标文件》(2018 年版)"通用合同条款"17.1.4 款的规定,已标价工程量清单中的单价子目工程量为估算工程量。结算工程量是承包人实际完成的，并按合同约定的计量方法进行计量的工程量。除合同另有规定外，监理人应根据《公路工程施工监理规范》(JTG G10—2016)对承包人提出的已完工程量通过计量来核实工程量和确定其价值。计量的程量是确定承包人已完成工程价值的基础，是施工结算编制的基本依据。

(7)日常施工记录。

对于一些特定的费用支付项目，如索赔费用、工程变更费用等的核定，常常要根据承包人的现场施工记录、监理人的监理日志等来确认对承包人造成的实际影响程度和责任的分担，据此核定应向承包人支付的费用。因此，日常施工记录是施工结算的编制依据。

(8)国家有关主管部门颁发的文件。

5. 公路工程竣工决算报告的编制依据

竣工决算报告应当依据以下文件、资料编制：

(1)经批准的可行性研究报告、初步设计、概算或调整概算、变更设计以及开工报告等文件。

(2)历年的年度基本建设投资计划。

(3)经审核批复的历年年度基本建设财务决算。

(4)编制的施工图预算，承包合同、工程结算等有关资料。

(5)历年有关财产物资、统计、财务会计核算、劳动工资、审计及环境保护等有关资料。

(6)工程质量鉴定、检验等有关文件，工程监理有关资料。

(7)施工企业交工报告等有关技术经济资料。

(8)有关建设项目附产品、简易投产、试运营(生产)、重载负荷试车等产生基本建设收入的财务资料。

(9)有关征地拆迁资料(协议)和土地使用权确权证明。

(10)其他有关的重要文件。

6. 公路工程招标控制价的编制依据

招标控制价的编制依据指在编制招标控制价时需要进行工程量计量、价格确认、工程计价有关参数、费率的确定等工作时所需的基础性材料。

按照《建设工程招标控制价编审规程》(CE CA/GC6—2011)的规定，公路工程招标控制价编制依据主要包括：

(1)国家、行业和地方政府颁发的与工程建设相关的法律、法规及有关规定。

(2)现行国家标准《公路工程标准施工招标文件》(2018 年版)中相关规定。

(3)国家或省级、国务院有关部门建设主管部门颁发的计价定额和计价办法。

招标控制价编制使用的计价标准、计价办法应是国家或省级、国务院有关部门建设主管部门颁布的计价定额和相关办法。国家或省级、国务院有关部门建设主管部门对工程造价计价中费用或费用标准有规定的，应按规定执行。一些地区招投标管理部门和造价管理部门根据本地实际情况，定期或不定期测算发布“建设工程招标价调整系数幅度范围”，指导本地招标控制价的设立。

(4)国家、行业和地方有关技术标准和质量验收规范等。

(5)建设工程设计文件及相关资料。

(6)工程项目招标文件、工程量清单及有关要。

(7)答疑文件、澄清和补充文件以及有关会议纪要。

(8)常规或类似工程的施工组织设计。

(9)工程涉及的人工、材料、机械台班的价格信息。

招标控制价编制采用的材料价格应是工程造价管理机构发布的材料单价,未发布材料单价的材料,其材料价格应通过市场调查确定。

(10)施工期间的风险因素。

(11)其他相关资料。

7. 报价的编制依据

(1)招标文件

公路工程招标文件包括:投标邀请书、投标须知、合同条款、技术规范、工程量清单、投标书及投标担保格式、图纸、勘察资料等。另外,招标人在开标前规定日期内颁发的合同、规范、图纸的修改书和变更通知(以书面为准),与招标文件有同等的效力。

招标文件是编制投标报价的重要资料,应认真仔细地研究,以全面了解承包人在合同中的权利和义务,同时应深入分析施工承包中所面临的和需要承担的风险,仔细研究招标文件中的漏洞和疏忽,为制订投标策略寻找依据、创造条件。实践证明,吃透招标文件,可为投标成功打下良好的基础,否则,容易给自己带来投标失误甚至造成无法弥补的损失。

(2)现场考察收集的资料

现场考察是投标人投标时全面了解现场施工环境及施工风险的重要途径,是投标人搞好投标报价的先决条件。在招标过程中,招标人通常会组织正式的现场考察。当考察时间不够时,投标人可再抽时间到现场收集编标用的资料,或进行重点补充考察。投标人提出的报价应当是在现场考察的基础上编制出来的,而且应包括施工中可能遇见的各种风险和费用。在投标有效期内及工程施工过程中,投标人无权以现场考察不周、情况不了解为由而提出修改标书或调整标价给予补偿的要求。因此,投标人在报价以前必须认真地进行现场考察,全面、细致地了解工地及其周围的政治、经济、地理、法律等情况,收集与报价有关的各种风险与数据资料。现场考察的主要内容如下。

政治方面(指国外承包工程):

①项目所在国政局是否稳定,有无发生政变的可能。

②项目所在国与邻国的关系如何,有无发生边境冲突的可能。

③项目所在国与我国的双边关系如何。

地理、地貌、气象方面:

①项目所在地及附近地形地貌与设计图纸是否相符。

②项目所在地的河流水深、地下水情况、水质等。

③项目所在地近20年的气象资料,如最高最低气温雨量、雨季期、冰冻深度、降雪量、冬季时间、风向、风速、台风等情况。

④当地特大风、雨、雪、灾害情况。

⑤地震灾害情况。

⑥自然地理。修筑便道位置、高度、宽度标准，运输条件及水、陆运输情况。

法律、法规方面：

①与承包合同有关的经济合同法、外汇管理法、税收法、劳动法、环境保护法、建筑市场管理法、涉外经济合同法等法律及相应的法规。

②国外承包工程除上述有关法律法规外，尚应了解项目所在地的民法，对本项目施工有关的具体规定，如劳动力的雇佣、设备材料的进出口及运输施工机械使用等规定。

工程施工条件：

①工程所需当地建筑材料的料源及分布地。

②场内外交通运输条件，现场周围道路桥梁通行能力，便道便桥修建位置、施工供电、供水条件，外电架设的可能性（包括数量、架支线长度、费用等）。

③新盖生产生活房屋的场地及可能租赁民房情况、单价。

④当地劳动力来源、技术水平及工资标准情况。

⑤当地施工机械租赁、修理能力。

经济方面：

①工程所需各种材料，当地市场供应数量、质量、规格、性能能否满足工程要求及其价格情况。

②当地买土地点、数量、单价、运距。

③国外承包工程还要了解当地工人工作时间，年法定假日天数，工人假日，冬、雨、夜施工及病假的补贴，工人所交所得税及社会保险金情况。

④监理工程师工资标准。

⑤当地各种运输、装卸及汽柴油价格。

⑥当地主副食供应情况和近 3 ~ 5 年物价上涨率。

⑦保险费情况。

⑧当地工程机械出租的可能性、品种、数量、单价。

⑨当地近几年同类性质已完工程的造价分析资料。

当地的建设市场情况：

①该项目中标后，有没有后续工程的可能性。

②有哪些竞争对手参加本次投标，各有多大实力，竞争对手信誉如何。

③工程所在地有关健康、安全、环保和治安情况，如医疗设施、救护工作、环保要求、废料处理、保安措施等。

其他方面：

现场考察需带有招标人提供的以 1:2000 比例为宜的平面图，详细标绘施工便道、便桥的布置、数量和其他临时生产生活设施的布置。调查路基范围内拆迁情况，需填筑水塘面积大小、抽水数量、淤泥深度和数量以及了解开山的岩石等级、打洞放炮施工方法、调查桥梁位置、水深本位、便桥架设钻孔（打桩）工作平台架设、深水基础、承台、下部构造如何施工、上部构造如何预制、预制场设在哪里及怎样布置、安装等有关具体问题，以便为施工组织设计做好准备。

投标人完成标前调查和现场考察工作后，可根据调查和机械台班单价，同时为施工组织设计提供大量的第一手资料，为制订出合理的报价打下基础。

(3)施工组织设计

施工组织设计的优劣不仅影响施工能否顺利进行,而且影响造价的高低。不同的施工方案、不同的施工顺序、不同的平面布置所需的工程费用是不一样的,有时会相差很大,因此,在进行投标时,应编制出技术上可行、经济上合理的施工组织设计,并以此作为编制投标报价的依据。

(4)本企业的资料

①本企业历年来(至少五年)已完工程的成本分析资料。

②本企业为本项目提供新添施工设备经费的可能性。

③本企业的施工定额。

(5)其他资料

①招标文件所规定的各种国家标准、部颁标准、技术规范等。

②部颁《预算定额》和《概预算编制办法》及地方政府颁发的有关收费标准和定额。

第四章

公路工程造价确定控制

第一节　公路工程造价确定控制概述

一、公路工程造价确定要素

《公路工程造价管理暂行办法》(交通运输部令2016年第67号)(以下简称《造价管理暂行办法》)第三章第十条规定:公路工程造价应当针对公路工程建设的不同阶段,根据项目的建设方案、工程规模、质量和安全等建设目标,结合建设条件等因素,按照相应的造价依据进行合理确定和有效控制。

公路工程造价的合理确定,是在建设程序的各个阶段,合理确定投资估算、概算、预算、承包合同价、结算价、竣工决算价格。

公路工程造价的有效控制,就是在优化建设方案、设计方案的基础上,在建设程序的各个阶段,采用一定的方法和措施把工程造价的发生控制在合理的范围和核定的造价限额以内。

二、公路工程造价确定与控制中各方人员职责

1. 建设单位职责

建设单位承担公路工程造价控制的主体责任,在设计、施工等过程中,履行以下职责,接受交通运输主管部门的监督检查。

(1)严格履行基本建设程序,负责组织项目投资估算、设计概算、施工图预算、标底或者最高投标限价、变更费用、工程结算、竣工决算的编制。

(2)对造价进行全过程管理和控制,建立公路工程造价管理台账,实现设计概算控制目标。

(3)负责公路工程造价信息的收集、分析和报送。

(4)依法应当履行的其他职责。

2. 勘察设计单位职责

勘察设计单位应当综合分析项目建设条件,结合项目使用功能,注重设计方案的技术经济比选,充分考虑工程质量、施工安全和运营养护需要,科学确定设计方案,合理计算工程造价。

勘察设计单位应当对其编制的造价文件的质量负责,做好前后阶段的造价对比,重点加强对设计概算超投资估算、施工图预算超设计概算等的预控。

3. 施工单位职责

施工单位应当按照合同约定,编制工程计量与支付、工程结算等造价文件。

4. 从业人员职责

从事公路工程造价活动的人员应当具备相应的专业技术技能。鼓励从事公路工程造价活动的人员参加继续教育,不断提升职业素质。从事公路工程造价活动的人员应当对其编制的造价文件的质量和真实性负责。

三、公路工程造价确定的一般工作步骤

公路建设项目包括了路基、路面、桥涵、隧道、交叉、交通工程及沿线设施、绿化及环境保护、临时工程及其他相关工程项目，项目投资大、生产和使用周期长、技术复杂，消耗的人力、物力和资金巨大，同时，项目建设还要受到建设环境和市场行情的影响。因此对其造价的确定是一项十分烦琐而又细致的工作。为确保工程造价的编制质量，达到经济合理的目的，学习和研究工程造价的编制步骤是十分必要的。

工程造价的编制步骤和工作内容，概括起来就是：拟订工作方案，确定编制原则；在熟悉设计图表资料和施工现场的基础上，根据计价定额、指标，正确选取工程量；了解施工方案和施工计划中的内容，确定先进合理、安全可靠的施工方法；进行工程造价的各种价格、费用的分析和累计计算，复核及审核，最后编写编制说明和出版等。上述各项工作内容，一部分是属于工程造价编制前的准备工作，它是编制工程造价的基础，一部分属于工程造价具体编制运作环节。只有做好了准备工作，有了可靠的基础资料，才能编好工程造价。所以，重视做好工程造价编制前的各项资料的收集和准备，是按质、按期完成工程造价编制工作的重要前提和必要条件。

工程造价编制流程如图4-1所示。其具体内容对不同阶段的造价有所不同，在本章各节中详细介绍。

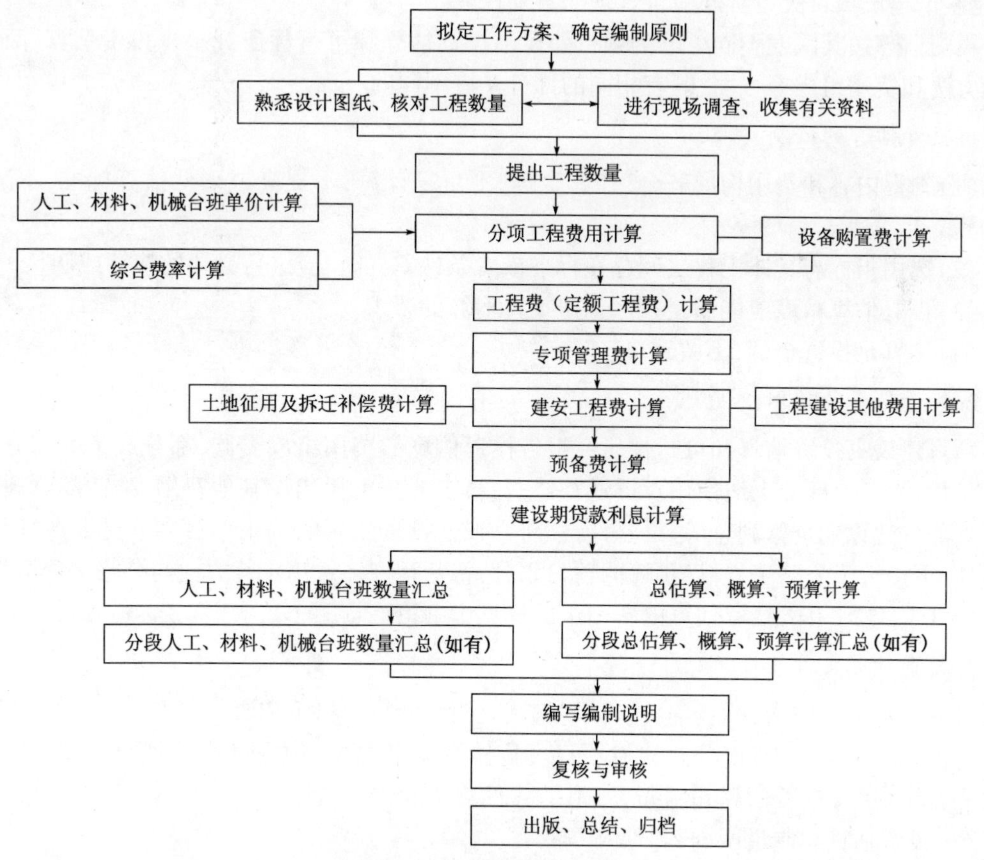

图4-1　工程造价编制流程图

第二节　公路工程项目决策阶段工程造价的确定和控制

项目投资决策是选择和决定投资行动方案的过程，是对拟建项目的必要性和可行性进行技术经济论证、对不同建设方案进行技术经济比较选择、作出判断和决定和过程。项目投资决策是投资行动的准则，正确的项目投资行动来源于正确的项目投资决策。因此，项目决策的正确与否，直接关系到项目建设的成败以及工程造价的高低及投资效果的好坏，也是合理确定与控制工程造价的前提。

一、公路工程投资估算的编制内容

投资估算项目决策的重要依据之一，是公路建设项目建议书和可行性研究报告的重要组成部分，是进行建设项目经济分析（包括国民经济评价和财务分析）的前提，也是确定公路建设项目建议书和可行性研究报告中投资的依据。因此，准确、全面地估算建设项目的工程造价，是整个建设项目决策阶段造价管理的重要任务。

投资估算按其深度不同可分为项目建议书投资估算和可行性研究报告投资估算，两者在编制方法和费用组成等方面，既有相同的部分又有不同的一面。

1. 投资估算的编制要求

（1）工程内容和费用构成齐全、计算合理，不重复计算，不提高或降低估算标准，不漏项，不少算。

（2）选用指标与具体工程之间存在标准或者条件差异时，应进行必要的换算或调整。

（3）投资估算精度应能满足控制初步设计概算的要求。

（4）估算足投资金额，不留缺口。

2. 投资估算的费用组成

项目建议书投资估算和可行性研究报告投资估算的费用组成类同，都分成第一部分建筑安装工程费、第二部分土地使用及拆迁补偿费、第三部分工程建设其他费用、第四部分预备费及第五部分建设期贷款利息等。但可行性研究报告投资估算的费用项目划分更细，费用组成更具体，更接近于公路工程概、预算的项目划分，特别是许多费用计算方法与公路工程概算、预算中的规定完全一样，投资估算的费用组成详见本书第二章图 2-1。

3. 投资估算文件组成

投资估算文件应由封面、扉页、目录、编制说明及计算表格组成。

封面和扉页应按现行《公路建设项目可行性研究报告编制办法》中的规定制作。扉页的次页和目录应按《投资估算编制办法》附录 A 的规定制作。

（1）投资估算编制说明内容。

①建设项目设计文件的依据；②编制范围、工程概况等；③采用的估算指标、费用标准，人

工、材料与设备、施工机械台班单价的依据或来源,补充指标及编制依据的详细说明;④有关的协议书、会议纪要的主要内容;⑤投资估算总金额,人工、钢材、水泥、沥青等材料的总用量。⑥各设计方案的经济比较;⑦建设项目主要的综合经济技术指标;⑧其他有关费用计算项及计价依据的说明;⑨采用的公路工程造价软件名称及版本号;⑩其他需要说明的问题。

(2)投资估算计算表格内容及要求。

投资估算须按统一的表格计算,表格样式应符合《投资估算编制办法》附录 A 的规定。

投资估算文件可按不同的需要分为甲、乙组文件。甲、乙组文件包括的内容如图 4-2 所示。

甲组文件
- 编制说明。
- 前后阶段费用对比表。
- 建设项目属性及技术经济信息表(00表)。
- 总估算汇总表(01-1 表)。
- 总估算人工、主要材料、施工机械台班数量汇总表(02-1表)。
- 总估算表 (01表)。
- 人工、主要材料、施工机械台班数量汇总表(02表)。
- 建筑安装工程费计算表 (03表)。
- 综合费率计算表(04 表)。
- 综合费用计算表(04-1表)。
- 设备费计算表(05 表)。
- 专项费用计算表(06表)。
- 土地使用及拆迁补偿费计算表(07表)。
- 工程建设其他费计算表(08表)。
- 人工、材料、施工机械台班单价汇总表(09表)。

乙组文件
- 分项工程估算计算数据表(21-1表)。
- 分项工程估算表(21-2表)。
- 材料预算单价计算表(22表)。
- 自采材料料场价格计算表 (23-1表)。
- 材料自办运输单位运费计算表(23-2表)。
- 施工机械台班单价计算表(24 表)。
- 辅助生产人工 、材料 、施工机械台班单位数量表(25表)。

图 4-2　投资估算甲乙组文件组成

①甲组文件为各项费用计算表,乙组文件为建筑安装工程费各项基础数据计算表(只供审批使用)。甲、乙组文件应按《公路建设项目可行性研究报告编制办法》(交规划发〔2010〕178 号)中关于设计文件报送份数的要求,随设计文件一并报送,并同时提交造价电子数据文件和新工艺单价分析的详细资料。

②投资估算应按一个建设项目,如一条路线或一座独立大(中)桥、隧道进行编制。当一个建设项目需要分段或分部编制时,应根据需要分别编制,但必须汇总编制"总估算汇总表"。

投资估算甲乙组文件组成及各种表格的计算顺序和相互关系如图 4-3 所示。

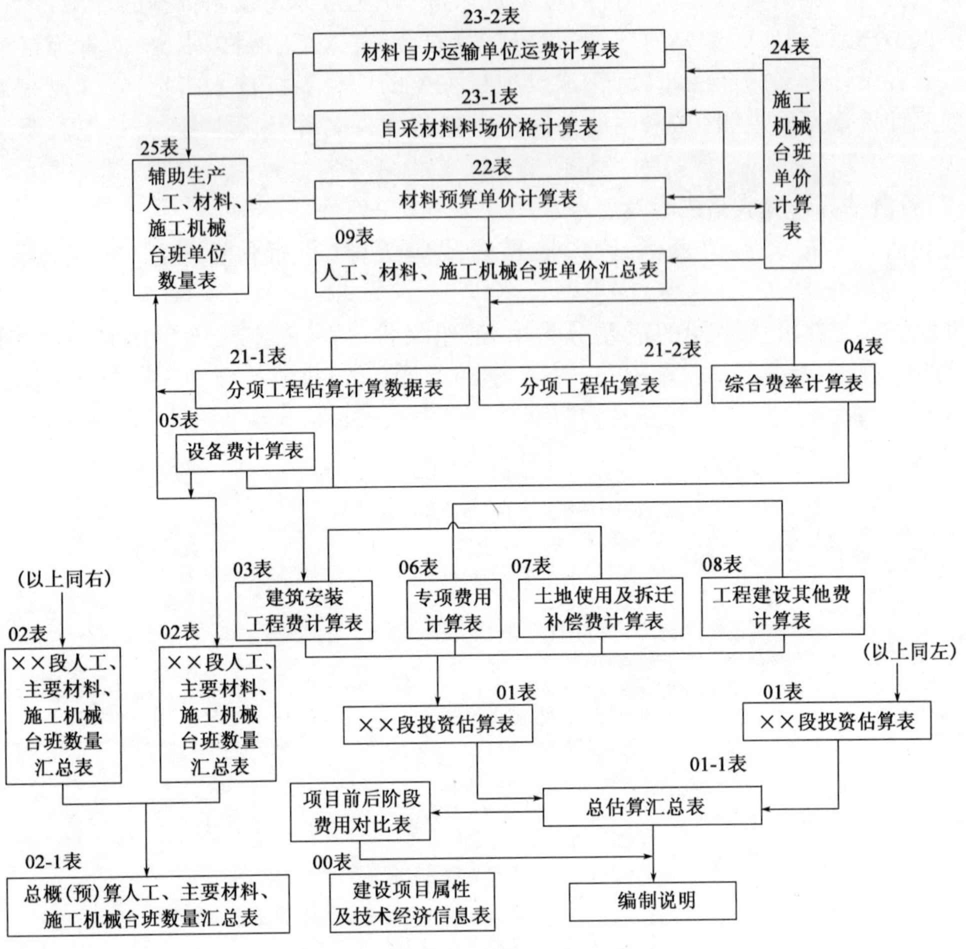

图4-3 投资估算各种表格的计算顺序和相互关系

二、公路工程投资估算的编制方法

1. 公路工程投资估算编制程序

(1)熟悉拟建项目的建设规模、技术标准,了解路线或桥型方案设想意图和工程全貌,掌握建设项目现场的有关实际情况。

(2)对踏勘调查所涉及的有关投资估算的基础资料进行分析整理。

(3)对路线中的路基土石方、排水与防护、路面、大(中)桥、立体交叉工程等主要工程项目每公里的实际含量与指标进行分析比较,以便确定是否应对综合指标进行调整。

(4)研究建设项目的总体施工部署和实施方案,确定合理的建设工期。

(5)取定工资标准(人工费单价)、材料供应价格和运输方案,计算材料的预算价格。

(6)对适用指标中的其他材料和机械使用费进行调整,并对指标规定应予调整的其他项目进行调整。

(7)进行人工和材料实物量的分析计算。

(8)计算各项费用并汇编总估算及人工、主要材料需要量。

(9)写出编制说明,进行复核与审核。

2. 投资估算费用标准和计算方法

现行《投资估算编制办法》对投资估算文件规定了 14 种计算表格,加上封面和编制说明,就构成了投资估算文件的全部内容。为保证编制质量,必须严格按照《投资估算编制办法》规定的统一计算表格的内容与要求进行投资估算的编制工作。

(1)编制建筑安装工程费的方法。

建筑安装工程费是投资估算的主要部分,包括直接费、设备购置费、措施费、企业管理费、规费、利润、税金和专项费用,按"价税分离"计价规则计算,即各项费用均以不含增值税可抵扣进项税额的价格(费率)进行计算,具体要素价格适用增值税税率执行财税部门的相关规定。是通过计算表格采用实物法进行编制的。

①取定人工费单价。

②根据外业调查资料取定的材料供应价格,计算的平均运距、运价和运输方式,通过"材料预算价格计算表"(22 表)计算出各种材料的预算价格。对于由施工单位自行开采加工的砂石材料的供应价格,即料场价格,则可按《预算定额》及《概预算编制办法》的有关规定分析计算取定,并完成"自采材料料场价格计算表"(23 表)。

③根据《投资估算编制办法》所规定的措施费、企业管理费及规费取费标准,结合拟建项目的实际情况,编制"综合费率计算表"(04 表)。该表实际上是一种综合汇总表,是为计算建筑安装工程费提供的一项基础数据资料。

④根据经过核对和外业调查而摘取的主要工程数量和拟选用的各种估算指标,以及经过计算取定的人工、材料预算价格,综合汇总后的综合费率,分别取定填入"分项工程估算表"(21-2 表)中的各行各栏内,然后计算出人工和材料的实物量,并逐项计算各种费用。

同时,在该表上将构成建筑安装工程费的利润和税金一并计算,并按照《投资估算编制办法》所规定的估算项目表序列及内容进行累计,完成"建筑安装工程费计算表"(03 表)。当可行性研究报告的工作深度已达到初步设计的深度时,也可采用《概算定额》编制可行性研究报告投资估算中的建筑安装工程费用。

⑤编制设备购置费的方法:结合外业调查收集的市场供应价格资料,通过编制"设备费计算表"(05 表),根据具体的设备购置清单逐项列式进行计算,包括设备规格、单位、数量、设备基价、定额设备购置费、设备预算单价、税金以及定额设备费和设备费。

项目建议书投资估算中设备购置费按《投资估算编制办法》附录 C 规定的费率,以定额建筑安装工程费(不含定额设备费)为基数进行计算。

工程可行性研究报告投资估算中,对设计能提出设备购置费应列出计划购置的清单,则以数量乘以设备预算价计算。设备购置费包括设备原价、运杂费、运输保险费、采购及保管费,各种税费按编制期有关部门规定计算。需要安装的设备,按建筑安装工程费的有关规定计算设备的安装工程费。设备与材料的划分标准见《投资估算编制办法》附录 D。对设计不能提出设备购置费应列出计划购置的清单,则按《估算指标》附录的参考值进行计算。按《投资估算编制办法》附录 C 规定的费率或《估算指标》附录的参考值计算的设备购置费与税金之和的

40%；或按《预算定额》附录四设备基价计算的定额设备购置费与税金之和的40%计入定额建筑安装工程费，作为计算工程建设其他费用的基数。

⑥编制专项费用的方法。

专项费用包括施工场地建设费和安全生产费。

施工场地建设费以定额建筑安装工程费（不含定额设备费及专项费用）为基数，按《投资估算编制办法》表3.1.11的费率，以累进方法计算。

安全生产费以建筑安装工程费（不含安全生产费本身）为基数，费率按不少于1.5%计算。

⑦在各项主要工程的建筑安装工程费编制完成之后，应以收集和掌握的当地建设工程造价历史资料为参考依据，进行必要的造价分析。进行比较时，要考虑消除其人工和材料等的价格影响因素，同时，也应了解掌握各种主要工程和分项工程之间的估算构成情况，注意有无明显不合适之处。若有与估算差距过大的工程项目，除通过造价分析找出原因外，还应在按照造价分析的方法扣除人工和材料等价格影响后，对估算做必要合理的调整。这是提高投资估算合理性和可靠性的有效手段，不可忽视。

（2）编制土地使用及拆迁补偿费的方法。

土地使用及拆迁补偿费内容包括永久占地费、临时占地费、拆迁补偿费、水土保持补偿费、其他费用。要求根据整理好的外业调查资料，结合拟建项目的实际情况，按照《投资估算编制办法》的相应规定与要求，通过编制"土地使用及拆迁补偿费计算表"（07表），逐项计算确定。

土地使用及拆迁补偿费具体计算方法为：

①项目建议书投资估算。

土地使用费按现行《公路工程项目建设用地指标》中规定的数量乘以工程所在地的征地单价进行计算。拆迁补偿费按《投资估算编制办法》附录C规定的费率，以定额建筑安装工程费为基数进行计算。

②工程可行性研究报告投资估算。

土地使用及拆迁补偿费应根据工程可行性研究报告编制的建设工程用地和临时用地面积及其附着物的情况，以及实际发生的费用项目，按国家有关规定及工程所在地的省（自治区、直辖市）人民政府颁布的有关规定和标准计算。

森林植被恢复费应根据审批单位批准的建设工程占用林地的类型及面积，按国家有关规定及工程所在地的省（自治区、直辖市）颁布的有关规定和标准计算。当与原有的电力电信设施、管线、水利工程、铁路及铁路设施互相干扰时，应与有关部门联系，商定合理的解决方案和补偿金额，也可由这些部门按规定编制费用以确定补偿金额。水土保持补偿费按各省（自治区、直辖市）制定的水土保持补偿费收费标准进行计算。

（3）编制工程建设其他费用的方法。

这部分费用包括的内容比较多，是为完成拟建项目必不可少的有关费用，该项费用有建设项目管理费、研究试验费、前期工作费、专项评价（估）费、联合试运转费、生产准备费、工程保通管理费、工程保险费、其他相关费用。要求根据整理好的外业调查资料，结合拟建项目的实际情况，按照《投资估算编制办法》的相应规定与要求，通过编制"工程建设其他费用计算表"（08表），逐项计算确定。

①建设项目管理费。

包括建设单位(业主)管理费、建设项目信息化费、工程监理费、设计文件审查费、竣(交)工验收试验检测费。

建设单位(业主)管理费、建设项目信息化费、工程监理费、设计文件审查费均以定额建筑安装工程费为基数,分别按《投资估算编制办法》表3.3.2-1、3.3.2-2、3.3.2-3、3.3.2-4的费率,以累进方法计算。其中建设单位(业主)管理费和工程监理费均为实施建设项目管理的费用,可根据建设单位(业主)和施工监理单位所实际承担的工作内容和工作量统筹使用。

竣(交)工验收试验检测费按《投资估算编制办法》表3.3.2-5规定的费率计算。道路工程按主线路基长度计算,桥梁工程以主线桥梁、分离式立交、匝道桥的长度之和进行计算,隧道按单洞长度计算。道路工程高速公路、一级公路按四车道计算,二级及二级以下公路按两车道计算,每增加1个车道,按《投资估算编制办法》表3.3.2-5的费用增加10%。桥梁和隧道按双向四车道计算,每增加1个车道费用增加15%。二级及二级以下公路的桥隧工程,按《投资估算编制办法》表3.3.2-5费用的40%计算。

②研究试验费。

计算方法按设计提出的研究试验内容和要求进行编制。不包括应由前期工作费(为建设项目提供或验证设计数据、资料等)开支的项目;应由科技三项费用(即新产品试制费、中间试验费和重要科学研究补助费)开支的项目;应由施工辅助费开支的施工企业对建筑材料、构件和建筑物进行一般鉴定、检查所发生的费用及技术革新研究试验费。

③前期工作费。

计算方法以定额建筑安装工程费为基数,按《投资估算编制办法》表3.3.4的费率,以累进方法计算。

④专项评价(估)费。

计算方法为项目建议书投资估算的专项评价(估)费按《投资估算编制办法》附录C规定的费率,以定额建筑安装工程费(含40%的定额设备费)为基数进行计算;工程可行性研究报告投资估算的专项评价(估)费依据委托合同计列,或按国家有关规定进行编制。

⑤联合试运转费。

计算方法以定额建筑安装工程费为基数,按0.04%费率计算。

⑥生产准备费。

指为保证新建、改(扩)建项目交付使用后满足正常的运行、管理发生的工器具购置、办公和生活用家具购置、生产人员培训、应急保通设备购置等费用。

工器具购置费、应急保通设备购置费由设计单位列出计划购置清单(包括规格、型号、数量),计算方法同设备费。

办公和生活用家具购置费按《投资估算编制办法》表3.3.7的规定计算。

生产人员培训费按设计定员和3000元/人的标准计算。

⑦工程保通管理费。

该项费用计算按设计需要进行列支。涉水项目施工期通航安全保障费用计算方法按《投资估算编制办法》附录H执行。

⑧工程保险费。

计算方法以建筑安装工程费(不含设备费)为基数,按0.4%费率计算。

⑨其他相关费用。

指国务院行政主管部门及省级人民政府规定的其他与公路建设相关的费用,按其相关规定计算。

(4)预备费。

预备费由基本预备费和价差预备费两部分组成。

①基本预备费。

计算方法以建筑安装工程费、土地使用及拆迁补偿费、工程建设其他费用之和为基数,按下列费率计算:项目建议书投资估算按11%计列;工程可行性研究报告投资估算按9%计列。

②价差预备费。

计算方法以建筑安装工程费用总额为基数,按设计文件编制年始至建设项目工程交工年终的年数和年工程造价增长率计算。计算公式见式(4-1)。

$$\text{价差预备费} = P \times [(1+i)n - 1 - 1] \tag{4-1}$$

式中:P——建筑安装工程费总额(元);

i——年工程造价增长率(%);

n——设计文件编制年至建设项目开工年+建设项目建设期限(年)。

注:年工程造价增长率按有关部门公布的工程投资价格指数计算。设计文件编制至工程交工在1年以内的工程,不列此项费用。

(5)建设期贷款利息。

建设期贷款利息计算方法:根据不同的资金来源分年度投资计算所需支付的利息。计算公式见式(4-2)。

$$\text{建设期贷款利息} = \sum(\text{上年末付息贷款本息累计} + \text{本年度付息贷款额} \div 2) \times \text{年利率} \tag{4-2}$$

$$S = \sum_{n=1}^{N}(F_{n-1} + b_n \div 2) \times i$$

式中:S——建设期贷款利息;

N——项目建设期(年);

n——施工年度;

F_{n-1}——建设期第 $n-1$ 年末需付息贷款本息累计;

b_n——建设期第 n 年度付息贷款额;

i——中国人民银行公布的贷款基准年利率。

(6)在上述第一至第五部分费用计算完成之后,进行必要的造价分析后,就可根据《投资估算编制办法》中规定的投资估算项目表序列、内容要求及工程项目实际情况,按照临时工程、路基工程、路面工程、桥涵工程、隧道工程等逐项节录其数量和金额填入"总估算表"(01表)的相应栏内,并进行汇总,同时计算技术经济指标和各项费用比重(%)。

(7)若采用分段编制投资估算时,应编制"总估算汇总表"(01-1表)。经汇总后,计算出整个建设项目的技术经济指标和各项费用比重(%)。

(8)根据“分项工程估算表”(21-2 表)计算的人工、主要材料数量表进行统计汇总后。同时,将以费率形式计入投资估算的其他工程所需的人工和主要材料数量,汇总编制“人工、主要材料、机械台班数量汇总表”(02 表)。若采用分段编制投资估算时,应编制“总估算人工、主要材料、机械台班数量汇总表”(02-1 表)。

(9)编写编制说明。

在估算编制完成之后,应按规定要求的内容编写编制说明。

3. 公路工程建设项目各项费用计算程序及计算方式

公路工程建设项目各项费用计算程序及计算方式见表 4-1。

公路工程建设项目各项费用计算程序及计算方式　　表 4-1

代号	项　目	说明及计算式
(一)	定额直接费	∑人工消耗量×人工基价+∑(材料消耗量×材料基价+机械台班消耗量×机械台班基价)
(二)	定额设备购置费	按本办法规定计算
(三)	直接费	∑人工消耗量×人工单价+∑(材料消耗量×材料预算单价+机械台班消耗量×机械台班预算单价)
(四)	设备购置费	∑设备购置数量×预算单价,或按规定计算
(五)	措施费	(一)×施工辅助费费率+定额人工费和定额施工机械使用费之和×其余措施费综合费率
(六)	企业管理费	(一)×企业管理费综合费率
(七)	规费	各类工程人工费(含施工机械人工费)×规费综合费率
(八)	利润	[(一)+(五)+(六)]×利润率
(九)	税金	[(三)+(四)+(五)+(六)+(七)+(八)]×10%
(十)	专项费用	
	施工场地建设费	[(一)+(五)+(六)+(七)+(八)+(九)]×累进费率
	安全生产费	建筑安装工程费(不含安全生产费本身)×(≥1.5%)
(十一)	定额建筑安装工程费	(一)+(二)×40%+(五)+(六)+(七)+(八)+(九)+(十)
(十二)	建筑安装工程费	(三)+(四)+(五)+(六)+(七)+(八)+(九)+(十)
(十三)	土地使用及拆迁补偿费	按规定计算
(十四)	工程建设其他费	
	建设项目管理费	
	建设单位(业主)管理费	(十一)×累进费率
	建设项目信息化费	(十一)×累进费率
	工程监理费	(十一)×累进费率
	设计文件审查费	(十一)×累进费率
	竣(交)工验收试验检测费	按规定计算
	研究试验费	
	建设项目前期工作费	(十一)×累进费率

续上表

代号	项　目	说明及计算式
	专项评价(估)费	按规定计算
	联合试运转费	(十一)×费率
	生产准备费	
	工器具购置费	按规定计算
	办公和生活用家具购置费	按规定计算
	生产人员培训费	按规定计算
	应急保通设备购置费	
	工程保通管理费	按规定计算
	工程保险费	[(十二)-(四)]×费率
	其他相关费用	
(十五)	预备费	
	基本预备费	[(十二)+(十三)+(十四)]×费率
	价差预备费	(十二)×费率
(十六)	建设期贷款利息	
(十七)	公路基本造价	(十二)+(十三)+(十四)+(十五)+(十六)

三、公路工程投资估算的审查与确定

为了保证投资估算的准确性和估算编制质量,使其能发挥应有的作用,必须认真做好投资估算的审查工作。项目投资估算的审查机构和主管部门,在进行投资估算的审查时,应重点注意以下几个方面。

1. 投资估算编制依据的时效性、准确性

投资估算编制所需的数据资料很多,如已建同类型项目的投资、设备和材料价格、运杂费率、有关的定额、指标、标准以及有关规定等,这些资料既可能因时间而发生不同程度的变化,又因工程项目实施地点、具体内容和标准的不同而有所差异。因此,必须注意其时效性,适用性和准确性,同时根据工艺水平、规模大小、自然条件、环境因素等对已建项目与拟建项目在投资方面形成的差异进行调整。使其符合估算时的实际。

2. 审查选用方法的科学性、适用性

投资估算方法很多,每种投资估算方法都各有各的适用条件和范围,并且有不同的精度。造价工程师应审查投资估算所采用的方法与拟建项目的客观条件是否相符,能否达到所要求的精度。

3. 审查和分析投资估算的编制内容

要严格审查和核对投资估算的内容,确定投资估算包括的工程内容与规定、规划的内

容是否一致;审查投资估算项目的规模大小、自然条件、环境因素等方面的差异作了适当的调整。

4. 审查投资估算的费用划分及费用项目

审查投资估算的费用项目、费用数额是否与规定和具体情况相符合,有否漏项或多项现象。

第三节　公路工程项目设计阶段工程造价的确定和控制

《造价管理暂行办法》第十六条规定:公路工程建设项目设计阶段,设计概算和施工图预算应当按照《概预算编制办法》等规定编制。初步设计概算的静态投资部分不得超过经审批或者核准的投资估算的静态投资部分的110%,施工图预算不得超过经批准的初步设计概算。

一、公路工程概算、预算的编制内容

设计阶段造价文件是设计文件的重要组成部分,其编制阶段和文件包括:初步设计阶段编制的设计概算,技术设计阶段编制的修正设计概算以及施工图设计阶段编制的施工图预算。

1. 概预算文件编制阶段划分

(1)初步设计及设计概算编制阶段

初步设计是以批准的可行性研究报告为依据,关键是要解决诸如路线、大型构造物、路面结构形式、软土处理以及生态环境保护等技术方案问题。在初步设计阶段的概算是由设计单位根据设计图纸、概算定额、各项费用定额或取费标准(指标)以及建设地区自然、技术、经济条件等资料,并以《概算定额》为依据编制的造价文件。《造价管理暂行办法》规定初步设计概算的静态投资部分不得超过经审批或者核准的投资估算的静态投资部分的110%。此外,概算较投资估算准确性有所提高,但它受投资估算的控制。

(2)技术设计与修正概算编制阶段

技术设计,是根据批准的初步设计文件和补充初测或定测资料来进行编制的,是对初步设计中的设计方案的进一步优化和落实,并据以编制修正概算。修正概算是对初步设计概算进行修正调整,比初步设计概算准确,但受初步设计概算控制。

(3)施工图设计与施工图设计预算

施工图设计是根据批准的初步设计文件或技术设计资料来进行编制的,是对初步设计或技术设计中的设计方案的进一步优化和落实,并据以编制施工图设计预算,简称施工图预算。它是由设计单位在施工图设计完成后,根据施工图设计图纸、现行预算定额、费用定额以及地区设备、材料、人工、施工机械台班等预算价格编制和确定的建筑安装工程造价的

文件。

在此阶段编制的施工图预算是以《预算定额》为依据的，它比概算或修正概算更为详尽和准确，但同样受前一阶段所确定的工程造价即概算（修正概算）的控制。《造价管理暂行办法》规定施工图预算不得超过经批准的初步设计概算。

2. 概预算文件编制的意义

（1）设计概算编制的意义

①概算或修正概算是反映建设项目设计内容全部费用的文件，是初步设计文件或技术设计文件的重要组成部分，是编制建设项目投资计划、确定和控制建设项目投资的依据，也是工程造价管理工作的重要环节。设计概算一经批准，即作为控制基本建设项目投资的最高限额。是编制建设项目投资计划、确定和控制建设项目投资的依据。

②设计概算是控制施工图设计和施工图预算的依据。设计单位必须按照批准的初步设计及其总概算进行施工图设计，施工图预算不得突破设计概算。如确需突破总概算时，应按规定程序报经审批。

③设计概算是衡量设计方案经济合理性和选择最佳设计方案的依据。

④通过设计概算与竣工决算对比，可以分析和考核投资效果的好坏，同时还可以验证设计概算的准确性，有利于加强设计概算管理和建设项目的造价管理工作。

因此，掌握设计概算的编制原则和方法，以及国家有关规定，对提高设计概算编制质量，节约建设资金，适应建立市场经济的要求，加强宏观调控，充分发挥投资效益，都具有十分重要的现实意义。

（2）施工图预算编制意义

施工图预算是施工图设计文件的重要组成部分，是设计阶段控制工程造价的主要指标。具体体现在：

①施工图预算经审定后，是确定工程造价、编制或调整固定资产投资计划和考核工程成本的依据。

②施工图预算是招投标的重要基础，既是编制工程量清单的依据，也是编制标底或造价控制价的依据，也是分析、考核施工企业投标报价合理性的参考。

③施工图预算是施工企业在施工准备阶段组织材料、机械设备及劳动力的重要参考，是施工企业编制进度计划、统计完成工作量以及进行经济核算的参考依据，是甲乙双方办理工程结算和拨付工程款的参考依据，也是施工企业拟订降低成本措施和编制施工预算的依据。

④施工图预算是考核施工图设计经济合理性的依据。施工图预算的编制也是对初步设计或技术设计进一步的具体和深化，施工图预算提供的总预算造价指标和各种分项工程的造价招标与以往的技术经济指标进行比较，进一步论证初步设计或技术设计所确定的设计方案，修建原则是否经济合理。同时还应和初步设计概算或技术设计修正概算中的各项技术指标划进行校对，以检查概算编制的质量和水平。这对于不断总结经验、提高设计的技术水平是非常重要的。

⑤对于工程造价管理部门而言，施工图预算是监督、检查执行定额标准，合理确定工程造

价、测算造价指数的依据。

3. 概预算文件编制内容

概算、预算文件由封面及目录，概算、预算编制说明及概算、预算计算表格组成。

(1) 概算、预算文件封面及目录

概算、预算文件的封面和扉页应按现行《公路工程基本建设项目设计文件编制办法》中的规定制作，扉页的次页应有建设项目名称，编制单位，编制、复核人员姓名并加盖执业（从业）资格印章，编制日期及第几册共几册等内容。目录应按概算、预算表的表号顺序编排。

(2) 概算、预算编制说明

概算、预算编制完成后，应写出编制说明，文字力求简明扼要。应叙述的内容一般有：

①建设项目设计文件的依据及有关文号，如建设项目可行性研究报告批准文号、初步设计和概算批准文号（编制修正概算或施工图预算时），以及根据何时的设计文件进行编制等。

②编制范围、工程概况、建设规模等基本信息的说明。

③采用的定额、费用标准，人工、材料与设备、施工机械台班预算单价的依据或来源，补充定额及编制依据的详细说明。

④与概算、预算有关的委托书、协议书、会议纪要的主要内容（或将抄件附后）。

⑤总概算、预算金额，人工、钢材、水泥、沥青的总需要量情况，各设计方案的经济比较，以及编制中存在的问题。

⑥项目综合经济技术指标统计，对比分析本阶段造价与上阶段造价。

⑦其他与概算、预算有关但不能在表格中反映的费用计算项及计价依据的说明。

(3) 概算、预算表格

公路工程概算、预算应按统一的概算、预算表格计算（表格样式详见《概预算编制办法》附录 B）。概算表格与预算表格的式样相同，只是在印制出版表格时，将概算表格和预算表格的表头分别印制即可。

(4) 概算、预算文件

概算、预算文件是设计文件的组成部分，按不同的需要分为甲、乙组文件，甲组文件为各项费用计算表，乙组文件为建筑安装工程费各项基础数据计算表（只供审批使用）。甲、乙组文件应按现行《公路工程基本建设项目设计文件编制办法》中关于设计文件报送份数的要求，随设计文件一并报送，并同时提交造价数据文件（电子文件）和编制补充定额的详细资料。

乙组文件中的“分项工程概（预）算表”（22-2 表）只需提交电子版，或按委托方要求提交。

概算、预算应按一个建设项目[如一条路线或一座独立大（中）桥、隧道]进行编制。当一个建设项目需要分段或分部编制时，应根据需要分别编制，但必须汇总编制“总概（预）算汇总表”。

甲、乙组文件包括的内容如图 4-4 所示。

(5) 概算、预算费用的组成

概算、预算费用组成详见本书第二章图 2-1 公路工程造价的构成图。

甲组文件：
- 编制说明。
- 前后阶段费用对比表。
- 建设项目属性及技术经济信息表(00表)。
- 总概(预)算汇总表(01-1表)。
- 总概(预)算人工、主要材料、施工机械台班数量汇总表(02-1表)。
- 概(预)算表(01表)。
- 人工、主要材料、施工机械台班数量汇总表(02表)。
- 建筑安装工程费计算表(03表)。
- 综合费率计算表(04表)。
- 综合费用计算表(04-1表)。
- 设备费计算表(05表)。
- 专项费用计算表(06表)。
- 土地使用及拆迁补偿费计算表(07表)。
- 工程建设其他费计算表(08表)。
- 人工、材料、施工机械台班单价汇总表(09表)。

乙组文件：
- 分项工程概(预)算计算数据表(21-1表)。
- 分项工程概(预)算表(21-2表)。
- 材料预算单价计算表(22表)。
- 自采材料料场价格计算表(23-1表)。
- 材料自办运输单位运费计算表(23-2表)。
- 施工机械台班单价计算表(24表)。
- 辅助生产人工、材料、施工机械台班单位数量表(25表)。

图4-4　概算、预算文件甲、乙组文件包含内容

二、公路工程概、预算的编制方法

公路工程建设项目概算、预算应分别以《概算定额》《预算定额》为依据。编制概算、预算时应根据概算、预算定额规定的人工、材料机械台班消耗量和《概预算编制办法》第三章规定的概算、预算编制时工程所在地的人工费工日单价、材料预算单价和施工机械台班单价计算出工程项目的工、料、机费用，并按《概预算编制办法》的规定计算各项费用。概算、预算的材料与设备、施工机械台班单价及各项费用的计算都应通过规定的表格反映。各种表格的计算顺序和相互关系如图4-5所示。

1.概算、预算项目编制方法

概算、预算项目应按项目表的序列及内容编制。当实际出现的工程和费用项目与项目表的内容不完全相符时，第一、二、三、四、五部分和“项”的序号、内容应保留不变，项目表中“项”以下的分项在引用时应保持序号、内容不变，缺少的分项内容可随需要就近增加，并按项目表的顺序以实际出现的级别依次排列，不保留缺少的“项”以下的项目序号。路线建设项目中的互通式立体交叉、辅道、支线，如工程规模较大时，也可按概算、预算项目表单独编制工程费用，然后将其概、预算总金额列入路线的总概算、预算表中相应的项目内。

概算、预算项目主要包括内容见表4-2。

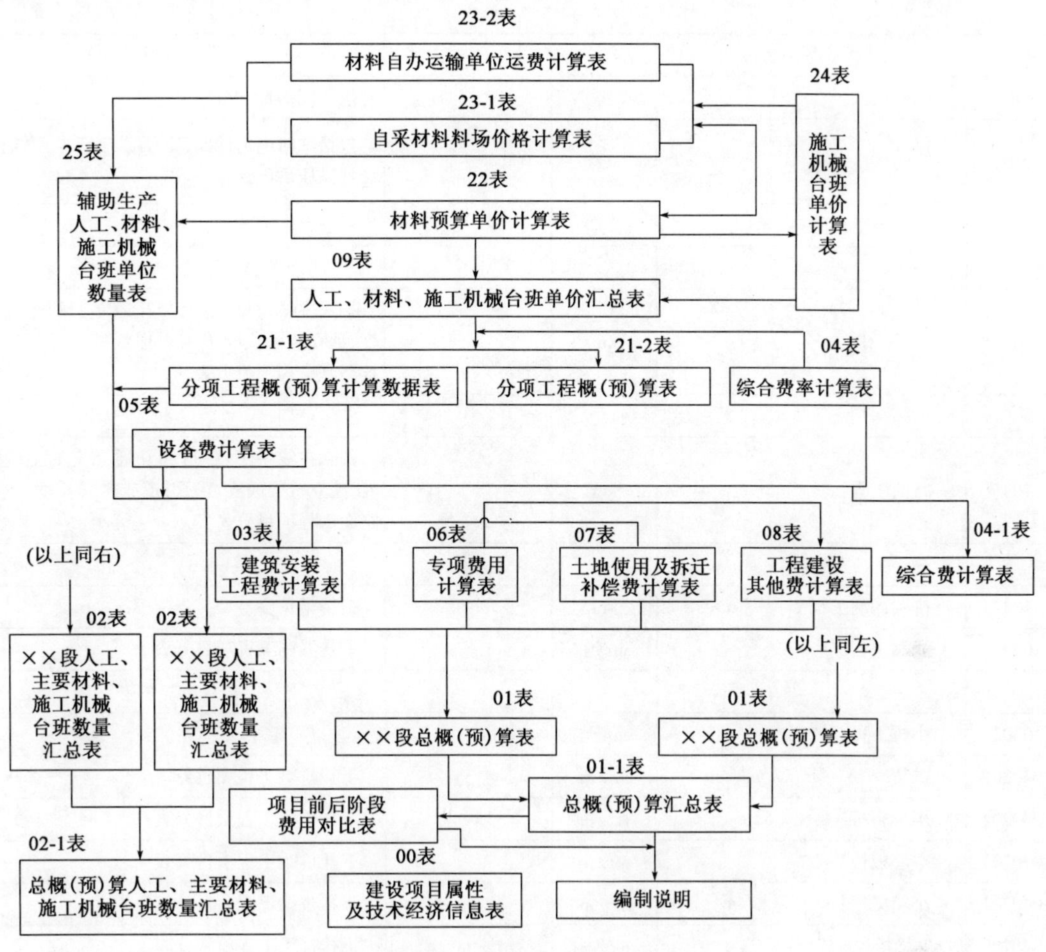

图 4-5　概预算各种表格的计算顺序和相互关系

概算预算项目表　　表 4-2

分项编号	工程或费用名称	单位	主要工作内容	备　注
1	第一部分　建筑安装工程费	公路公里		建设项目路线总长度(主线长度)
101	临时工程	公路公里		
10101	临时道路	km		新建施工便道与利用原有道路的总长
1010101	临时便道(修建、拆除与维护)	km		新建施工便道长度
1010102	原有道路的维护与恢复	km		利用原有道路长度
1010103	保通便道	km		
101010301	保通便道(修建、拆除与维护)	km		修建、拆除与维护
101010302	保通临时安全设施	km		临时安全设施修建、拆除与维护
10102	临时便桥、便涵	m/座		
1010201	临时便桥	m/座	修建、拆除与维护	临时施工汽车便桥
1010202	临时涵洞	m/座		

续上表

分项编号	工程或费用名称	单位	主要工作内容	备　注
10103	临时码头	座		按不同的形式分级
10104	临时供电设施	总额		包括临时电力线路、变压器摊销等，不包括场外高压供电线路
10105	临时电信设施	总额		不包括广播线
	……			
102	路基工程	km		扣除主线桥梁、隧道和互通立交的主线长度，独立桥梁或隧道为引道或接线长度。下挂路基工程项目分表
	……			
103	路面工程	km		扣除主线桥梁、隧道和互通立交的主线长度，独立桥梁或隧道为引道或接线长度，下挂路面工程项目分表
	……			
104	桥梁涵洞工程	km		指桥梁长度
10401	涵洞工程	m/道		下挂涵洞工程项目分表
	……			
10402	小桥工程	m/座		
1040201	拱桥	m^2/m		下挂桥梁工程项目分表
1040202	矩形板桥	m^2/m		下挂桥梁工程项目分表
1040203	空心板桥	m^2/m		下挂桥梁工程项目分表
1040204	小箱梁桥	m^2/m		下挂桥梁工程项目分表
1040205	T 梁桥	m^2/m		下挂桥梁工程项目分表
	……			
10403	中桥工程	m/座		
1040301	拱桥	m^2/m		下挂桥梁工程项目分表，不分基础、上(下)部
1040302	预制矩形板桥	m^2/m		下挂桥梁工程项目分表，不分基础、上(下)部
1040303	预制空心板桥	m^2/m		下挂桥梁工程项目分表，不分基础、上(下)部
1040304	预制小箱梁桥	m^2/m		
1040305	预制 T 梁桥	m^2/m		
1040306	现浇箱梁桥	m^2/m		
	……			
10404	大桥工程	m/座		
1040401	×××桥(桥型、跨径)	m^2/m		下挂桥梁工程项目分表

续上表

分项编号	工程或费用名称	单位	主要工作内容	备 注
	……			
10405	特大桥工程	m/座		
1040501	××特大桥工程	m^2/m		按桥名分级；技术复杂大桥先按主桥和引桥分级再按工程部位分级
104050101	引桥工程(桥型、跨径)	m^2/m	不含桥面铺装及附属工程内容	标注跨径、桥型，下挂桥梁工程项目分表
104050102	主桥工程(桥型、跨径)	m^2/m	不含桥面铺装及附属工程内容	标注跨径、桥型，下挂桥梁工程项目分表
104050103	桥面铺装	m^3		下挂桥梁工程项目分表相应部分
104050104	附属工程	m		下挂桥梁工程项目分表相应部分
10406	桥梁维修加固工程	m^2/m		下挂桥梁工程项目分表相应部分
	……			
105	隧道工程	km/座		按隧道名称分级，并注明其形式
10501	连拱隧道	km/座		
1050101	××隧道	m		下挂隧道工程项目分表
	……			
10502	小净距隧道	km/座		
1050201	××隧道	m		下挂隧道工程项目分表
	……			
10503	分离式隧道	km/座		
1050301	××隧道	m		下挂隧道工程项目分表
	……			
10504	下沉式隧道	km/座		
1050401	××隧道	m		下挂隧道工程项目分表
	……			
10505	沉管隧道	km/座		
1050501	××隧道	m		下挂隧道工程项目分表
	……			
10506	盾构隧道	km/座		
1050601	××隧道	m		下挂隧道工程项目分表
	……			
10507	其他形式隧道	km/座		
1050701	××隧道	m		下挂隧道工程项目分表
	……			
106	交叉工程	处		按不同的交叉形式分目

续上表

分项编号	工程或费用名称	单位	主要工作内容	备　注
10601	平面交叉	处		按不同的类型分级
1060101	公路与等级公路平面交叉	处		下挂路基和路面等工程项目分表
1060102	公路与等外公路平面交叉	处		下挂路基和路面等工程项目分表
	……			
10602	通道	m/处		按结构类型分级
1060201	箱式通道	m/处		
1060202	板式通道	m/处		
1060203	拱形通道	m/处		
	……			
10603	天桥	m/座		按不同的结构类型分级，若有连接线，下挂路基和路面等工程项目分表
1060301	钢结构桥	m/处		
1060302	钢筋混凝土拱桥	m/处		
1060303	钢筋混凝土梁桥	m/处		
1060304	钢筋混凝土板桥	m/处		
	……			
10604	渡槽	m/处		按不同的结构类型分级
10605	分离式立体交叉	km/处		主线下穿时，上跨主线的才计入分离立交，按交叉名称分级
1060501	××分离式立体交叉	处		
106050101	××分离立交桥梁	m		下挂桥梁模块
106050102	××分离立交连接线	km		下挂路基、路面、涵洞工程项目分表
	……			
10606	互通式立体交叉	km/处		按互通名称分级
1060601	××互通式立体交叉	km		注明类型，如单喇叭，再按主线和匝道分级
106060101	主线工程	km		下挂路基、路面、涵洞、桥梁等工程项目分表
106060102	匝道工程	km		下挂路基、路面、涵洞、桥梁等工程项目分表
	……			
107	交通工程及沿线设施	公路公里		
10701	交通安全设施	公路公里		下挂交通安全设施工程项目分表
	……			
10702	收费系统	车道/处		收费车道数/收费站数
1070201	收费中心设备安装与土建	收费车道		按不同的设备分级

续上表

分项编号	工程或费用名称	单位	主要工作内容	备　注
1070202	收费中心设备费	收费车道		按不同的设备分级
1070203	收费站设备安装与土建	收费车道		按不同的设备分级
1070204	收费站设备费	收费车道		按不同的设备分级
1070205	收费车道设备安装与土建	收费车道		按不同的设备分级
1070206	收费车道设备费	收费车道		按不同的设备分级
1070207	收费系统配电工程	收费车道		按不同的设备分级
	……			
1070208	收费岛工程	收费车道	收费岛土建、收费亭	按不同的工程及设备分级
	……			
10703	监控系统	公路公里		
1070301	监控中心、分中心	公路公里		
107030101	监控中心、分中心设备安装	公路公里	含中心、分中心和隧道管理站等	按不同的设备分级
107030102	监控中心、分中心设备费	公路公里	含中心、分中心和隧道管理站等	按不同的设备分级
1070302	外场监控	公路公里		
107030201	外场监控设备安装	公路公里		按不同的设备分级
107030202	外场监控设备费	公路公里		按不同的设备分级
1070303	监控系统配电工程	公路公里		按不同的设备分级
	……			
10704	通信系统	公路公里		
1070401	通信系统设备安装	公路公里		按不同的设施分级
1070402	通信系统设备费	公路公里		按不同的设施分级
	……			
1070403	缆线安装工程	公路公里		主材与安装费分列
107040301	缆线安装	公路公里		
107040302	缆线主材费用	公路公里		
	……			
10705	隧道机电工程	km/座		指隧道双洞长度及座数。按单座隧道进行分级
1070501	×××隧道机电工程			下挂隧道机电工程项目分表
	……			
10706	供电及照明系统	km		不含隧道内供配电

续上表

分项编号	工程或费用名称	单位	主要工作内容	备　注
1070601	供电系统设备及安装	公路公里		按不同的部位分级
107060101	场区供电设备安装	公路公里		按不同的设施分级
107060102	场区供电设备费	公路公里		按不同的设施分级
1070602	照明系统设备与安装	公路公里		
107060201	场区照明安装	公路公里		
107060202	场区照明系统设备费	公路公里	不含灯杆、灯架、灯座箱	
107060203	大桥照明安装	公路公里		
107060204	大桥照明设备费	公路公里	不含灯杆、灯架、灯座箱	
	……			
10707	管理、养护、服务房建工程	m^2		
1070701	管理中心	m^2/处		
107070101	房建工程	m^2		
	……			
1070702	养护工区	m^2/处		
107070201	房建工程	m^2		注明砖混或框架等结构形式
107070202	附属设施	m^2		围墙、大门、道路、场区硬化、照明、排水等，不含土石方工程
	……			
1070703	服务区	m^2/处		
107070301	服务区房屋	m^2		注明砖混或框架等结构形式
107070302	附属设施	m^2	含围墙、大门、道路、场区硬化、照明、排水等，不含广场（场坪）土石方工程	广场(场坪)填挖土石方工程在主线土石方工程中
	……			
1070704	停车区	m^2/处		
	……			
1070705	收费站(棚)	m^2/处		
107070501	服务区房建工程	m^2		注明砖混或框架等结构形式
107070502	收费大棚	m^2		注明砖混或框架等结构形式
107070503	附属设施	m^2	含围墙、大门、道路、场区硬化、照明、排水等，不含广场（场坪）土石方工程	广场(场坪)填挖土石方工程在主线土石方工程中

续上表

分项编号	工程或费用名称	单位	主要工作内容	备　注
	……			
1070706	公共交通车站	处		
107070601	港湾式	处		
107070605	直接式	处		
	……			
108	绿化及环境保护工程	公路公里		
10801	主线绿化及环境保护工程	公路公里		下挂绿化及环境保护工程项目分表
	……			
10802	互通立交绿化及环境保护工程	处		
1080201	××互通立交绿化及环境保护	处		下挂绿化及环境保护工程项目分表
	……			
10803	管养设施绿化及环境保护工程	m^2		按管养设施名称分级
1080301	××管理中心绿化及环境保护	m^2		下挂绿化及环境保护工程项目分表
	……			
1080302	××服务区绿化及环境保护	m^2		下挂绿化及环境保护工程项目分表
	……			
1080303	××停车区绿化及环境保护	m^2		下挂绿化及环境保护工程项目分表
	……			
1080304	××养护工区绿化及环境保护	m^2		下挂绿化及环境保护工程项目分表
	……			
1080305	××收费站绿化及环境保护	m^2		下挂绿化及环境保护工程项目分表
	……			
10804	污水处理设施	处		按不同的内容分级
	……			
10805	取、弃土场绿化	处		下挂绿化及环境保护工程项目分表
	……			
109	其他工程	公路公里		
10901	联络线、支线工程	km/处		
1090101	××联络线、支线工程	km/处		下挂路基、路面、涵洞、桥梁、隧道、交通安全设施等工程项目分表

续上表

分项编号	工程或费用名称	单位	主要工作内容	备　注
	……			
10902	连接线工程	km/处		
1090201	××连接线工程	km/处		下挂路基、路面、涵洞、桥梁、隧道、交通安全设施等工程项目分表
	……			
10903	辅道工程	km/处		
1090301	××辅道工程	km/处		下挂路基、路面、涵洞、桥梁、隧道、交通安全设施等工程项目分表
	……			
10904	改路工程	km/处		下挂路基工程项目分表
	……			
10905	改河、改沟、改渠	m/处		下挂路基工程项目分表
	……			
10906	悬出路台	m/处		
10907	渡口码头	处		
10908	取、弃土场排水防护	m^3		下挂路基工程项目分表
	……			
110	专项费用	元		
11001	施工场地建设费	元		
11002	安全生产费	元		
	……			
2	第二部分　土地使用及拆迁补偿费	公路公里		
201	土地使用费	亩		
20101	永久征用土地	亩		按土地类别属性分类
20102	临时用地	亩		按使用性质分类
202	拆迁补偿费	公路公里		
203	其他补偿费	公路公里		
	……			
3	第三部分　工程建设其他费	公路公里		
301	建设项目管理费	公路公里		
30101	建设单位(业主)管理费	公路公里		
30102	建设项目信息化费	公路公里		
30103	工程监理费	公路公里		
30104	设计文件审查费	公路公里		

续上表

分项编号	工程或费用名称	单位	主要工作内容	备　注
30105	竣(交)工验收试验检测费	公路公里		
302	研究试验费	公路公里		
303	建设项目前期工作费	公路公里		
304	专项评价(估)费	公路公里		
305	联合试运转费	公路公里		
306	生产准备费	公路公里		
30601	工器具购置费	公路公里		
30602	办公和生活用家具购置费	公路公里		
30603	生产人员培训费	公路公里		
30604	应急保通设备购置费	公路公里		
307	工程保通管理费	公路公里		
30701	保通便道管理费	km		
30702	施工期通航安全保障费	处		
30703	营运铁路保通管理费	处		
	……			
308	工程保险费	公路公里		
309	其他相关费用	公路公里		
4	第四部分　预备费	公路公里		
401	基本预备费	公路公里		
402	价差预备费	公路公里		
5	第一至四部分合计	公路公里		
6	建设期贷款利息	公路公里		
7	公路基本造价	公路公里		

注:此项目表和分项编码文本及电子库由本办法主编单位统一管理。编制概算、预算时,应执行统一的分项编号。

项目表的详细内容见《概预算编制办法》附录 B。

分项编号采用部(1 位数)、项(2 位数)、目(2 位数)、节(2 位数)、细目(2 位数)组成,以部、项、目、节、细目等依次逐层展开,概预算分项编号详见《概预算编制办法》附录 B。

从《概预算编制办法》可知概算、预算是由五部分费用所组成,其中第一部分建筑安装工程费,是以相关定额为依据,采用工、料、机分析的方法来进行编制的,常称为实物法,在公路工程造价管理工作中,已具有悠久的历史,是编制概算、预算的关键环节。

《概预算编制办法》和《概算定额》《预算定额》《机械台班费用定额》是当前公路工程概(预)算编制的一套标准规范,是编制概(预)算配套使用的。依据这套标准就可以计算出工程的人工、材料、机械台班消耗数量和有关的费用,这是我们编制公路工程概(预)算的重要依据。同时,《概预算编制办法》中对于编制概(预)算目的、要求和方法,都有具体的规定。为了统一编制方法和保证编制的质量,规定了费用的计算依据和计算表格,这些规定要求我们编制概(预)算要有次序地进行,是我们必须遵守和执行的原则。

编制中首先应当弄懂《概预算编制办法》中各项费用的划分和计算标准以及各项有关规定。公路建设涉及的面广,影响的因素多,有些规定需要结合工程的实际情况确定,所以只有熟悉和吃透编制办法中的内容,才能正确而合理地选定各种计算方法和费用标准。所谓合理地选用就是按照《概预算编制办法》规定,做到所取定的计算依据和标准与工程的实际情况基本一致,也只有在充分了解预算编制办法各项规定的基础上,才能真正地编制出好的概(预)算。

公路工程概(预)算是根据设计确定的工程量和相应的定额需要的人工、材料、机械台班消耗量和有关的费用确定的,所以定额也是编制概(预)算的重要依据之一。公路工程定额和其他的行业定额一样,项目多,内容复杂,它除了按工程类别划分外,还根据不同的工程标准、不同的建筑结构、不同的材料、不同的施工方法划分若干个子目,每个子目都包括有不同的工程内容。所以在使用定额时要弄清定额的含义,首先应当了解各章节的说明,搞清楚每个项目的适用范围和包括的工程内容,只有熟悉定额的含义,才能准确地使用定额,做到不重不漏,结合实际。

造价编制人员不但要懂得设计还要懂得施工技术,通晓有关的施工机械设备、施工方法、工艺过程,这对正确的套用定额非常重要。定额是经国家批准的带有法定性的计价标准,使用中根据规定能抽换的才可以抽换,不能随意抽换,要维护定额的严肃性。定额缺项的应编补充定额,不能生搬硬套,随意拼凑套用定额一定要按有关的规定办理,也不可乱乘系数。

在概(预)算编制中各种费用、表格之间的关系是彼此相关,非常严密的,同时也是不能变动的。在概(预)算编制的程序上也应当遵循它们之间的关系依次进行,但个别计算环节和步骤可以同时或交叉进行。

施工图预算的编制方法与设计概算也有不同之处,主要表现在构成施工图预算第一部分建筑安装工程费的编制依据之一的工程定额,前者是《预算定额》,而后者是《概算定额》;根据摘取的工程量套用预算定额,通过累加计算,层层汇总来完成的。至于第二、第三部分费用的编制方法,则基本相同。所以,充分了解概算、预算编制之间的这种内在关系,对于做好编制工作,是十分重要的。

2. 概算、预算项目费用标准及具体编制方法

(1)建筑安装工程费的编制。

①第一项至第九项工程费

工程费编制是通过"分项工程概(预)算表"(22-2 表)的计算和累计汇总而获得工、料、机费用,按建设工程所在地的实际价格计算。然后再分别计取措施费、企业管理费、规费、利润和税金等,由费率计算的各项费用编制而成。

在根据摘取的工程量套用《概算定额》或《预算定额》编制分项工程概算预算表计算工程费之前,要计算出人工、材料、施工机械合班的预算价格和措施费、企业管理费、规费综合费率等基础数据资料。

a. 人工费单价。按各省(自治区、直辖市)交通运输主管部门发布的生产工人工资标准计算。

b. 材料预算价格。材料的规格品种多,而影响的因素又是多方面的,在计算时要注意以下有关要求,做到合理可靠。

按经济合理、方便运输的原则,确定材料的供应地点和运输方式,并计算出平均运距及比重。确定材料的供应价格时,凡需要外购的各种建筑材料,一般可以各省(自治区、直辖市)交通运输建设造价管理机构发布的材料价格信息为依据。并通过市场调查、询价确定。这样才利于加强工程造价的管理。

凡施工单位自行开采加工的砂石材料,应按“自采材料料场价格计算表”(23-1 表)的要求进行计算确定。

当在高原地区施工时,施工单位自采材料及运输工作,可按其他工程费中高原地区施工增加费率的规定,以直接工程费为基数计算高原地区施工增加费。其中人工采集、加工材料,人工装卸、运输材料按人工土方费率计算;机械采集、加工材料按机械石方费率计算;机械装、运材料按机械土方费率计算。增加高原地区施工的人工费不能作为辅助生产的计算基数。

最后通过“材料预算单价计算表”(22 表)计算出各种材料的预算价格,并据以编制“人工、材料、施工机械台班单价汇总表”(09 表)。

c. 按选用的施工机械种类通过“施工机械台班单价计算表”(24 表)计算其价格。

d. 根据建设工程的实际情况,合理取定各项措施费、企业管理费、规费等费率标准,并进行综合在“综合费率计算表”(04 表)中计算,以此作为计算其费用的依据。

编制设计概算和编制施工图预算中,有关人工、材料、施工机械台班预算价格,以及综合费率的计算方法和原则均相同。同时,要根据上述原始数据资料,编制“辅助生产工、料、机械台班单位数量表”(25 表),是自采加工材料和自办运输工作以预算定额计算的每单位工、料、机械台班数量的汇总,作为计算建设项目人工、材料、机械台班总需要量的依据之一。

②第十项专项管理费

包括施工场地建设费和安全生产费。编制概算、预算时该项单独计列,分项工程中不再计取。在“专项费用计算表”(06 表)中列项计算。

其中:安全生产费根据财政部和国家安监总局有关规定以建筑安装工程费(不含安全生产费本身)为基数,按不小于 1.5% 费率计算。

施工场地建设费以定额工程费(不含专项费用本身)为基数,按《概预算编制办法》表 3.1.11的费率,以累进办法计算。

③编制“分项工程概(预)算表”

要按照概(预)算项目表规定的项目序列要求,从子项 101 临时工程开始到子项 109 其他工程为止,逐项分析计算,并按“目”“节”“细目”的内容进行汇总。

根据摘取的工程量和采用的施工方法,并经核对无误,就可以用《概算定额》或《预算定额》,将有关的各种资料分别摘录于表内,其中人工、材料、机械台班的预算价格,措施费、企业管理费、规费综合费率按“综合费率计算表”中节录转到“分项工程概(预)算表”内。由此可以计算出分项工程的建筑安装工程费。

“分项工程概(预)算表”内的“定额表号”是按《概算定额》或《预算定额》的章节来编写,从左至右,采用七位数字编号法;第一位数字表示“章”,第二位数字表示“节”,第三、第四位数字表示“项”,最后三位数字表示“子目”。

④编制“设备费计算表”(21 表)

设备费应列出计划购置的清单(包括设备的规格、型号、数量),以设备预算价计入。需要安装的设备,按建筑安装工程费的有关规定计算设备的安装工程费。按《概预算编制办法》附录 C 规定方法在计算费用。

⑤编制“建筑安装工程费计算表”

在完成“专项费用计算表”“分项工程概(预)算表”“设备购置费计算表”的各项数字的计算并累计后,将其转录入“建筑安装工程费计算表”(03 表)内,然后逐项汇总并计算出金额。综合上述计算方法,建筑安装工程费就全部计算完成。

(2)土地征用及拆迁补偿费的编制。

土地征用及拆迁补偿费是设计概(预)算的第二部分费用,包括永久占地、临时占地、拆迁补偿费、水土保持补偿费和其他五项费用组成。应根据整理的外业调查资料和国家有关标准为依据在“土地征用及拆迁补偿费计算表”(07 表) 中进行计算。

土地征用及拆迁补偿费应根据审批单位批准的建设工程用地和临时用地面积及其附着物的情况,以及实际发生的费用项目,按国家有关规定及工程所在地的省(自治 区、直辖市)人民政府颁发的有关规定和标准计算。林植被恢复费应根据审批单位批准的建设工程占用林地的类型及面积,按国家有关规定及工程所在地的省(自治区、直辖市)人民政府颁发的有关规定和标准计算。当与原有的电力电信设施、管线、水利工程、铁路及铁路设施互相干扰时,应与有关部门联系,商定合理的解决方案和补偿金额,也可由这些部门按规定编制费用以确定补偿金额。水土保持补偿费按各省、自治区、直辖市制定的水土保持补偿费收费标准进行计算。

(3)工程建设其他费的编制。

工程建设其他费包括建设项目管理费、研究试验费、建设项目前期工作费、专项评价(估)费、联合试运转费、生产准备费、工程保通管理费、工程保险费和其他相关费用等九部分费用组成。根据工程项目实际情况,按照《概预算编制办法》中相关规定在“工程建设其他费计算表”(08 表)中分别逐项罗列公式进行计算。

(4)预备费的编制。

预备费由基本预备费和价差预备费两部分组成。按《概预算编制办法》中规定的方法在“总概(预)算表”中列项计算。公路工程建设期限内,凡需动用预备费时,属于公路交通运输部门投资的项目,需经建设单位提出,按建设项目隶属关系,报交通运输部或交通运输厅(局、委)基建主管部门核定批准。属于其他部门投资的建设项目,按其隶属关系报有关部门核定批准。

①基本预备费计算方法。以第一、二、三部分费用之和为基数按下列费率计算:设计概算按 5% 计列;修正概算按 4% 计列;施工图预算按 3% 计列。

②价差预备费计算方法。以概(预)算第一部分建筑安装工程费总额为基数,按设计文件编制年始至建设项目工程交工年终的年数和年工程造价增长率计算。

(5)建设期贷款利息的编制。

建设期贷款利息根据不同的资金来源分年度投资计算所需支付的利息。在“总概(预)算表”中列项计算。计算公式见式(4-3)。

$$\text{建设期贷款利息} = \sum(\text{上年末付息贷款本息累计} + \text{本年度付息贷款额} \div 2) \times \text{年利率} \tag{4-3}$$

(6)总概(预)算的编制。

总概(预)算是根据所编制的建设工程项目的建筑安装工程费、土地征用及拆迁补偿费、工程建设其他费用、预备费及建设期贷款利息等项目的费用计算文件资料，按照概(预)算项目表组成的内容和如下方法来进行编制的，实际上只是一个节录和汇总的工作环节。

①按工程或费用名称，依次将单位、工程数量、概(预)算金额分别摘取填入"总概(预)算表"相应的各栏内。

②按"部分""项""子项""目""子目""节""细目""子细目"进行计算概(预)算总金额，公路(桥梁)基本造价，依次求出各项工程或费用的小计、合计及总计。

③计算技术经济指标和各项费用的比例(%)。以各项工程数量分别去除以其相应的概(预)算金额所得的商，即为技术经济指标，各项工程的分部工程概(预)算金额单价分别去除以概(预)算总金额，即为相应的各项费用所占的比例。

④将建设项目需要的人工、主要材料、机械台班数量，按工程项目分别进行汇总，凡规定可计列场外运输操作损耗的材料，要相应计入其损耗数量。

⑤当一个建设项目按分段编制概(预)算的，应将各分段的工程数量，概(预)算金额，以及人工，主要材料、机械台班数量，分别编制成汇总表，并计算出技术经济指标和各项费用比例。

⑥编写编制说明。

当工程概(预)算汇总完成之后，应如实、全面地说明编制过程中的有关情况，以利于决策部门了解、掌握，从而作出正确的决策。同时，工程建成后，这些资料，就成为宝贵的工程概算的历史资料。编制说明，文字力求简明扼要。应叙述的内容一般有：

a. 建设项目设计资料的依据及有关文号，如建设项目可行性研究报告批准文号、初步设计和概算批准文号等，以及根据何时的测设资料及比选方案进行的编制等。

b. 采用的定额、费用标准，人工、材料、机械台班单价的依据或来源，补充定额及编制依据的详细说明。

c. 与概(预)算有关的委托书、协议书、会议纪要的主要内容(或将抄件附后)。

d. 总概(预)算金额，人工、钢材、水泥、木料、沥青的总需要量情况，各设计方案的经济比较，以及编制中存在的问题。

e. 其他与概(预)算有关但不能在表格中反映的事项。

(7)公路工程建设项目各项费用计算程序及计算方式见表4-3。

公路工程建设项目各项费用计算程序及计算方式　　表4-3

序号	项　目	说明及计算式
(一)	定额直接费	Σ人工消耗量×人工基价+Σ(材料消耗量×材料基价+机械台班消耗量×机械台班基价)
(二)	定额设备购置费	Σ设备购置数量×设备基价
(三)	直接费	Σ人工消耗量×人工单价+Σ(材料消耗量×材料预算单价+机械台班消耗量×机械台班预算单价)
(四)	设备购置费	Σ设备购置数量×预算单价
(五)	措施费	(一)×施工辅助费费率+定额人工费和定额施工机械使用费之和×其余措施费综合费率

续上表

序号	项　目	说明及计算式
(六)	企业管理费	(一)×企业管理费综合费率
(七)	规费	各类工程人工费(含施工机械人工费)×规费综合费率
(八)	利润	[(一)+(五)+(六)]×利润率
(九)	税金	[(三)+(四)+(五)+(六)+(七)+(八)]×10%
(十)	专项费用	
	施工场地建设费	[(一)+(五)+(六)+(七)+(八)+(九)]×累进费率
	安全生产费	建筑安装工程费(不含安全生产费本身)×(≥1.5%)
(十一)	定额建筑安装工程费	(一)+(二)×40%+(五)+(六)+(七)+(八)+(九)+(十)
(十二)	建筑安装工程费	(三)+(四)+(五)+(六)+(七)+(八)+(九)+(十)
(十三)	土地使用及拆迁补偿费	按规定计算
(十四)	工程建设其他费	
	建设项目管理费	
	建设单位(业主)管理费	(十一)×累进费率
	建设项目信息化费	(十一)×累进费率
	工程监理费	(十一)×累进费率
	设计文件审查费	(十一)×累进费率
	竣(交)工验收 试验检测费	按规定计算
	研究试验费	
	建设项目前期工作费	(十一)×累进费率
	专项评价(估)费	按规定计算
	联合试运转费	(十一)×费率
	生产准备费	
	工器具购置费	按规定计算
	办公和生活用 家具购置费	按规定计算
	生产人员培训费	按规定计算
	应急保通设备购置费	
	工程保通管理费	按规定计算
	工程保险费	[(十二)-(四)]×费率
	其他相关费用	
(十五)	预备费	
	基本预备费	[(十二)+(十三)+(十四)]×费率
	价差预备费	(十二)×费率
(十六)	建设期贷款利息	
(十七)	公路基本造价	(十二)+(十三)+(十四)+(十五)+(十六)

三、公路工程概算、预算的审查与确定

1. 概(预)算编制注意事项

当有多个设计单位共同承担初步设计或施工图设计任务时,主管部门应指定一单位负责统一概(预)算编制原则和依据,汇编总概(预)算。

在施工图预算编制完成之后,除应按规定要求的内容编写编制说明外,还应进行工作总结,对预算与概算文件,做必要的"两算"对比分析,若预算超出批准的概算限额,要找出原因,提出解决办法和意见,为建设工程的主管部门、建设单位的主管部门、建设单位进行决策提供依据。

2. 审查设计概(预)算的内容

(1)审查初步(技术)设计概算的编制依据。具体审查内容:审查编制依据的时效性;审查各种依据,如定额、指标、价格、取费标准等,都应根据国家有关部门的现行规定进行;审查编制依据的适用范围。

(2)审查初步(技术)设计概算的编制说明。审查编制说明可以检查概算的编制方法、深度和编制依据等重大原则问题,若编制说明有差错,具体概算必有差错。

(3)审查工程建设规模、建设标准等是否符合批准的可行性研究报告的标准。对总概算投资超过投资估算10%以上的,应查明原因,重新上报审批。

(4)审查工程量计算是否正确。工程量的计算是否根据设计图纸、概(预)算定额、工程量计算规则和施工组织设计的要求进行,有无多算、重算和漏算,尤其对于那些工程量大,造价高的项目要重点审查。

(5)审查材料用量和价格。审查主要材料用量计算是否正确,材料价格是否与工程所在地的价格水平相符合,并着重对材料原价和运输费用进行审查。为做好材预算价格的审查工作,先要根据设计文件确定材料耗用量,以耗用量大的主要材料作为审查的重点。

(6)审查设备种类、规格、型号和数量是否符合初步设计要求,是否与设备清单相一致,设备单价是否按合理的设备原价和运杂费进行编制。

(7)审查各项费用的计取是否符合国家或地方有关部门的规定,计算程序和取费标准是否正确。

(8)审查总概(预)算文件的组成内容,是否完整地包括了建设项目从筹建到竣工交付使用为止的全部费用组成,并注意是否将设计外的工程项目列入造价中。

(9)审查工程建设其他各项费用。这部分费用内容多、弹性大,要按国家和地区规定逐项审查,不属于总概算范围的费用项目不能列入概算,具体费率或计取标准是否按国家、行业有关部门规定计算,有无随意列项、有无多列、交叉计列和漏项等。

(10)审查技术经济指标。技术经济指标和各项费用比重计算是否正确,各种指标与同类型工程指标相比,是偏高还是偏低,其原因是什么并予以纠正。

3. 设计概(预)算的审查方法

(1)逐项审查法,又称全面审查法。它是按定额顺序或施工顺序,对各个分项工程中的工

程细目从头到尾逐项详细审查的一种方法。这种方法适合于一些工程量较少、工艺比较简单的工程。

(2)标准预算审查法。它是对利用标准图纸或通用图纸施工的工程,先集中力量编制标准预算,以此为标准审查预算的方法。这种方法的优点是时间短、效果好、好定案;其缺点适用范围小,只能对按标准图纸的工程执行。

(3)分组计算审查法。采用这种方法,首先把若干分部分项工程,按相邻且有一定内在联系的项目进行编组。利用同组中分项工程间具有相同或相近计算基数的关系,审查一个分项工程数量,就能判断同组中其他几个分项工程量的准确程度。

(4)重点审查法。它是抓住工程预算中的重点进行审核的方法。审查的重点一般是指:工程量大或造价较高的各种工程、计取的各项费用(计取基础、取费标准等)。重点审查法的优点是重点突出,审查时间短、效果好。

(5)对比审查法。对比分析法主要是通过建设规模、标准与立项批文对比;工程数量与设计图纸对比;综合范围、内容与编制方法、规定对比;各项取费与规定标准对比;材料、人工单价与统一信息对比;引进设备、技术投资与报价要求对比;技术经济指标与同类工程对比等。通过以上对比,容易发现概(预)算存在的主要问题和偏差。

(6)查询核实法。查询核实法是对一些关键设备和难以核算的较大投资进行多方查询核对,逐项落实的方法。主要设备的市场价向设备供应部门或招标公司查询核实;引进设备价格及有关费税向进出口公司调查落实;复杂的建筑安装工程向同类工程的建设、承包、施工单位征求意见;深度不够或不清楚的问题直接向原概(预)算编制人员、设计者询问清楚。

通过以上方法审查后,对审查中发现的问题和偏差进行分类整理,汇总核增或核减的项目及其投资额,将具体审核数据,相应调整所属项目投资合计,再依次汇总审核后的总投资及增减投资额。对于差错较多、问题较大或不能满足要求的,按会审意见修改后,重新报批;对于无重大原则问题,深度基本满足要求,投资增减不多的,当场核定概算投资额,并提交审批部门复核后,正式下达审批概(预)算。

第四节　公路工程项目施工招投标阶段工程造价的确定和控制

建设项目招标是指招标人(或招标单位)在发包建设项目之前,以公告或邀请书的方式提出招标项目的有关要求,公布招标条件,投标人(或投标单位)根据招标人的意图和要求提出报价,择日当场开标,以便从中择优选定中标人的一种交易行为。公路建设项目招标投标制是我国公路建设市场走向规范化、完善化的举措之一。推行工程招标投标制,对降低工程造价,进而使工程造价得到合理的控制具有非常重要的影响。

一、公路工程量清单预算的编制内容

1. 工程量清单编制概念

工程量清单是招标单位按照招标文件中有关要求及技术规范的有关规定,将工程进行合

理分解,据此明确工程内容和范围,并将有关工程内容数量化的一套工程数量表。标价后工程量清单还是合同中各工程细目的单价及合同价格表。

2. 工程量清单的作用

工程量清单是合同文件的重要组成部分,是一份与技术规范相对应的文件,它是单价合同的产物。其作用在于:

(1)提供合同中关于工程量的足够信息,为所有投标人提供投标报价的共同基础,以使投标单位能统一、有效而准确地编写投标文件。

(2)是评标的基础。工程量清单由招标人提供,无论是标底的编制还是企业投标报价,都必须在清单的基础上进行,同样也为评标奠定了基础。

(3)在投标单位报价及签订合同后,标有单价的工程量清单是办理中期支付和结算以及处理工程变更计价的依据。

因此,工程量清单的编制质量直接关系到公路建筑产品的报价以及招投标阶段和施工阶段的造价控制。

3. 工程量清单分阶段编制内容

在我国目前的情况下,工程量清单计价作为一种市场价格的定价模式,其使用主要在工程招标投标阶段。因此,工程量清单计价的操作过程可以从招标、投标、评标三个阶段来阐述。

(1)工程招标阶段

招标单位在工程方案设计、初步设计或部分施工图设计完成后,即可委托标底编制单位(或招标代理单位)按照统一的工程量计算规则,以单位工程为对象,计算并列出各分部分项工程的工程量清单(应附有关的施工内容说明),作为招标文件的组成部分发放给各投标单位。其工程量清单的粗细程度、准确程度取决于工程的设计深度及编制人员的技术水平和经验。在分部分项工程量清单中,项目编码、项目名称、计量单位和工程数量等项由招标单位根据全国统一的工程量清单项目设置和计量规则填写。综合单价和合价由投标人根据自己的施工组织设计(如工程量的大小、施工方案的选择、施工机械和劳动力的配备、材料供应等)及招标单位对工程的质量要求等因素综合评定后填写。

(2)投标单位制作标书阶段

投标单位在对招标文件中所列的工程量清单进行审核时要视招标单位是否允许对工程量清单内所列的工程量误差进行调整而决定审核办法。如果允许调整,就要详细审核工程量清单内所列的各工程项目的工程量,对有较大误差的,通过招标单位答疑会提出调整意见,取得招标单位同意后进行调整;如果不允许调整工程量,则不需要对工程量进行详细的审核,只对主要项目或工程量大的项目进行审核,发现这些项目有较大误差时,可以利用调整这些项目单价的方法解决。根据我国现行的工程量清单计价办法,工程量清单单价采用综合单价。综合单价法即工程量清单的单价综合了人工费、材料费、机械台班费、措施费、企业管理费、规费、利润及税金等,并考虑风险费用的综合单价。综合单价法的优点是当工程量发生变更时,易于查对,能够反映本企业的技术能力、工程管理能力。

(3)评标阶段

在评标时可以对投标单位的最终总报价以及分部分项工程项目综合单价的合理性进行评

判。由于采用了工程量清单计价方法,所有投标单位都站在同一起跑线上,因而竞争更为公平合理,有利于实现优胜劣汰,而且在评标时应坚持倾向于合理低价中标的原则。当然,目前在评标时仍然可以采用综合计分的方法,即不仅考虑报价因素,而且还对投标单位的施工组织设计、企业业绩和信誉等按一定的权重分值分别进行计分,按总评分的高低确定中标单位。或者采用两阶段评标的办法,即先对投标单位的技术方案进行评判,在技术方案可行的前提下,再以投标单位的报价作为评标定标的唯一因素,这样既可以保证工程建设质量,又有利于业主选择一个合理的、报价较低的单位中标。

4. 工程量清单编制主要内容

工程量清单由说明、工程量清单两部分组成。

(1)说明

包括工程量清单说明、投标报价说明、计日工说明和其他说明。它对工程量清单的性质,承包人填报工程量清单的单价和合同价格的要求等作出明确规定。因此说明在招投标期间对如何进行工程报价有实质影响,并且对工程实施期间工程是否进行计量与支付,以及如何进行计量与支付有直接影响。

(2)工程量清单

工程量清单由工程量清单表、计日工表、暂估价表、投标报价汇总表、工程量清单单价分析表五个部分组成。

①工程量清单表共分为7章,分别为:

100章　总则

200章　路基

300章　路面

400章　桥梁涵洞

500章　隧道

600章　安全设施及预埋管线

700章　绿化及环境保护设施

路基工程工程量清单见表4-4。

工 程 量 清 单　　表4-4

清单　200章　路基					
子目号	子目名称	单位	数量	单价	合价
202	场地清理				
202-1	清理与掘除				
-a	清理现场	m^2			
-b	砍伐树木	棵			
-c	挖除树根	棵			
202-2	挖除旧路面				
-a	水泥混凝土路面	m^2			
-b	沥青混凝土路面	m^2			
-c	碎石路面	m^2			

续上表

清单　200 章　路基					
子目号	子目名称	单位	数量	单价	合价
202-3	拆除结构物				
-a	钢筋混凝土结构	m^3			
-b	混凝土结构	m^3			
-c	砖、石及其他砌体结构	m^3			
-d	金属结构	kg			
203	挖方路基				
203-1	路基挖方				
-a	挖土方	m^3			
-b	挖石方	m^3			
-c	挖除非适用材料(不含淤泥、岩盐、冻土)	m^3			
-d	挖淤泥	m^3			
-e	挖岩盐	m^3			
-f	挖冻土	m^3			
203-2	改河、改渠、改路挖方				
-a	挖土方	m^3			
-b	挖石方	m^3			
-c	挖除非适用材料(不含淤泥、岩盐、冻土)	m^3			
-d	挖淤泥	m^3			
-e	挖岩盐	m^3			
-f	挖冻土	m^3			

②计日工明细表。

计日工也称散工或点工,指在工程施工过程中,发包人可能有一些临时性的或新增加的项目,而且这种临时新增的项目的工程量在招投标阶段很难估计,希望通过招投标阶段事先定价,避免开工后可能有发生时出现的争端,故需要以计日工明细表的方法在工程量清单中予以明确。计日工明细表包括计日工劳务、计日工材料、计日工施工机械和计日工汇总表。具体表格详见《公路工程标准施工招标文件》(2018 年版)5.2 项“计日工表”,在此不一一列举。

③暂估价表。

暂估价是在工程招标阶段已经确定的材料、工程设备或工程项目,但又无法在投标时确定准确价格,而可能影响招标效果时,发包人在工程量清单中给定的一个暂估价。在工程实施阶段,根据不同类型的材料与专业工程再重新定价。暂估价表包括材料暂估价、工程设备暂估价和专业工程暂估价。具体表格详见《公路工程标准施工招标文件》(2018 年版)5.3 项。

④工程量清单汇总表。

工程量清单汇总表是将各章的工程细目表及计日工明细表进行汇总，加上暂列金额而得出该项目的总报价。工程量清单汇总表详见《公路工程标准施工招标文件》（2018 年版）5.4 项。

⑤工程量清单单价分析表。

工程量清单单价分析表是将清单表中综合单价的人工、材料、机械使用费以及管理费、税费、利润等相关费用进行分析计算的过程表。根据招标文件中的具体要求编制。工程量清单单价分析表详见表 4-5。

工程量清单单价分析表 表 4-5

<table>
<tr><th rowspan="3">序号</th><th rowspan="3">编码</th><th rowspan="3">子目名称</th><th colspan="3">人工费</th><th colspan="6">材料费</th><th rowspan="3">机械使用费</th><th rowspan="3">其他</th><th rowspan="3">管理费</th><th rowspan="3">税费</th><th rowspan="3">利润</th><th rowspan="3">综合单价</th></tr>
<tr><th rowspan="2">工日</th><th rowspan="2">单价</th><th rowspan="2">金额</th><th colspan="4">主材</th><th rowspan="2">辅材费</th><th rowspan="2">金额</th></tr>
<tr><th>主材耗量</th><th>单位</th><th>单价</th><th>主材费</th></tr>
<tr><td></td><td></td><td></td><td></td><td></td><td></td><td></td><td></td><td></td><td></td><td></td><td></td><td></td><td></td><td></td><td></td><td></td><td></td></tr>
<tr><td></td><td></td><td></td><td></td><td></td><td></td><td></td><td></td><td></td><td></td><td></td><td></td><td></td><td></td><td></td><td></td><td></td><td></td></tr>
<tr><td></td><td></td><td></td><td></td><td></td><td></td><td></td><td></td><td></td><td></td><td></td><td></td><td></td><td></td><td></td><td></td><td></td><td></td></tr>
<tr><td></td><td></td><td></td><td></td><td></td><td></td><td></td><td></td><td></td><td></td><td></td><td></td><td></td><td></td><td></td><td></td><td></td><td></td></tr>
</table>

二、公路工程量清单预算的编制方法

工程量清单编制包括清单说明、清单细目划分、工程数量整理几方面的工作。

1. 工程量清单说明的编制

工程量清单说明，在某些合同文件中又被称为清单前言，它对工程量清单的性质、承包人填报工程量清单的单价和合同价格的要求等作出明确规定，因此，该说明在招投标期间对如何进行工程报价有实质影响，在工程实施期间对工程是否进行计量与支付以及如何进行计量支付也有实质影响。在进行工程变更及费用索赔时，它的参考作用更明显，直接影响到监理工程师对单价的确定。

工程量清单说明编制应强调如下几个方面的内容。

（1）工程量清单与其他招标文件的关系，规定工程量清单应与投标人须知、合同条款、技术规范及图纸等文件结合起来查阅与理解。

（2）工程量清单中工程量的性质与作用。规定工程量清单的工程量是估算的数量或设计的预计数量，仅作为投标的共同基础，不作为最终结算与支付的依据。当工程量清单中所列工程量发生变动时，丝毫不会降低或影响合同条款的效力，也不免除承包人按规定的标准进行施工和修复缺陷的责任。

（3）工程量计算规则。工程量计算规则是根据招标文件中包括的、有合同约束力的图纸以及有关工程量清单的国家标准、行业标准、合同条款中约定的工程量计算规则编制。约定计量规则中没有的子目,其工程量按照有合同约束力的图纸所标示尺寸的理论净量计算。计量采用中华人民共和国法定计量单位。

(4)承包人填报工程量清单价格时的要求。主要有:

①工程量清单中的每一子目须填入单价或价格,且只允许有一个报价。

②除非合同另有规定,工程量清单中有标价的单价和总额价均已包括了为实施和完成合同工程所需的劳务、材料、机械、质检(自检)、安装、缺陷修复、管理、保险、税费、利润等费用,以及合同明示或暗示的所有责任、义务和一般风险。

③工程量清单中投标人没有填入单价或价格的子目,其费用视为已分摊在工程量清单中其他相关子目的单价或价格之中。承包人必须按监理人指令完成工程量清单中未填入单价或价格的子目,但不能得到结算与支付。

④符合合同条款规定的全部费用应认为已被计入有标价的工程量清单所列各子目之中,未列子目不予计量的工作,其费用应视为已分摊在本合同工程的有关子目的单价或总额价之中。

⑤承包人用于本合同工程的各类装备的提供、运输、维护、拆卸、拼装等支付的费用,已包括在工程量清单的单价与总额价之中。

⑥工程量清单中各项金额均以人民币(元)结算。

⑦计日工劳务单价应包括基本单价及承包人的管理费、税费、利润等所有附加费。

a. 劳务基本单价包括:承包人劳务的全部直接费用,如工资、加班费、津贴、福利费及劳动保护费等。

b. 附加费包括承包人的利润、管理、质检、保险、税费、易耗品的使用、水电及照明费、临时设施(工作台、脚手架)费、手动机具与工具的使用及维修,以及上述各项伴随而来的费用。

⑧计日工材料单价应包括基本单价及承包人的管理费、税费、利润等所有附加费。

a. 材料基本单价按供货价加运杂费(到达承包人现场仓库)、保险费、仓库管理费以及运输损耗等计算。从现场运至使用地点的人工费和施工机械使用费不包括在上述基本单价内。

b. 附加费包括承包人的利润、管理、质检、保险、税费及其他附加费。

⑨计日工施工机械的租价应包括施工机械的折旧、利息、维修、保养、零配件、油燃料、保险和其他消耗品的费用以及全部有关使用这些机械的管理费、税费、利润、司机与助手的劳务费等费用,在计日工作业中,承包人计算所用的施工机械费用时,应按实际工作小时支付。除非经监理人的同意,计算的工作小时才能将施工机械从现场某处运到监理人指令的计日工作业的另一现场往返运送的时间包括在内。

2. 工程量清单表的编制

工程量清单表又叫工程细目可分项清单表,通常根据招标工程的不同性质分章按顺序排列工程细目分章排列有利于将不同性质、不同位置、不同的施工阶段或其他特性不同的工程区别开来,同时,也有利于将那些需要采用不同施工方法或不同施工阶段或成本不一样的工程区别开来,反映了施工项目中各务部分项工程及其数量,它是工程量清单的主体部分。

工程细目是由招标人根据《公路工程标准施工招标文件》(2018 年版)、招标项目具体特点和实际需要编制,并与"投标人须知""通用合同条款""专用合同条款""技术规范""图纸"相衔接。

(1)工程细目的内容划分

按内容不同可分为以下两部分:

①工程量清单的"总则"部分。该部分说明合同需要发生的各种开办项目,其计价特点主要是采用总额包干,因此,其计量单位大部分为"总额"。

②根据图纸需要发生的工程细目部分。该部分说明了施工项目中各工程细目将要发生的工程量,计价特点是单价不变,实际工程量由计量确定。

(2)工程细目的划分原则

①和技术规范保持一致性。工程量清单各工程细目在名称、单位等方面都应和技术规范相一致,以便承包人清楚各工程细目的内涵和准确地填写各细目的单价。因此,在采用《公路工程标准施工招标文件》(2018 年版)时,其工程细目划分应尽量与《公路工程标准施工招标文件》(2018 年版)相一致,如果根据实际需要对某些工程细目重新予以划分,则应注意修改技术规范的相应内容(包括相应的计量与支付方法)。

②便于计量支付、合同管理以及处理工程变更。工程细目的大小要科学。工程细目可大可小,工程细目小有利于处理工程变更的计价,但计量工作量和计量难度会因此增加;工程细目大可减少计量工作量,但太大难以发挥单价合同的优势,不便于变更工程的处理(计价)另外,工程细目大也会使得支付周期延长,承包人的资金周转发生困难,最终影响合同的正常履行和合同的严肃性。

例如,桥梁工程有基础挖方项目,由于计价中包含了基础回填等工作,所以承包人必须等到基础回填工作完成以后才能办理该项目的计量支付,其支付周期有半年甚至更长的时间,以致影响承包人的资金周转,不利于合同的正常履行。但如果将基础开挖和基础回填分成两个工程细目,则可以避免上述问题。工程细目小会增加计量工作量,但对处理工程变更和合同管理是有利的。

例如,路基挖方中弃方运距的处理问题,实践中有两种处理方案,一种是路基挖方单价中包括全部弃方运距,另一种是路基挖方中包含部分弃方运距(如 500m 或 1000m),而超过该运距的弃方运费单独计量与支付。可以说,如果弃土区明确且施工中不出现变更的话,上述两种处理方案是一样的(而且前一种方式可减少计量工作量)。但是,一旦弃土区变更或发生设计变更,由于弃土运距发生变化,则第一种方式的单价会变得不适应,双方必须按变更工程协商确定新的单价(使投标和合同单价失效),而采用第二种方式时合同中的单价仍然是适用的,原则上可以按原单价办理结算。

③保持合同的公平性。为保持合同的公平性应将开办项目作为独立的工程细目单列出来。开办项目往往是一些一开工就要全部或大部分发生,甚至开工前就要发生的项目,如工程保险、承包人的驻地建设、临时工程等。如将这些项目包含在其他项目的单价中,则承包人开工时上述各种款项不能得到及时支付,这不仅影响合同的公平性和承包人的资金周转,而且会影响招标中预付款的数量(预付款的数量要增加),并且会加剧承包人的不平衡报价(承包人会将开工早的工程细目报价提高,以尽早收回成本),并因此影响变更工程的计价。

④保持清单的灵活性。为了使清单在实施中具有一定的灵活性,工程量清单中应备有计日工清单。设立计日工清单的目的是用来处理一些小型变更工程(小到可以用日工的形式来计价)计价,使工程量清单在造价管理上的可操作性更强。为加强承包人的计日工报价的合

理性,在编制工程量清单时应事先假定各计日工的数量。

3. 工程数量整理

工程量清单的工程量是反映承包人的义务量大小及影响造价管理的重要数据。整理工程址的依据是设计图纸和技术规范,整理工程量的工作是一项技术工作,绝不是简单地罗列设计文件中的工程量。在整理工程量时应根据设计图纸及调查所得的数据,在技术规范的计量与支付方法的基础上进行综合计算。同一工程细目,其计量方法不同,所整理出来的工程量会不一样。设计文件中工程量所对应的计量方法与技术规范中的计量方法不一定一致,这就需要在整理工程量的过程中进行技术处理。在工程量的整理计算中,应认真、细致,保证其准确性,做到不重不漏,不发生计算错误。

(1)工程数量错误造成的影响:

①工程量的错误一旦被承包人发现,承包人会利用不平衡报价给业主带来损失。实际工程量与清单工程量出入很大时,承包人会在总报价维持不变的基础上对实际工程量会增加的细目填报较高的单价,使得在施工过程中按实际工程量计量支付时,该项目费用增加很多,从而给业主造成损失。

工程量的错误会引起合同总价的调整和索赔(或反索赔)。

②工程量的错误还会增加变更工程和费用索赔的处理难度。由于承包人可能采用了不平衡报价,所以当合同发生工程变更而引起工程量清单中工程量的增减时,因不平衡报价对所增减的工程量计价不适应,会使得监理人不得不和发包人及承包人协商确定新的单价来对变更工程进行计价,以致合同管理的难度增加。

③工程量的错误会造成投资控制和预算控制的困难。由于合同的预算通常是根据投标报价加上适当的预留费后确定的,工程量的错误还会造成项目管理中预算控制的困难和增加追加预算的难度。因此,工程量的准确性应予保证,其误差最大不应超过5%。

(2)根据《公路工程标准施工招标文件》(2018年版)第八章工程量清单计量规则进行工程数量计算整理。

4. 工程量清单预算编制计价方法

工程量清单预算中,各项费用可采用不同计价方法,主要计价方法有:

(1)综合单价法计价

编制工程量清单预算时,对于分部分项工程费用计价应采用综合单价法。对于可计量的措施项目也采用综合单价法。

综合单价的内容应包括人工费、材料费、机械费、措施费、企业管理费、规费、利润和税金。综合单价应按照招标人发布的分部分项工程量清单的项目名称、工程量、项目特征描述,依据工程所在地区颁发的计价定额和人工、材料、机械台班价格信息等进行组价确定。综合单价法的组价步骤如下:

①依据提供的工程量清单和施工图纸,按照工程所在地或行业颁发的计价定额规定,确定所组价的定额项目名称,并计算出相应的工程量。

②依据工程造价政策规定或工程造价信息确定其人工、材料、机械台班单价。

③依据计价定额,并在考虑风险因素确定管理费率和利润率的基础上,按式4-4计算组价

定额项目的合价。

$$\text{定额项目合价}=\text{定额项目工程量}\times[\sum(\text{定额人工消耗量}\times\text{人工单价})+\sum(\text{定额材料消耗量}\times\text{材料单价})+\sum(\text{定额机械台班消耗量}\times\text{机械台班单价})+\text{措施费}+\text{企业管理费}+\text{规费}+\text{利润}+\text{税金}] \tag{4-4}$$

④将若干项组价的定额项目合价相加再除以工程量清单项目工程量，便得到工程量清单项目综合单价式(4-5)。对于未计价材料费(包括暂估单价的材料费)也应计入综合单价：

$$\text{工程量清单综合单价}=\frac{\sum(\text{定额项目合价}+\text{未计价材料费})}{\text{工程量清单项目工程量}} \tag{4-5}$$

在确定综合单价时，应考虑一定范围内的风险因素。在招标文件中应通过预留一定的风险费用，或明确说明风险所包括的范围及超出该范围的价格调整方法。对于招标文件中未做要求的可按以下原则确定：

①对于技术难度较大和管理复杂的项目，可考虑一定的风险费用，并纳入综合单价中。

②对于设备、材料价格的市场风险，应依据招标文件的规定、工程所在地或行业工程造价管理机构的有关规定以及市场价格趋势，考虑一定率值的风险费用，纳入综合单价中。

③税金、规费等法律、法规、规章和政策变化的风险和人工单价等风险费用不应纳入综合单价。

(2)费率法计价

招标控制价中对于措施项目费用、企业管理费用、规费、利润、税金等费用采用费率法计价。对于措施项目费用，当措施项目可计量时，措施项目费用的计算采用单价法计价；对于不能精确计量的措施项目，可采用费率法计价。

采用费率法时应按《概预算编制办法》先确定某项费用的计费基数，测定其费率然后将计费基数与费率相乘得到费用。费率法计价的基本公式见式(4-6)。

$$\text{某项费用}=\text{该项费用计费基数}\times\text{费率} \tag{4-6}$$

采用费率法计价的项目应依据招标人提供的工程量清单项目，按照国家或省级、行业建设主管部门的规定，充分考虑施工管理水平和拟建采用的施工方案，合理确定计费基数和费率。如安全文明施工费应按国家或省级、行业建设主管部门的规定计价，不得作为竞争性费用。

规费应按照国家或省级、行业建设主管部门的规定确定计费基数和费率计算，不得作为竞争性费用。

税金应按照国家或省级、行业建设主管部门的规定，结合工程所在地情况确定综合税率计算，不得作为竞争性费用。

(3)其他方法计价

①暂列金额

为保证工程施工建设的顺利实施，在编制工程量清单预制价时应对施工过程中可能出现的各种不确定因素对工程造价的影响进行估算，列出一笔暂列金额。暂列金额可根据工程的复杂程度、设计深度、工程环境条件(包括地质、水文气候条件等)进行估算。

②暂估价

暂估价包括材料暂估价和专业工程暂估价。暂估价中的材料单价应按照工程造价管理机构发布的工程造价信息中的材料单价计算,工程造价信息未发布的材料单价,其单价参考市场价格估算;暂估价中的专业工程暂估价应分不同专业,按有关计价规定估算。

③计日工

计日工包括计日人工、材料和施工机械。对计日工中的人工单价和施工机械台班单价应按地方行业建设主管部门或其授权的工程造价管理机构公布的单价计算;材料可参照工程造价管理机构发布的工程造价信息计算,工程造价信息未发布材料单价的材料,其价格应按市场调查确定的单价计算。

三、公路工程量清单预算的审查与确定

工程量清单预算的审查应根据工程量清单预算编制依据,建设工程项目的规模、特征、性质、编制或委托方的要求以及招标人发布的招标控制价进行审查。其审查方法包括重点审查法、全面审查法。重点审查法适用于投标人对个别项目进行投诉的情况,全面审查法适用于各类项目的审查。

应重点审查的内容有:

(1)工程量清单预算的项目编码、项目名称、工程数量、计量单位等是否与发布的招标工程量清单项目一致。

(2)工程量清单预算的总价是否全面,汇总是否正确。

(3)工程量清单预算分部分项工程综合单价的组成是否符合现行国家标准(如《建设工程工程量清单计价规范》)和其他工程造价计价依据的要求。

(4)工程量清单预算措施项目施工方案是否正确、可行,费用的计取是否符合现行清单计价规范和其他工程造价计价依据的要求。安全文明施工费是否执行了国家或省级、行业建设主管部门的规定。

(5)工程量清单预算中企业管理费、利润、风险费以及主要材料及设备的价格是否正确、得当。

(6)工程量清单预算中规费、税金是否符合现行国家标准要求,是否执行了国家或省级、行业建设主管部的规定。

四、公路工程投标报价的编制与确定

投标单位根据招标文件及有关计算工程造价的计价依据,计算出投标报价,并在此基础上研究投标策略,提出更有竞争力的投标报价。这项工作对投标单位投标的成败和将来实施工程的盈亏起着决定性作用。

1. 投标报价的构成

(1)内部标价构成

所谓的内部标价,是指投标单位根据设计图纸和技术规范,施工现场实际情况及拟定的施工方案或施工组织设计,企业定额和市场价格信息,并参照公路建设行政主管部门发布的定额计算的完成本工程所需的全部费用,但不是按照工程量清单格式计算的费用。它是递交标书

前投标单位内部控制的标价。

建筑安装工程费是施工单位在施工中所花费的全部费有，从报价的角度看可以划分为直接费、待摊费、分包费和暂列金额。

(2)对外标价构成

对外标价是将本工程全部费用(内部标价)，按照投标文件中的工程量清单格式计算的标价。它是在内部标价计算的基础上，经过分析、组成、分配后对外做出的最终报价。

$$\text{总标价} = \sum(\text{工程量清单细目单价} \times \text{细目工程量}) + \text{暂定金额} + \text{计日工} \tag{4-7}$$

$$\text{工程量清单细目工程单价} = \text{工程细目直接工程费} \times \text{待摊费用系数} \tag{4-8}$$

2. 投标报价主要考虑因素

投标人要想在投标中获胜，首先就要考虑主客观制约条件，这是影响投标决策的重要因素。

(1)主观因素

从本企业的主观条件，各项业务能力和能否适应投标工程的要求进行衡量，主要考虑：

①设计能力。

②机械设备能力。

③工人和技术人员的操作技术水平。

④以往对类似工程的经验。

⑤竞争的激烈程度。

⑥器材设备的交货条件。

⑦中标承包后对以后本企业的影响。

⑧对工程的熟悉程度和管理经验。

(2)客观因素

①工程的全面情况。包括设计图和说明书，现场地上、地下条件，如地形、交通、水源、电源、土壤地质、水文气象等。这些都是拟订施工方案的依据和条件。

②业主及其代理人(工程师)的基本情况，包括资历、业务水平、工作能力、个人的性格和作风等。这些都是有关今后在施工承包结算中能否顺利进行的主要因素。

③劳动力的来源情况。如当地能否招募到比较廉价的工人，以及当地工会对承包商在劳务问题上能否合作的态度。

④建筑材料和机械设备等资源的供应来源、价格、供货条件及市场预测等情况。专业分包，如空调、电气、电梯等专业安装力量情况。

⑤银行贷款利率、担保收费、保险费率等与投标报价有关的因素。

⑥国家及当地各项法律法规。如企业法、合同法、劳动法、关税、外汇管理法、工程管理条例及技术规范等。

⑦竞争对手的情况。包括对手企业的历史、信誉、经营能力、技术水平、设备能力、以往投标报价的情况和经常采用的投标策略等。

对以上这些客观情况的了解，除了有些可以从投标文件和业主对招标公司的介绍、勘察现场获得外，必须通过广泛的调查研究、询价、社交活动等多种渠道才能获得。在某些国家甚至有通过收买代理人偷窃标底的情况，但是在我们国家这些是不可取的。

3. 投标报价策略

投标报价策略指承包人在投标竞争中的系统工作部署及其参与投标竞争的方式和手段。投标决策人召集算标人、高级顾问人员共同研究，就标价计算结果和标价的静态、动态风险分析进行讨论，作出调整计算标价的最后决定。

一般说来，报价决策并不仅限于具体计算，而是应当由决策人、高级顾问与算标人员一起，对各种影响报价的因素进行恰当的分析，除了对算标时提出的各种方案、基价、费用摊入系数等予以审定和进行必要的修正外，更重要的是要综合考虑期望的利润和承担风险的能力。低报价是中标的重要因素，但不是唯一因素。

投标人的决策活动贯穿于投标全过程，是工程竞标的关键。投标的实质是竞争，竞争的焦点是技术、质量、价格、管理、经验和信誉等综合实力。因此必须随时掌握竞争对手的情况和招标业主的意图，及时制定正确的策略，争取主动。投标策略主要有投标目标策略、技术方案策略、投标方式策略、经济效益策略等。

(1) 投标目标策略

投标目标策略指导投标人应该重点选择哪些招标项目去投标。

(2) 技术方案策略

技术方案和配套设备的档次（品牌、性能和质量）的高低决定了整个工程项目的基础价格，投标前应根据业主投资的大小和意图进行技术方案决策，并指导报价。

(3) 投标方式策略

投标方式策略指导投标人是否联合合作伙伴投标。依靠大型企业的技术、产品和声誉的支持进行联合投标是提高中小型企业竞争力的一种良策。

(4) 经济效益策略

经济效益策略直接指导投标报价。制订报价策略必须考虑投标者的数量、主要竞争对手的优势、竞争实力的强弱和支付条件等因素，根据不同情况可计算出高、中、低三套报价方案。

(5) 常规价格策略

常规价格即中等水平的价格，根据系统设计方案，核定施工工作量，确定工程成本，经过风险分析，确定应得的预期利润后进行汇总。然后再结合竞争对手的情况及招标方的心理底价，对不合理的费用和设备配套方案进行适当调整，确定最终投标价。

(6) 保本微利策略

如果夺标的目的是为了在该地区打开局面，树立信誉、占领市场和建立样板工程，则可采取微利保本策略。甚至不排除承担风险，宁愿先亏后盈。此策略适用于以下情况：

①投标对手多、竞争激烈、支付条件好、项目风险小。

②技术难度小、工作量大、配套数量多、都乐意承揽的项目。

③为开拓市场，急于寻找客户或解决企业目前的生产困境。

(7) 高价策略

符合下列情况的投标项目可采用高价策略：

①专业技术要求高、技术密集型的项目。

②支付条件不理想、风险大的项目。

③竞争对手少，各方面自己都占绝对优势的项目。

④交工期甚短,设备和劳力超常规的项目。

⑤特殊约定(如要求保密等)需有特殊条件的项目。

4.报价技巧

报价技巧是指在投标报价中采用一定的手法或技巧使业主可以接受,而中标后又能获得更多的利润,常采用的报价技巧有:

(1)不平衡报价法

不平衡报价法是指一个工程项目总报价基本确定后,通过调整内部各个项目的报价,以期既不提高总报价、不影响中标,又能在结算时得到更理想的经济效益。

一般可以考虑在以下几方面采用不平衡报价:

①能够早日结账收款的项目可适当提高其综合单价。

②预计今后工程量会增加的项目,单价适当提高;将工程量可能减少的项目单价降低。

③设计图不明确,估计修改后工程量要增加的,可以提高单价;而工程内容解说不清楚的,则可适当降低一些单价,待澄清后可再要求提价。

④暂定项目,又叫任意项目或选择项目,对这类项目要具体分析。

(2)多方案报价法

对于一些招标文件,如果发现工程范围不很明确,条款不清楚或很不公正,或技术规范要求过于苛刻时,则要在充分估计投标风险的基础上,按多方案报价法处理。即按原招标文件报一个价,然后再提出,如某某条款做某些变动,报价可降低多少,由此可报出一个较低的价。这样,可以降低总价,吸引业主。

(3)增加建议方案法

有时招标文件中规定,可以提一个建议方案,即可以修改原设计方案,提出投标者的方案。投标者这时应抓住机会,组织一批有经验的设计和工程师,对原招标文件的设计和施工方案仔细研究,提出更为合理的方案以吸引业主,促成自己的方案中标。建议方案不要写得太具体,要保留方案的技术关键,防止业主将此方案交给其他承包人。同时要强调的是,建议方案一定要比较成熟,有很好的可操作性。

(4)分包人报价的采用

总承包人在投标前找2~3家分包人分别报价,而后选择其中一家信誉较好、实力较强和报价合理的分包人签订协议,同意该分包人作为本分包工程的唯一合作者,并将分包人的姓名列到投标文件中,但要求该分包人相应地提交投标保函。如果该分包人认为这家总承包人确实有可能中标,他也许愿意接受这一条件。这种把分包人的利益同投标人捆在一起的做法,不但可以防止分包人事后反悔和涨价,还可能迫使分包人报出较合理的价格,以便共同争取中标。

(5)突然降价法

投标报价中各竞争对手往往通过多种渠道和手段来刺探对手的情况,因而在报价时可以采取迷惑对手的方法。既先按一般情况报价或表现出自己对该工程兴趣不大,快到投标截止时再突然降价,为最后中标打下基础,采用这种方法时,一定要在准备投标限价的过程中考虑好降价的幅度,在临近投标截止日期前,根据情报信息与分析判断,再做最后决策。

(6)根据招标的不同特点采用不同的报价

投标报价时,既要考虑自身的优势和劣势,也要分析招标项目的特点。按照工程项目的不同特点、类别和施工条件等来选择报价策略。

①遇到如下情况，报价可高一些：施工条件差的项目；专业要求高的技术密集型工程，而本公司在这些方面又有专长，声望也较高；总价低的小工程，以及自己不愿做、又不方便不投标的工程；特殊的工程，如港口码头、地下开挖工程等；工期要求急的工程；投标对手少的工程；支付条件不理想的工程等。

②遇到如下情况，报价可以低一些：施工条件好的工程，工作简单、工程量大而一般公司都可以做的工程；本公司目前急于打人某一市场、某一地区，或在该地区面临工程结束，机械设备等无工地转移时；本公司在附近有工程，而本项目又可以用该工程的设备、劳务，或有条件短期内突击完成的工程；投标对手多，竞争激烈的工程；非急需工程；支付条件好的工程等。

(7)计日工单价的报价

如果是单纯报计日工单价，而且不计入总价中，则可以报高些，以便在业主额外用工或使用施工机械时多盈利。但如果计日工单价要计入总报价时，则需具体分析是否报高价，以免抬高总报价。总之，要分析业主在开工后可能使用的计日工数量，再来确定报价方针。

(8)可供选择的项目的报价

有些工程项目的分项工程，业主可能要求按某一方案报价，而后再提供几种可供选择方案的比较报价。但是，所谓“供选择项目”并非由承包人任意选择，而是业主才有权选择。因此，虽然提高了可供选择项目的报价，并不意味着肯定取得较好的利润，只是供了一种可能性，一旦业主今后选用，承包人即可得到额外加价的利益。

(9)暂定工程量的报价

暂定工程量有三种：一种是业主规定了暂定工程量的分项内容和暂定总价款，并规定所有投标人都必须在总报价中加入这笔固定金额，但由于分项工程量不很准确，允许将来按投标人所报单价和实际完成的工程量付款。另一种是业主列出了暂定工程量的项目和数量，但并没有限制这些工程量的估价总价款，要求投标人既要列出单价，又要按暂定项目的数量计算总价，当将来结算付款时可按实际完成的工程量和所报单价支付。第三种是只有暂定工程的一笔固定总金额，将来这笔金额做什么用，由业主确定。

第一种情况，由于暂定总价款是固定的，对各投标人的总报价水平、竞争力没有任何影响，因此，投标时应当对暂定工程量的单价适当提高。这样做，既不会因今后工程量变更而吃亏，也不会削弱投标报价的竞争力。第二种情况，投标人必须慎重考虑。如果单价定得高了，将会增大总报价，将影响投标报价的竞争力；如果单价定得低了，将来这类工程量增大，将会影响收益。一般来说，这类工程量可以采用正常价格，如果承包商估计今后实际工程量肯定会增大，则可适当提高单价，使将来可增加额外收益。第三种情况，对投标竞争没有实际意义，按招标文件要求将规定的总报价款列入总报价即可。

(10)无利润算标

缺乏竞争优势的承包人，在不得已的情况下，只好在做标中不考虑利润，以期夺标。这种办法一般是处于以下条件时采用：

①有可能在中标后，将部分工程分包给索价较低的一些分包人。

②对于分期建设的项目，先以低价获得首期工程，而后创造机会赢得第二期工程中的竞争优势，并在以后的实施中赚得利润。

③较长时期内,承包人没有在建的工程项目,如果再不中标就难以维持生存。因此,虽然本工程无利可图,但能维持公司的正常运转,渡过暂时的困难,以求将来的发展。

第五节　公路工程施工阶段工程造价的确定和控制

公路建设项目施工阶段是按照设计文件、咨询等要求,具体组织施工建造的阶段,即实现设计蓝图的过程。

施工阶段工程造价的确定与控制,一直是工程造价管理的重要内容。承包商通过施工生产活动完成公路建设工程产品的实物形态,公路建设项目投资的绝大部分支出花费都在这个阶段。由于建设项目施工是一个动态系统的过程,涉及环节多、难度大、样式多;另外设计图、施工条件、市场价格等因素的变化都会直接影响工程的实际价格;加上项目实施阶段是业主和承包商工作的中心环节,也是业主和承包商工程造价管理的中心,各类工程造价从业人员的主要造价工作就集中于这一阶段,因此,这一阶段的工程造价管理最为复杂,是工程造价确定与控制理论和方法的重点和难点所在。

施工阶段工程造价控制的内容即施工阶段工程费用的结算与支付,施工阶段工程造价控制的目标,就是把工程造价控制在承包合同价或施工图预算内,并力求在规定的工期内生产出质量好、造价低的建设(或建筑)产品。

一、公路工程费用结算与支付的编制内容

根据《公路工程标准施工招标文件》(2018 年版)内容,公路工程费用结算与支付又可称为计量与支付。

工程结算与支付,是指施工单位按合同约定和要求对已完成工程项目进行验收、计算和确认,并报送工程师,将工程师认可的实际、准确的工程量与施工单位合同清单中该项工程单价相乘得出的工程结算费用,最后从建设单位获得支付的过程。

工程结算与支付,按不同的分类方法,可以划分为以下几种。

(1)按时间分类可分为前期结算与支付、中期结算与支付、交工结算与支付和最终结算与支付(即竣工结算与支付)。

①前期结算与支付

即施工前的预付款,有开工预付款和材料预付款两类。

②中期结算与支付

即施工中进行的结算,公路工程施工过程中一般按月进度支付,是根据每月完成的工程量按合同清单价格计算的工程价款及合同规定应结算支付的其他款项。

③交工结算与支付

即在本合同完工或基本完工,工程师签发交工证书后办理的结算支付工作。

④最终结算与支付

即在缺陷责任期结束,监理工程师签发缺陷责任证书后,办理的最后一次结算(支付)

工作。

(2)按内容分类可分为工程量清单内的结算支付和工程量清单外、合同内的结算支付。

①工程量清单内的结算支付。

是按合同条件和技术规范,通过监理工程师的质量检查、计量,确认已完的工程量,然后按确认的工程数量与合同清单中的单价,结算和支付工程量清单中的各项工程费用,简称清单支付。清单支付是中期结算支付中的主要项目,占很大的比重。

②工程量清单外、合同内的结算支付。

是按合同规定,并且监理工程师根据工程实际情况和现场证实资料,确认清单外的各项工程费用,如索赔费用、工程变更费用、价格调整费用等,简称合同支付。合同支付在中期结算中虽然所占比重较小,却是较难控制和掌握的,它一方面取决于合同规定,另一方面取决于工程施工中实际遇到的客观条件和各种干扰。

(3)按合同执行情况分类。

根据合同执行是否顺利,可分为正常结算支付和合同终止后的结算支付两类。

①正常结算是指发包人与承包人双方共同遵守合同约定,使工程按合同规定内容顺利实施并结算。

②合同终止后的结算是指发包人或承包人违约或发生了双方无法控制的不可抗力,使合同不可能继续履行而终止时,发包人向承包人所作的结算支付。

二、公路工程费用结算与支付的编制方法

1.工程量清单内结算的费用项目

(1)进度付款

进度付款是根据承包人每个付款周期实际完成的符合质量要求并经监理人计量确认的工程量清单子目工程数量乘以相应的单价计算确定。

$$\text{周期进度付款}=\text{本周期实际完成的合格工程数量}\times\text{相应的清单单价} \tag{4-9}$$

(2)计日工

合同中通常含有计日工明细表,表中列有不同劳务、材料、施工设备的估计数量,计日工单价由承包人报价、然后将汇总的计日工价合计在投标总价中。工程实施中,按监理人的指令进行。

在工程实施过程中,发包人认为有必要时,由监理人通知承包人以计日工方式实施变更的零星工作,其价款按列入已标价工程量清单中的计日工计价子目及其单价进行计算。采用计日工计价的任何一项变更工作,应从暂列金额中支付,承包人应在变更的实施过程中,每天提交以下报表和有关凭证报送监理人审批:

①工作名称、内容和数量。

②投入该工作所有人员的姓名、工种、级别和耗用工时。

③投入该工作的材料类别和数量。

④投入该工作的施工设备型号、台数和耗用台时。

⑤监理人要求提交的其他资料和凭证。

计日工由承包人汇总后,按合同的约定列入进度付款申请单,由监理人复核并经发包人同意后列入进度付款。

(3)暂列金额

暂列金额在已标价工程量清单中列出,用于在签订协议书时间尚未确定或不可预见变更的施工及其所需材料、工程设备、服务等的金额,包括以计日工方式支付的金额。

对于经发包人批准的每一笔暂列金额,监理人有权向承包人发出实施工程或提供材料、工程设备或服务的指令。这些指令应由承包人完成,监理人应根据合同条款约定的变更估价原则和规定,对合同价格进行相应调整。

当监理人提出要求时,承包人应提供有关暂列金额支出的所有报价单、发票、凭证和账单或收据,除非该工作是根据已标价工程量清单列明的单价或总额价进行的估价。

(4)暂估价

在工程招标阶段已经确定的材料、工程设备或工程项目,但又无法在当时确定准确价格,而可能影响招标效果时,发包人在工程量清单中给定一个暂估价。因此,暂估价是用于支付必然发生但暂时不能确定价格的材料、设备以及专业工程的金额。

暂估价在工程实施过程中,对于不同类型的材料与专业工程采用不同的计价方法。发包人在工程量清单中给定暂估价的材料、工程设备和专业工程属于依法必须招标的范围并达到规定的规模标准的,由发包人和承包人以招标的方式选择供应商或分包人。发包人和承包人的权利义务关系在专用合同条款中约定。中标金额与工程量清单中所列暂估价的金额差以及相应税金等其他费用列入合同价格。

发包人在工程量清单中给定暂估价的材料和工程设备不属于依法必须招标的范围或未达到规定的规模标准的,应由承包人按合同的约定提供。经监理人确认的材料、工程设备的价格与工程量清单中所列的暂估价的金额差以及相应的税金等其他费用列入合同价格。

发包人在工程量清单中给定暂估价的专业工程不属于依法必须招标的范围或未达到规定的规模标准的,由监理工程师按照合同规定进行估价,但专用合同条款另有约定的除外。经估价的专业工程与工程量清单中所列的暂估价的金额差,以及相应的税金等其他费用列入合同价格。

2. 工程量清单以外、合同以内的费用项目

是指那些没有包括在工程量清单以内、但根据合同条款规定应该结算的费用项目。包括开工预付款、材料预付款、质量保证金、工程变更费用、价格调整费用、索赔费用、拖期违约损失偿金、提前竣工奖金、迟付款利息等费用项目。

(1)开工预付款

根据专用条款规定,承包人有权得到发包人提供的一笔相当于合同价值一定比例的无息开工预付款,用于支付开工初期各项准备工作的款项。开工预付款的金额在合同专用条款数据表中约定,并且在施工期间按合同规定分批扣回。承包人无须向发包人提交预付款保函,承包人提交的履约保证金对预付款的正常使用承担保证责任。

①开工预付款的支付条件

在承包人签订了合同协议书且承包人承诺的主要设备进场后,监理人应在当期进度付款证书中向承包人支付开工预付款,《公路工程标准施工招标文件》(2018 年版)项目专用合同条款数据表规定开工预付款金额一般为签约合同价的 10%。承包人不得将该预付款用于与

本工程无关的支出,监理人有权监督承包人对该项费用的使用,如经查实承包人滥用开工预付款,发包人有权立即向银行索赔履约保证金,并解除合同。

②开工预付款的扣回

开工预付款在进度付款证书的累计金额未达到签约合同价的 30% 之前不予扣回,在达到签约合同价 30% 之后,开始按工程进度以固定比例(即每完成签约合同价的 1%,扣回开工预付款的 2%)分期从各月的进度付款证书中扣回,全部金额在进度付款证书的累计金额达到签约合同价的 80% 时扣完。

(2)材料、设备预付款

材料、设备预付款是由发包人预先支付给承包人的一定比例的材料、设备款项,以供购进将用于和安装在永久工程中的各种材料、设备。材料设备预付款按合同专用合同条款数据表中所列主要材料、设备单据费用(进口的材料、设备为到岸价,国内采购的为出厂价或销售价,地方材料为堆场价)的百分比支付,《公路工程标准施工招标文件》(2018 年版)项目专用合同条款数据表规定一般为 70% ~75%,最低不少于 60%。该费用支付和扣回应严格按合同文件的规定进行。承包人也无须向发包人提交预付款保函,承包人提交的履约保证金对预付款的正常使用承担保证责任。

①材料、设备预付款的支付条件

材料、设备符合规范要求并经监理工程师认可;承包人已出具材料、设备费用凭证或支付单据;材料设备已在现场交货,且存储良好,监理工程师认为材料、设备的质量及其存储方法符合要求。

符合支付条件后,监理人将应将此项支付的金额作为材料、设备预付款计入下一次的进度付款证书中。在预计交工前 3 个月,将不再支付材料、设备预付款。

②材料、设备预付款扣回

当材料、设备已用于或安装在永久工程之中时,材料、设备预付款应从进度付款证书中扣回,扣回时间不超过 3 个月。已经支付材料、设备预付款的材料、设备的所有权属于发包人。

(3)质量保证金

质量保证金(以下简称"保证金")是指发包人与承包人在工程承包合同中约定,从应付的工程款中预留,用以保证承包人在缺陷责任期内对工程出现的缺陷进行维修的资金。《公路工程标准施工招标文件》(2018 年版)项目专用合同条款数据表规定保证金最高不超过合同价格的 3%,其计算额度不包括预付款的支付、扣回以及价格调整的金额。

①保留金的扣留

保证金的金额是按项目专用合同条款数据表规定的百分比扣留。扣留时间从第一个付款周期开始,应支付给承包人的工程结算款额中扣留,直至金额达到项目专用合同条款约定的金额或比例为止。质量保证金的计算额度不包括预付款的支付、扣回以及价格调整的金额。

②保证金的缺陷责任修复责任

缺陷责任期内,由承包人原因造成的缺陷,承包人应负责维修,并承担鉴定及维修费用。如承包人不维修也不承担费用,发包人可按合同约定扣除保证金并由承包人承担违约责任。承包人维修并承担相应费用后,不免除对工程的一般损失赔偿责任。由他人原因造成的缺陷,发包人负责组织维修,承包人不承担费用,且发包人不得从保证金中扣除费用。

缺陷责任期满时,承包人没有完成缺陷责任的,发包人有权扣留与未履行责任剩余工作所需金额相应的质量保证金余额,并有权根据约定要求延长缺陷责任期,直至完成剩余工作为止。

③保证金的退还

约定的缺陷责任期满,承包人向发包人申请返还承包人剩余的质量保证金金额。发包人应在 14 天内会同承包人按照合同约定的内容核实承包人是否完成缺陷责任。如无异议,发包人应当在核实后将剩余保证金返还承包人。

(4)农民工工资保证金

《公路工程标准施工招标文件》(2018 年版)17.3.5 款规定:

①为确保施工过程中农民工工资实时、足额发放到位,承包人应按照项目专用合同条款约定的时间和金额缴存农民工工资保证金。

②农民工工资保证金可采用银行保函或现金、支票形式。采用银行保函时,出具保函的银行须具有相应担保能力,且按照发包人批准的格式出具,所需费用由承包人承担。

③农民工工资保证金的扣留条件、返还时间按照项目专用合同条款的约定执行。

(5)工程变更费用

工程变更是指在工程履行合同中发生了以下情形,则应按《公路工程标准施工招标文件》(2018 年版)第 15 条进行变更:

①取消合同中任何一项工作,但被取消的工作不能转由发包人或其他人实施,由于承包人违约造成的情况除外。

②改变合同中任何一项工作的质量或其他特性。

③改变合同工程的基线、标高、位置或尺寸。

④改变合同中任何一项工作的施工时间或改变已批准的施工工艺或顺序。

⑤为完成工程需要追加的额外工作。

显然,由于勘测、设计、试验与实际的差异,在合同执行过程中,工程变更是不可避免的,为了更加合理的完成工程,工程变更也是很有必要的。当工程发生变更时,监理人应根据合同文件和工程实际情况对工程变更费用进行合理的估价。估价原则应按《公路工程标准施工招标文件》(2018 年版)专用合同条款中 15.3.2 条进行。

(6)价格调整费用

工程建设的周期往往都较长,在这样一个比较长的建设周期中,无论是发包人还是承包人都必须考虑到与工程有关的各种价格变化,由物价波动引起的价格调整原则应按《公路工程标准施工招标文件》(2018 年版)专用合同条款中 16 条执行。

(7)逾期交工违约金

逾期交工违约金是指承包人未能按合同工期完成工程施工,或在监理人批准的延期内完成工程的施工而给予发包人的补偿。为此,《公路工程标准施工招标文件》(2018 年版)专用条款 11.5.3 作出专门的规定:由于承包人原因造成工期延误,承包人应支付逾期交工违约金。逾期交工违约金的计算方法在项目专用合同条款数据表中约定,时间自预定的交工日期起到交工验收证书中写明的实际交工日期止(扣除已批准的延长工期),按天计算。逾期交工违约金累计金额最高不超过专用合同条款数据表中写明的限额(一般为签约合同价的 10%)。发包人可以从应付或到期应付给承包人的任何款项中或采用其他方法扣除此违约金。承包人支付逾期交工违约金，不免除承包人完成工程及修补缺陷义务。

(8)提前竣工资金

发包人要求承包人提前竣工，或承包人提出提前竣工的建议能够给发包人带来效益的，应由监理工程师与承包人共同协商采取加快工程进度的措施和修订合同进度计划。发包人应承担承包人由此增加的费用，并向承包人支付专用合同条款约定的相应奖金。

(9)逾期付款违约金

这是合同中赋予承包人的权利，即承包人有权在合同规定的时间期限内从发包人处得到支付。《公路工程标准施工招标文件》(2018 年版)专用条款规定：发包人应在监理工程师收到进度付款申请单后的 28 天内，将进度应付款支付给承包人。发包人不按期支付，则按项目专用合同条款数据表中约定的利率向承包人支付逾期付款违约金。违约金计算基数为发包人的全部未付款额，时间从应付而未付该款额之日算起(不计复利)。

(10)索赔费用

索赔是在施工合同履行过程中，当事人一方因并非自己的过错，而是由于对方没有按照合同约定正确地履行合同或合同规定由对方承担的风险出现时，造成当事人一方损害，当事人一方通过一定的合法程序向对方提出经济或时间补偿的一种要求。因此，从理论上讲，索赔是双向的，既可以是承包人向发包人的索赔，也可以是发包人向承包人的索赔。在施工结算时，承包人向发包人的索赔金额，经监理工程师确认后计入支付证书；发包人向承包人的索赔金额，则从支付证书中扣除。

3. 工程价款结算程序

(1)中期结算

中期结算是合同在履行过程中对每月所发生的付款申请、审查和支付的工作。通用合同条款规定的中期结算程序如图 4-6 所示。

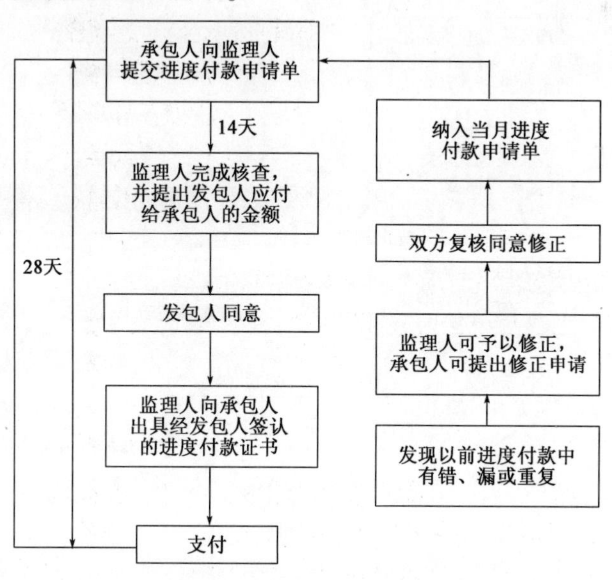

图 4-6　中期结算程序

①根据合同规定,承包人应根据已完成的工程进行计量,向监理人提交进度付款申请单、已完成工程量报表和有关计量资料。监理人在收到承包人提交的工程量报表进行复核,必要时进行联合测量、计量。监理人若未在规定时间内复核则视承包人提交的工程量报表中的工程量为实际完成工程量。

②监理工程师审查与签证。监理工程师在收到承包人进度付款申请单以及相应的支持性证明文件后的14天内完成核查,提出发包人到期应支付给承包人的金额以及相应的支持性材料,经发包人审查同意后,由监理工程师向承包人出具经发包人签认的进度付款证书。监理工程师有权扣发承包人未能按照合同要求履行任何工作或义务的相应金额。

③发包人付款。发包人应在收到期中支付证书后28天内将应付款项支付给承包人,发包人不按期支付的,按专用合同条款的约定支付逾期付款违约金。

④工程进度付款的修正

在对以往历次已签发的进度付款证书进行汇总和复核中发现错、漏或重复的,监理人有权予以修正,承包人也有权提出修正申请。经双方复核同意的修正,应在本次进度付款中支付或扣除。

(2)交工结算

交工结算程序如图4-7所示。

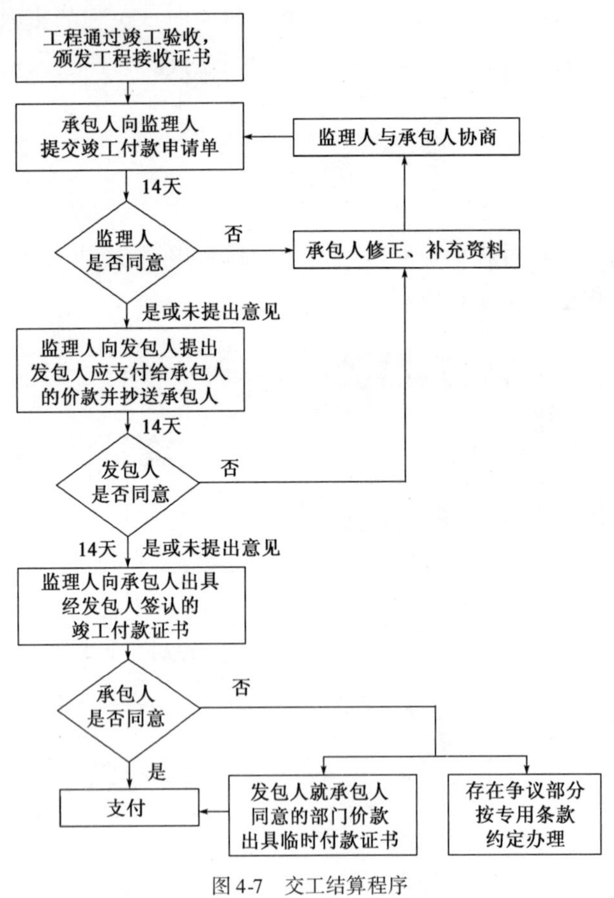

图4-7 交工结算程序

(注:通用条款中“竣工”等同于公路工程专用条款“交工”)

①承包人的交工支付申请

根据《公路工程标准施工招标文件》(2018 年版)专用条款的规定,工程接收证书颁发后,承包人应按专用合同条款约定的份数(在项目专用合同条款数据表中约定)和期限(交工验收证书签发后 42 天内)向监理人提交交工付款申请单,并提供相关证明材料。交工付款申请单应包括下列内容:交工结算合同总价、发包人已支付承包人的工程价款、应扣留的质量保证金、应支付的竣工付款金额。

②交工支付申请的审定与支付

监理人在收到承包人提交的交工付款申请单后 14 天内完成核查,提出发包人到期应支付给承包人的价款送发包人审核并抄送承包人。发包人应在收到后 14 天内审核完毕,由监理人向承包人出具经发包人签认的交工付款证书。监理人未在约定时向内核查,又未提出具体意见的,视为承包人提交的交工付款申请单已经监理人核查同意。发包人未在约定时间内审核又未提出具体意见的,监理人提出发包人到期应支付给承包人的价款视为已经发包人同意。

发包人应在监理人出具交工付款证书且承包人提交了合格的增值税专用发票后的 14 天内,将应支付款支付给承包人。发包人不按期支付的,按专用条款第 17.3.3(2)目的约定,将逾期付款违约金支付给承包人。

(3)最终结算

①最终支付申请

缺陷责任期终止证书签发后,承包人在缺陷责任期终止证书签发后 28 天内向监理人提交最终结清申请单(包括相关证明材料),提交份数在项目专用合同条款数据表中约定,并提供相关证明材料。

最终结清申请单中的总金额应认为是代表了根据合同规定应付给承包人的全部款项的最后结算。

发包人对最终结清申请单内容有异议的,有权要求承包人进行修正和提供补充资料,由承包人向监理工程师提交修正后的最终结清申请单。

②结清证书和支付时间

监理工程师收到承包人提交的最终结清申请单后的 14 天内,提出发包人应支付给承包人的价款,送发包人审核并抄送承包人。发包人应在收到后 14 天内审核完毕,由监理人向承包人出具经发包人签认的最终结清证书。监理人未在约定时间内核查,又未提出具体意见的,视为承包人提交的最终结清申请已经监理人核查同意;发包人未在约定时间内审核又未提出具体意见的,监理人提出应支付给承包人的价款视为已经发包人同意。

发包人应在监理人出具最终结算证书且承包人提交了合格的增值税专用发票后的 14 天内,将应支付款支付给承包人。发包人不按期支付的,按专用合同条款的约定,将逾期付款违约金支付给承包人。

承包人对发包人签认的最终结清证书有异议的,按通用条款相关约定办理。

最终结清付款涉及政府投资资金的,按合同的约定办理。

最终结算的审查程序详如图 4-8 所示。

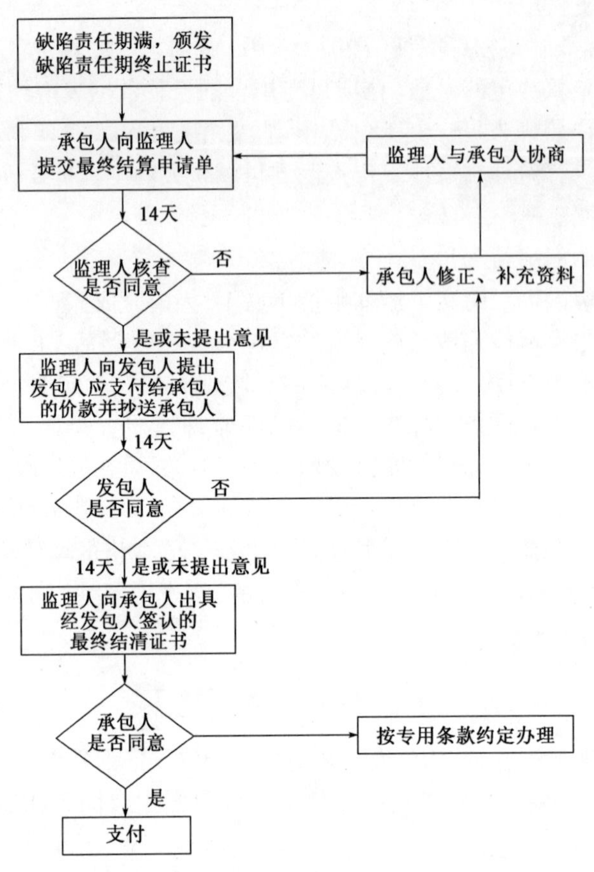

图 4-8　最终结算程序图

(4)合同终止后的结算

合同终止后的结算,是指由于某种情况的发生导致合同无法履行而终止合同后的结算。通常,合同终止可能由于承包人违约、发包人违约和特殊风险的发生而产生。

①承包人违约导致合同终止后的结算。

合同解除后,监理人按合同要求商定或确定承包人实际完成工作中价值,以及承包人已提供的材料、施工设备、工程设备和临时工程等的价值。

合同解除后,发包人应暂停对承包人的一切付款,查清各项付款和已扣款金额,包括承包人应支付的违约金。

合同解除后,发包人应按合同的约定向承包人索赔由于解除合同给发包人造成的损失。

合同双方确认上述往来款项后,出具最终结清付款证书,结清全部合同款项。

发包人和承包人未能就解除合同后的结清达成一致而形成争议的,按合同的约定办理。

②发包人违约导致合同终止后的结算。

因发包人违约解除合同的,发包人应在解除合同后 28 天内向承包人支付下列金额,承包人在此期限内及时向发包人提交要求支付下列金额的有关资料和凭证：

a)合同解除日以前所完成工作的价款。

b)承包人为该工程施工订购并已付款的材料、工程设备和其他物品的金额。发包人付款后，该材料、工程设备和其他物品归发包人所有。

c)承包人为完成工程所发生的而发包人未支付的金额。

d)承包人撤离施工场地以及遣散承包人人员的金额。

e)由于解除合同应赔偿的承包人损失。

f)按合同约定在合同解除日前应支付给承包人的其他金额。

发包人应按本项约定支付上述金额并退还质量保证金和履约担保，但有权要求承包人支付应偿还给发包人的各项金额。

③因不可抗力而终止合同后的结算。

合同双方当事人因不可抗力不能履行合同的，应当及时通知对方解除合同。合同解除后，承包人应按照合同的约定撤离施工场地。已经订货的材料、设备由订货方负责退货或解除订货合同，不能退还的货款和因退货、解除订货合同发生的费用，由发包人承担。因未及时退货造成的损失由责任方承担。合同解除后的付款，参照合同约定，由监理工程师商定或确定。

三、公路工程变更费用的确定与控制

工程变更是合同变更的一种特殊形式，它通常是指合同文件中。设计图纸、技术规范或工程量清单的改变，包括设计变更、进度计划变更、施工条件变更以及工程量清单中工作内容或数量的变更，如取消某工作或新增某工作等。

在工程项目的实施过程中，由于多方面的原因，经常会出现工程形式、数量、性质、进度等方面变化的问题，这些问题的产生，一方面是由于勘察设计工作不细致，以致在施工过程中发现许多招标文件中没有考虑或估算不准确的情况，因而不得不改变施工项目或增减工程量；另一方面是由于发生不可预见的事件，比如地质条件与预计的不同，或社会原因引起的停工或工期拖延等。工程变更的目的是为了使工程更完善、合理或有利于工程的实施，因此，一旦发生工程变更，应遵循合同条款规定进行。

1. 工程变更的范围

《公路工程标准施工招标文件》(2018 年版)通用合同条款 15.1 条对工程变更的范围有详细规定，专用合同条款 15.1 款对通用条款作了细化，本节 4.6.2 中也有描述，在此不一一进行赘述。

在合同履行过程中，可能发生第 15.1 条约定情形的，监理人可向承包人发出变更意向书，应说明变更的具体内容和发包人对变更时间要求，并附有关图纸和文件。

2. 工程变更程序

根据通用合同条款规定，工程变更的程序如图 4-9 所示。

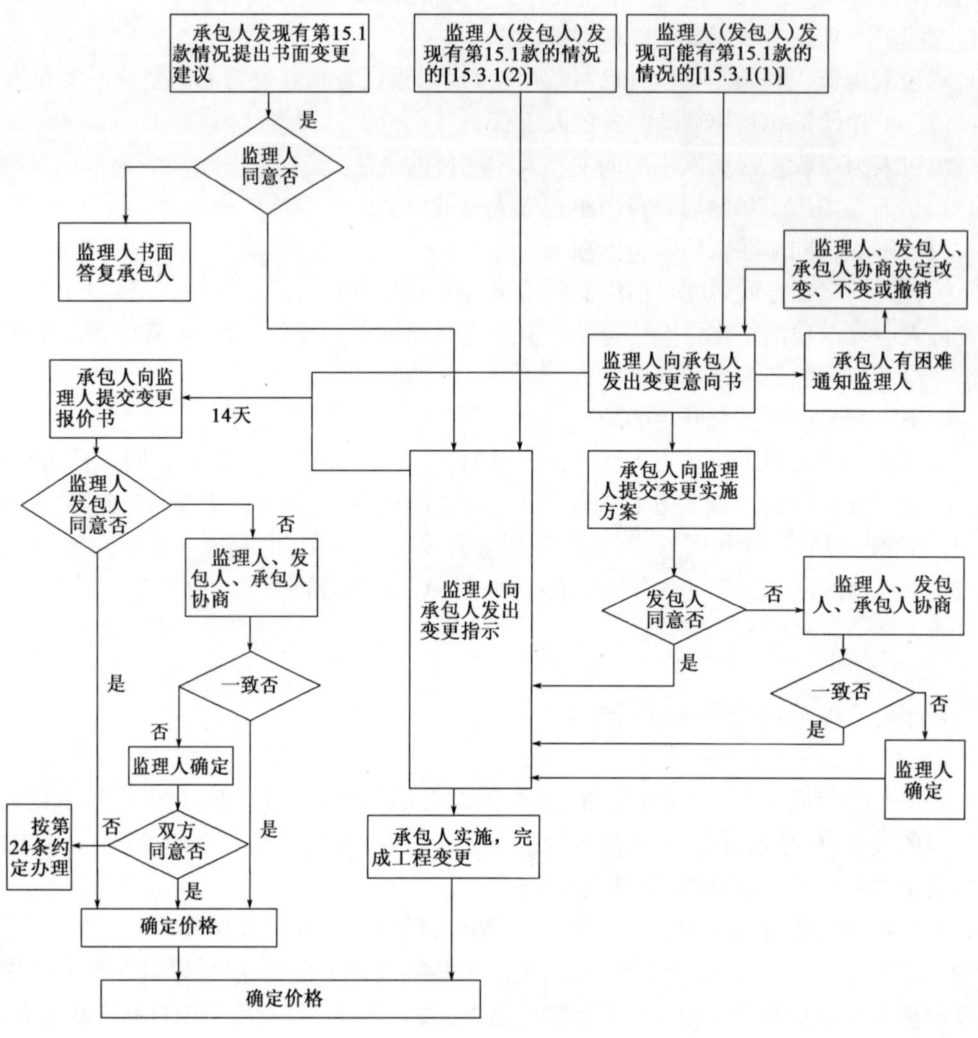

图 4-9　工程变更程序图

3. 工程变更的分类

按照《公路工程设计变更管理办法》(交通部令 2005 年第 5 号),公路工程设计变更分为重大设计变更、较大设计变更和一般设计变更。

(1)重大设计变更

①连续长度 10km 以上的路线方案调整的。

②特大桥的数量或结构形式发生变化的。

③特长隧道的数量或通风方案发生变化的。

④互通式立交的数量发生变化的。

⑤收费方式及站点位置、规模发生变化的。

⑥超过初步设计批准概算的。

(2)较大设计变更

①连续长度 2km 以上的路线方案调整的。

②连接线的标准和规模发生变化的。

③特殊不良地质路段处置方案发生变化的。

④路面结构类型、宽度和厚度发生变化的。

⑤大中桥的数量或结构形式发生变化的。

⑥隧道的数量或方案发生变化的。

⑦互通式立交的位置或方案发生变化的。

⑧分离式立交的数量发生变化的。

⑨监控、通信系统总体方案发生变化的。

⑩管理、养护和服务设施的数量和规模发生变化的。

⑪其他单项工程费用变化超过 500 万元的。

⑫超过施工图设计批准预算的。

(3)一般设计变更

是指除重大设计变更和较大设计变更以外的其他设计变更。

4. 工程变更的审批和确认

公路工程重大、较大设计变更实行审批制。重大设计变更由交通运输部负责审批。较大设计变更由省级交通运输主管部门负责审批。项目法人负责对一般设计变更进行审查。并应当加强对公路工程设计变更实施的管理。

公路工程勘察设计、施工及监理等单位可以向项目法人提出公路工程设计变更的建议,设计变更的建议以书面形式提出,并注明变更理由。项目法人也可以直接提出公路工程设计变更的建议。

对一般设计变更建议,由项目法人根据审查核实情况或者论证结果决定是否开展设计变更的勘察设计工作。对较大设计变更和重大设计变更建议,项目法人经审查论证确认后,向省级交通运输主管部门提出公路工程设计变更的申请,并提交以下材料:

(1)设计变更申请书。包括拟变更设计的公路工程名称、公路工程的基本情况、原设计单位、设计变更的类别、变更的主要内容、变更的主要理由等。

(2)对设计变更申请的调查核实情况、合理性论证情况。

(3)省级交通运输主管部门要求提交的其他相关材料。

省级交通运输主管部门自受理申请之日起 15 日内作出是否同意开展设计变更的勘察设计工作的决定,并书面通知申请人。

设计变更的勘察设计由公路工程的原勘察设计单位承担,经原勘察设计单位书面同意,项目法人也可以选择其他具有相应资质的勘察设计单位承担,设计变更勘察设计单位应及时完成勘察设计,形成设计变更文件,并对设计变更文件承担相应责任。

设计变更文件完成后,项目法人组织对设计变更文件进行审查,一般设计变更文件由项目法人审查确认后决定是否实施。项目法人应当在 15 日内完成审查确认工作。重大及较大设计变更文件经项目法人审查确认后报省级交通运输主管部门审查。其中,重大设计变更文件由省级主管部门审查后报交通运输部批准;较大设计变更文件由省级交通运输主管部门批准,并报交通运输部备案。若设计变更与可行性研究报告批复内容不一致,应征得原可行性研究报告批复部门的同意。

项目法人在报审设计变更文件时,应提交以下材料:

(1)设计变更说明。

(2)设计变更的勘察设计图纸及原设计相应图纸。

(3)工程量、投资变化对照清单和分项概算、预算文件。

设计变更文件的审批应当在20日内完成。无正当理由,超过审批时间未对设计变更文件的审查予以答复的,视为同意。需要专家评审的,所需时间不计算在上述期限内。审批机关应将所需时间书面告知申请人。

对需要进行紧急抢险的公路工程设计变更,项目法人可先进行紧急抢险处理,同时按照规定的程序办理设计变更审批手续,并附相关的影像资料说明紧急抢险的情形。

5. 工程变更估价

(1)变更估价的原则

《公路工程标准施工招标文件》(2018年版)专用合同条款15.4款给出了估价的原则,一般在变更估价时:

①如果取消某项工作,则该项工作的总额价不予以支付。

②已标价工程量清单中有适用于变更工作的子目的,采用该子目的单价。

③已标价工程量清单中无适用于变更工作的子目,但有类似子目的,可在合理范围内参照类似子目的单价,由监理人按合同规定商定或确定变更工作的单价。

④已标价工程量清单中无适用或类似子目的单价,可在综合考虑承包人在投标时所提供的单价分析表的基础上,由监理人按合同规定,商定或确定变更工作的单价。

⑤如果本工程的变更指示是因承包人过错、承包人违反合同或承包人责任造成的,则这种违约引起的任何额外费用应由承包人承担。

(2)变更估价方法

对于变更工程单价的确定,在实践中有以下方法。

①以合同单价为基础定价

如某合同中水泥混凝土路面原设计厚度为20cm,其单价为100元/m^2,现设计变更为厚度25cm,则变更后路面的单价为$25/20\times100=125$(元/m^2)。

这种方法的特点是简单且有合同依据。但不足是合同单价是由不变成本和可变成本构成,可变成本随着工程量的增加而增加,不变成本是相对固定的,当工程量增加时,分摊在合同单价中的不变成本下降,而不是随着工程量的增加而增加。

②以概预算方法为基础定价

按照概预算方法确定单价时,应首先确定施工方案和施工方法,其次确定资源的价格,之后按照定额和编制办法确定其预算单价。预算单价乘以投标报价的降幅后确定单价。

这种方法的优点是有法律依据,产生的价格相对合理,能真实地反映完成变更工程的成本利润。其缺点是不同的施工方案和施工方法单价不同,概预算的方法反映的是社会平均水平,不能反映承包人的实际水平和市场竞争对价格的影响,特别是当承包人采用了不平衡报价时,以概预算方法确定的工程变更单价，可能会加剧总造价的不合理性。

③合理差价定价法

合理的定价方法是在考虑单价时，在保持原有报价不受实质影响的前提下，对新增工程量部分以合理定价的差价计算，变更工程的新单价是在承包人原有报价的基础上加上合理定价的差价。这种方法体现了工程变更定价的一般原则，即工程变更不改变承包人在报价时的状态，承包人不因工程变更而额外受益，也不因工程变更而受损。

四、公路工程索赔费用的确定与控制

索赔是工程承包合同履行中，当事人一方因对方不履行或不完全履行既定的义务，或者由于对方的行为使权利人受到损失时，要求对方补偿损失的权利。所以从理论上讲，索赔是双方面的，不仅承包人可以向发包人索赔，发包人同样也可以向承包人索赔。索赔是工程承包中经常发生并随处可见的正常现象。由于施工现场条件、气候条件的变化，施工进度的变化以及合同条款、规范和施工图纸的变更、差异、延误等因素的影响，使得工程承包中不可避免地出现索赔，进而导致项目的工程造价发生变化。因此，索赔的控制将是建设工程施工阶段造价控制的重要手段。

1. 工程索赔的起因

引起索赔的原因是多种多样的，有的是因发包人违约或监理人的不当行为引起的，也有的是因现场条件、工程变更、有关政策和法令变更等引起的。

(1)发包人违约

发包人违约常常表现为发包人或监理人未能按合同规定为承包人提供使其顺利施工的条件。《公路工程标准施工招标文件》(2018 年版)通用合同条款约定的有以下内容。

①发包人未能按合同约定支付预付款或合同价款，或拖延、拒绝批准付款申请和支付凭证，导致付款延误的。

②发包人原因造成停工的。

③监理人无正当理由没有在约定期限内发出复工指示，导致承包人无法复工的。

④发包人无法继续履行或明确表示不履行或实质上已停止履行合同的。

⑤发包人不履行合同约定其他义务的。

(2)合同缺陷

合同缺陷常常表现为合同文件规定不严谨甚至矛盾、合同中的遗漏或错误，这不仅包括商务条款中的缺陷，也包括技术规范和图纸中的缺陷。在这种情况下，监理人有权做出解释。但如果承包人执行监理人的解释后引起成本增加或工期延长，则承包人可以为此提出索赔，监理人应给予证明，发包人应给予补偿。一般情况下，发包人作为合同起草人，他要对合同中的缺陷负责，除非其中有明显的含糊或其他缺陷，根据法律可以推定承包人有义务在投标前发现并及时向发包人指出。

(3)不利物质条件

不利物质条件通常是指承包人在施工现场遇到的不可预见的自然物质条件、非自然的物质障碍和污染物，包括地下和水文条件，但不包括气候条件。合同中一般约定，承包人遇到不利物质条件时,应采取适应不利物质条件的合理措施继续施工,并通知监理人。监理人发出指示,指示构成变更的,按有关变更的约定处理。监理人没有发出指示的,承包人因采取合理措施增加的费用和(或)工期延误由发包人承担。监理人发出的指示不构成变更时。承包人因采取合理措施而增加的费用和(或)工期延误,也应由发包人承担。

(4)工程变更

工程变更常常表现为设计变更、施工方法变更、追加或取消某些工作、合同规定的其他变更等。变更可以由发包人、工程师或承包人提出。这种变更是指在原合同范围内的变更,即有经验的承包人意料之中的变更。否则承包人可以拒绝,其判断标准是,变更是否与原工程有关,其目的是不是为了实现工程合同的总目标。工程变更与索赔有密切的关系。在实际工作中、可以把工程变更分为变更及相应的索赔两个部分,即把事先可以确定费用、双方签订了变更令的变更归入"工程变更"办理。把变更当时无法预知的费用或双方没有达成一致的变更价格。事后再由承包人以索赔形式提出补偿要求的变更归入"索赔"办理。事实上,合同中也作出了规定,如果对于一项变更,监理人和承包人之间无法对其估价取得一致意见,则将监理人决定的价格值列入"工程变更",剩余差额待承包人以索赔的形式提出后再按"索赔"进行处理。剩余差额待承包人以索赔的形式提出后再按"索赔"进行处理。

(5)国家政策及法律、法令变更

限制进口、外汇管制或税收及其他收费标准的提高。国家的政策和法律、法令是承包人投标时编制报价的重要依据之一。通常合同都规定投标截止日期之前的第28天以后,如果工程所在国法律或政策导致承包人施工费用增加,则发包人应向承包人补偿该增加值;相反,如果导致费用减少,则也应由发包人受益。

(6)其他承包人干扰

其他承包人干扰通常是指因其他承包人未能按时按质按量进行并完成某工作,各承包人之间配合协调不好等而给承包人工作带来的干扰。大中型土建工程,往往会有多个承包人同时在现场施工。特别是高等级公路建设,一般分为几个标段,每个标段由不同的承包人承担,由于各承包人之间没有合同关系,他们只各自与发包人存在合同关系,监理人作为发包人代理人有责任组织协调好各承包人之间的工作,否则,就会给整个工程和各承包人的工作带来严重影响引起承包人索赔。

2. 索赔的类型

由于索赔贯穿于工程项目全过程,可能发生的范围比较广泛,其分类随标准、方法不同而不同,主要有以下几种分类方法。

(1)按索赔的依据分类

按索赔的依据,索赔可分为:

①合同内索赔。合同内索赔是指索赔所涉及的内容可以在合同条款中找到依据,并可根据据合同规定明确划分责任。一般情况下、合同内索赔的处理和解决要顺利一些。

②合同外索赔。合同外索赔是指索赔的内容和权利难以在合同条款中找到依据,但可从合同引申含义和合同适用法律或政府颁发的有关法规中找到索赔的依据。

(2)按索赔目标分类

按索赔目标或要求、索赔可分为:

①工期索赔。即由于非承包人自身原因造成拖期的，承包人要求发包人延长工期，推迟竣工日期。避免违约误期罚款等。

②费用索赔。即要求发包人补偿费用损失，调整合同价格，弥补经济损失。

(3)按索赔事件的性质分类

按索赔事件的性质，索赔可分为：

①工程延误索赔。因发包人未按合同要求提供施工条件，如未及时交付设计图纸、施工现场、道路等。或因发包人指令工程暂停或不可抗力事件等原因造成工期拖延的，承包人对此提出索赔。这是工程中常见的一类索赔。

②工程变更索赔。由于发包人或监理人指令增加或减少工程量或增加附加工程、修改设计、变更工程顺序等，造成工期延长和费用增加，承包人对此提出索赔。

③工程终止索赔。由于发包人违约或发生了不可抗力事件等造成工程非正常终止，承包人因蒙受经济损失而提出索赔。

④施工加速索赔。由于发包人或监理人指令承包人加快施工速度，缩短工期，引起承包人的人、财、物产生额外开支而提出的索赔。

⑤意外风险和不可预见因素索赔。在工程实施过程中，因人力不可抗拒的自然灾害、特殊风险，以及一个有经验的承包人通常不能合理预见的不利施工条件或外界障碍，如地下水、地质断层、溶洞、地下障碍物等引起的索赔。

⑥其他索赔。如因货币贬值、汇率变化、物价上涨、政策法令变化等原因引起的索赔。

(4)按索赔处理方式分类

按索赔处理方式，索赔可分为：

①单项索赔。单项索赔是针对某一干扰事件提出的，在影响原合同正常运行的干扰事件发生时或发生后，由合同管理人员立即处理，并在合同规定的索赔有效期内向责任方提交索赔要求和报告。单项索赔通常原因单一，责任单一，分析起来相对容易，由于涉及的金额一般较小，双方容易达成协议，处理起来也比较简单。因此，合同双方应尽可能地用此种方式来处理索赔。

②综合索赔。综合索赔又称一揽子索赔，一般在工程竣工前和工程移交前，承包人将工程实施过程中因各种原因未能及时解决的单项索赔集中起来进行综合考虑，提出一份综合索赔报告，由合同双方在工程交付前后进行最终谈判，以一揽子方案解决索赔问题。在合同实施过程中，有些单项索赔问题比较复杂，不能立即解决，为不影响工程进度，经双方协商同意后留待以后解决，有的是发包人或监理人对索赔采用拖延办法，迟迟不作答复，使索赔谈判旷日持久，还有的是承包人因自身原因，未能及时采用单项索赔方式等，都有可能出现一揽子索赔。由于一揽子索赔中许多干扰事件交织在一起，影响因素比较复杂而且相互交叉，责任分析和索赔计算都很困难，索赔涉及的金额往往又很大，双方都不愿或不容易做出让步、使索赔的谈判和处理都很困难。因此，综合索赔的成功率比单项索赔要低得多。

3. 索赔处理原则

①索赔必须以合同为依据。

不论是风险事件的发生，还是当事人不完成合同工作，都必须在合同中找到相应的依据，这些依据可以是明示的，也可以是隐含的。监理人依据合同和事实对索赔进行处理是其公平性的重要体现。

②及时、合理地处理索赔。

索赔事件发生后,索赔的提出应当及时,索赔的处理也应当及时。索赔处理不及时,对双方都会产生不利的影响,如承包人的索赔长期得不到合理解决,索赔积累的结果会导致其资金困难,同时会影响工程进度,给双方都带来不利影响。处理索赔还必须坚持合理性原则,既考虑到国家的有关规定,也应当考虑到工程的实际情况。如承包人提出索赔要求,机械停工按照机械台班单价计算损失显然是不合理的,因为机械停工不发生运行费用。

③加强主动控制,减少工程索赔。

对于工程索赔应当加强主动控制,尽量减少索赔。这就要求在工程管理过程中,应当尽量将工作做在前面,减少索赔事件的发生。这样能够使工程更顺利地进行,降低工程投资、减少施工工期。

五、公路工程费用结算与支付的审查与确定

结算与支付的审查目的及意义有以下几点。

(1)是控制工程造价的关键环节。

公路工程费用结算中,工程计量指根据设计文件及承包合同中关于工程量计算的规定,项目管理机构对承包商申报的已完成工程的工程量进行的核验。合同条件中明确规定工程量表中开列的工程量是该工程的估算工程量,不能作为承包人应完成的实际工程量和确切的工程量。因为工程量表中的工程量是在编制招标文件时,在设计图和规范的基础上估算的工程量,不能作为结算工程价款的依据,而必须通过项目管理机构对已完成的工程进行计量。经过项目管理机构计量所确定的数量才是向承包人支付任何款项的凭证。

(2)是约束承包商履行合同义务的手段。

结算不仅是控制项目投资费用支出的关键环节,同时也是约束承包商履行合同义务、强化承包商合同意识的手段。“FIDIC”合同条件规定,业主对承包商的付款,是以工程师批准的付款证书为凭据的,工程师对计量支付有充分的批准权和否决权。对于不合格的工作和工程,工程师可以拒绝计量。同时,工程师通过按时计量,可以及时掌握承包商工作的进展情况和工程进度。当工程师发现工程进度严重偏离计划目标时,可要求承包商及时分析原因,采取措施,加快进度。因此,在施工过程中,项目管理机构可以通过计量支付手段,控制工程按合同进行。

在工程量计算阶段必须深入工地现场核对、实测、记录才能准确无误。在编制结算时,应先查阅所有相关资料,再计算工程量,出现疑问及时到工地核实,确保万无一失。此外,还应深入市场了解建筑材料的品种及价格情况,避免计算脱离实际而出现较大误差。

建设单位在签订施工合同前,反复研究合同条款,做到严谨规范,对范围职责等描述清楚,避免合同漏洞。做好结算档案的管理,提高结算质量,包括结算资料的报送数量,细化结算计量规则、明确计算统计逻辑,注意定额项目本身包含的工作内容,在某些定额项目中已包含了一些表面似乎没有的项目,容易出现重复现象。同时,还应健全编审组织机构,保证工程量清单细目、标底预算、施工图纸及计量规则等工作内容高度一致,做好公路工程竣工结算审核工作,加强日常结算审核,解决工程结算常见问题,解决高套定额、虚增工程量、材料价差等问题,

从而客观准确地反映工程实际总造价。

第六节　公路工程决策阶段工程造价的确定和控制

一、公路工程竣工决算的编制内容

1. 建设项目竣工决算的概念

工程竣工决算是指施工企业按照合同规定的内容全部完成所承包的工程,经验收质量合格,并符合合同要求之后,向发包单位进行的最终工程款结算。

竣工结算书是一种动态的计算,竣工决算是以实物数量和货币指标为计量单位,综合反映竣工项目从筹建开始到项目竣工交付使用为止的全部建设费用、投资效果和财务情况的总结性文件,是竣工验收报告的重要组成部分。竣工决算是正确核定新增固定资产价值,考核分析投资效果,建立健全经济责任制的依据,是反映建设项目实际造价和投资效果的文件。通过竣工决算,既能够正确反映建设工程的实际造价和投资结果又可以通过竣工决算与概算、预算的对比分析,考核投资控制的工作成效,为工程建设提供重要的技术经济方面的基础资料,提高未来工程建设的投资效益。

为了严格执行基本建设项目竣工验收制度,正确核定新增固定资产价值,考核投资效果,建立健全项目法人责任制,按照国家关于基本建设项目竣工验收的规定,所有的新建、扩建、改建和恢复项目竣工后都要编制竣工决算。根据建设项目规模的大小,可分为大中型建设项目竣工决算和小型建设项目竣工决算两大类。必须指出,施工企业为了总结经验,提高自身经营管理水平,在单位工程(或单项工程)竣工后,往往也编制单位工程(或单项工程)竣工成本决算,用以核算工程实际成本、预算成本和成本降低额,作为实际成本分析,反映经营成果,总结经验和提高管理水平的手段。它与建设工程竣工决算在概念和内容方面都不一样。

竣工决算的编制,是以建设单位为主,在监理工程师和施工单位的配合下,共同完成的,它是建设工程所特有的多次性计价环节中的最后一次计价。根据现行《交通基本建设项目竣工决算报告编制办法》《公路建设项目工程决算编制办法》等有关规定编制竣工决算,其编制原则、程序和方法,既不同于估算、概算和预算,也不同于招标控制价和投标报价。因为从估算到报价的多次造价的编制,都是在工程开工之前进行的,要按照一定的编制程序和方法,通过各种计算表格进行大量的分析和累计计算,并经过一定的审批程序,才能成立;而竣工决算则是在工程竣工之后,根据实际发生的工程量和大量的施工统计原始资料,以工程承包合同价为依据来编制的,其主要表现形式,是要进行大量的统计分析而不是通过计算来重新确定工程造价文件。为了做好竣工决算报告的编制,建设单位从项目筹建开始,即应明确专人负责,做好有关资料的收集、整理、积累、分析工作。项目完成时,应组织工程技术、计划、财务、物资、统计等有关人员共同完成竣工决算报告的编制工作。

2. 竣工决算报告的内容

竣工决算报告由以下四个部分组成。

(1)交通基本建设项目竣工决算报告封面。

①“主管部门”填写需上报竣工决算报告的主管部门或单位。

②“建设项目名称”填写批准前的项目初步设计文件中注明的项目名称。

③“建设项目类别”是指“大中型”或“小型”。

④建设性质。是指建设项目属于新建、改建、扩建、续建等内容。

⑤级别。是指中央级或地方级的建设项目。

(2)竣工工程平面示意图。

竣工工程平面示意图可根据初步设计文件的路线地理位置图、独立的公路桥梁桥位平面图绘制。

(3)竣工决算报告说明书。

竣工决算报告说明书是竣工决算报告的重要组成部分,主要内容包括工程项目概况及组织管理情况,工程建设过程和工程管理工作中的重大事件、经验教训,工程投资支出和财务管理工作的基本情况(包括主要会计事项处理原则,财产物资清理及债权债务清偿情况基建结余资金、基建收入等的上交分配情况,主要技术经济指标的分析、计算情况等),工程遗留问题等。

(4)竣工决算表格。

二、公路工程竣工决算的编制方法

工程竣工结算由承包人或受其委托具有相应资质的工程造价咨询人编制。

公路工程建设单位应当按照《交通基本建设项目竣工决算报告编制办法》(交财发〔2000〕207 号)的规定执行,对已完工的建设项目及时办理交工验收手续,编好交工验收报告和竣工决算。竣工决算报告分为大中型公路建设项目、独立的公路桥梁建设项目和其他小型建设项目三种。建设单位在编制竣工决算报告时要认真做好各项财务、物资、资产、债权债务、投资资金到位情况和报废工程清理工作,做到工完账清。对于列入竣工决算报告的基建包干节余、基本建设收入、基建结余资金等财务问题,建设单位应提出意见,妥善处理。建设完建时的收尾工程,可根据收尾工程的实际测算投资支出列入竣工决算报告。

建设单位编制的竣工决算报告须提交竣工验收委员会审查。未经竣工验收委员会审竣工决算报告不能作为正式的竣工决算报告,不得上报。经竣工验收委员会审查并根据意见修改后的竣工决算报告作为资产移交、财务处理并结束有关待处理事宜的依据。

竣工决算的编制步骤为:

(1)收集、整理和分析有关依据资料。

(2)清理各项账务、债务和结余物资。

(3)填写竣工决算报表。

(4)编写建设工程竣工决算说明书。

(5)上报主管部门审查编制竣工决算的程序。

通常情况下,公路工程竣工结算公式见式(4-10)。

竣工结算工程价款 = 合同价款 + 合同价款调整数额 - 预付工程价款 - 已结算工程价款 - 工程质量保证金　(4-10)

其中,合同价款调整内容主要是指在公路施工过程中,对合同中的某些工作内容进行修改,无论是追加还是取消任何一项,都将对整个工程造价产生一定的影响。因此,在高速公路工程建设过程中,为实现工程的顺利完成,工程变更等不可避免,所以,在建设单位与监理工程师的认可下,施工单位可对合同中关于工程建设的部分内容进行格式、数量以及质量上的修改。基于此,在对高速公路工程竣工结算时,首先要对竣工结算的相关原始资料进行收集,尤其是对施工分项进行计算时,要保存相关记录,以便与工程的经济活动相对应。

三、公路工程竣工决算的确定与控制

在国家投资建设的高速公路工程项目中,为有效控制整个工程的总造价,往往在竣工结算时安排审计。由此,做好工程竣工结算对于合理确定工程总造价,为竣工决算工作提供真实可靠的依据都具有非常重要的作用,进而也成为高速公路建设单位与施工单位共同关注的重点问题。基于此,在高速公路工程竣工结算计算时,要以高速公路质量检验合格为前提,以建设图纸为依据,以相关技术规范为标准,严格按照图纸净值及合同内容确定工程核算的范围与结算方法确定。

为了学习推广世界银行的经验,建立一套系统的总结建设项目经验,吸取教训的经济后评价制度,原国家计委(现已更名为国家发展和改革委员会)1988 年曾发出通知,为了对利用国外资款项目的效果进行检查和系统总结,决定在已完工的项目中,先选择几个项目进行后评价,待取得经验后再推广,以便逐步形成一项制度,对不断改进建设项目的决策和经营管理,有着极其重要的现实意义。

(1)项目经济后评价的主要内容包括以下各项:

①与批准的可行性研究报告比较,本项目实际在规划设计上有何大的变化及变化的原因。

②项目前经济效益与社会效益如何?能否达到设计效益?对本项目决策的正确性进行评价。

③项目的国际招标、国内招标和合同谈判的情况与经验教训,各种合同的执行情况与合同管理经验。

④国外先进设备、技术和管理经验的引进情况和效果如何?引进技术和设备水平是否符合我国国情?

⑤国内外咨询单位的作用与问题。

⑥项目的经济和财务情况分析,包括项目的总投资、实际国外贷款额度、项目投产后的经济效益、国内外贷款偿还能力与期限等。分析后与批准的设计文件进行对照。

⑦利用外资项目的国内配套合作。

⑧其他认为需要进行后评价的内容。

项目经济后评价的主要内容是有针对性的,并是针对全国各行各业的,故应结合公路建设项目的实际情况,很好地理解并参照执行。

(2)项目后评价程序。

国内项目后评价的过程分为四个阶段：

①项目自评价。由项目业主会同执行管理机构按照国家发改委或国家开发银行的要求编写项目的自我评价报告,报行业主管部门。

②行业或地方初审阶段。由行业或省级主管部门对项目自评报告进行初步审查,提出意见,一并上报。

③正式后评价阶段。由相对独立的后评价机构组织专家对项目进行后评价,通过资料的收集、现场的调查和分析讨论,提出项目后评价报告。

④成果反馈阶段。在项目后评价报告的编写过程中要广泛征求各方面的意见,在报告完成之后要以召开座谈会等形式进行发布成果报告。

(3)我国公路建设项目经济后评价。

①公路建设项目经济后评价的必备条件。

根据预定目标已全部建成并通过竣工验收至少经过2~3年的通车运营实践。公路建设项目经济后评价工作的重点是国家重点公路建设项目或符合下列条件之一的公路建设项目：

a)40km以上的国道主干线项目或100km以上的国道及省道高等级公路项目。

b)利用外资的公路项目。

c)特大型独立公路桥隧项目。

d)上级主管部门指定的项目。

②交通运输部对公路建设项目经济后评价报告的规定。

编制建设项目后评价报告必须以项目各阶段的正式文件和项目建成通车2~3年内进行的各种调查及重要运行参数的测试数据为依据。项目通车后需要进行的调查主要有交通量调查、车辆运行特征调查、车辆运输费用调查、工程质量调查、项目财务状况调查、社会经济效调查、环境调查等,项目各阶段的正式文件主要包括项目建议书、可行性研究报告、初步设计、施工图设计及其审查意见、批复文件施工阶段重大问题的请示及批复;工程竣工报告;工程验收报告和审计后的工程竣工决算及主要图纸等。按照经济评价的原理和方法,以数字为基础,通过分析、对比、检查项目的决策、设计、施工及通车运营各阶段的主要指标的变化关系,判断其变化是否科学合理。编制公路建设项目后评价报告的目的是通过全面总结,为不断提高决策、设计、施工、管理水平,合理利用资金,提高投资效益,改进管理,制定相关政策等提供科学依据。

③公路建设项目后评价报告的主要内容。

a)建设项目的过程评价依据国家现行的有关法令、制度和规定,分析和评价项目前期工作、建设实施、投资执行、运营管理以及管理、配套、服务设施情况等执行过程,从中找出变化原因,总结经验教训。

b)建设项目的效益评价根据实际发生的数据和后评价时国家颁布的参数进行国民经济评价和财务评价,并与前期工作阶段按预测数据进行的评价相比较,分析其差别和成因。其中,国民经济效益评价参照《公路建设项目经济评价方法与参数》,根据通车运营的实际车速、经济成本等各项数据,评价项目的国民经济效益,并与决策阶段预测的结论比较,分析其差别及原因;财务效益评价,对于收费公路(包括独立大桥、隧道),根据实际财务成本和实际收费收入，进行项目的财务效益分析，并与决策阶段预测的结论比较，分析其差别和原因，同时进一步做出收费分析，明确贷款偿还能力。并分析物价上涨、汇率变化及收费标准变化对财务效益产生的影响。最后，根据建设资金来源、投资执行情况及财务效益分析，对项目的资金筹措方式进行评价。

c）建设项目的影响评价分析、评价对影响区域的经济、社会、文化以及自然环境等方面所产生的影响，评价一般可分为社会经济影响评价和环境影响评价。其中，社会经济影响评价分析项目对所在地区社会经济发展所产生的影响，包括土地利用、就业、地方社区发展、生产力布局、扶贫、技术进步等方面的影响和评价，环境影响评价对照项目前评估时批准的“环境影响报告书”，重点从项目建设所引起的区域生态平衡、环境质量变化及自然资源的利用和文物保护等方面评价项目环境影响的实际效果。

d）建设项目目标持续性评价根据对建设项目的公路网状况、配套设施建设、管理体制、方针政策等外部条件和运行机制、内部管理、运营状况、公路收费、服务情况等的内部条件分析，评价项目目标（服务交通量、社会经济效益、财务效益、环境保护等）的持续性，并提出相应的解决措施和建议。

此外，公路项目后评价报告由主报告及附件两部分组成。主报告应按交通运输部2011年11月发布的《公路建设项目后评价报告编制办法》（交规划发〔2011〕695号）的附件“公路建设项目后评价报告文本格式及内容要求”编制，附件内容应包括各种专题报告及建设项目管理卡。

第五章

公路造价信息平台

第一节　公路工程造价管理信息化概述

一、公路工程造价管理信息化基本概念

1. 公路工程造价管理信息化概念的提出

公路工程造价信息管理是对公路工程造价信息进行收集、加工、处理、储存、分析、发布和反馈的过程。最简单的做法是采用人工方式对公路工程造价信息进行收集、鉴别、选择、合并、汇总计算、制表、存储。但随着计算机和网络技术的普及,公路工程造价信息管理越来越依赖于电脑手段。1963 年,日本学者 Tadao Umesao 提出信息化概念,信息化被定义为通信现代化、计算机化和行为合理化的总称。目前西方发达国家已经在工程造价管理中运用了信息技术,通过网上招投标,开始实现了工程造价管理网络化、虚拟化。信息技术不仅解决了工程造价管理中信息量不易采集、加工、发布的矛盾,提高了原有工作效率和预决算编制精度,而且能够及时、准确地使用材料价格信息,并且已深入地拓展到工程造价管理的全过程。我国《2006—2020 年国家信息化发展战略》中指出,信息化是充分利用信息技术,开发利用信息资源,促进信息交流和知识共享,提高经济增长质量,推动经济社会发展转型的历史进程。

因此,公路工程造价信息化就是以公路工程造价信息为基础,以计算机技术、通信技术、管理科学等现代信息技术在公路工程造价活动中的应用为主要内容,以公路工程造价信息专门技术的研发和专门人才培养为支撑,实现公路工程造价活动由传统信息获取、加工、处理和纸上信息等方式向现代电子、网络方式转变,以实现公路工程造价信息资源深度开发和利用的过程。公路工程造价管理信息化是在传统的公路工程造价管理的基础上应用计算机和网络通信技术,为工程造价管理的各方确定和调控工程造价,尽可能减少成本,提高效率和工程质量。

在信息化造价管理中,互相交织在一起的市场价格、计价依据和造价控制等造价管理手段和内容并不局限于公路建设项目的某个阶段,而是贯穿于整个建设项目全过程。由于市场价格和计价依据都要通过一定渠道予以发布,因此市场价格和计价依据存在采集和发布的交集;由于计价依据的标准化对收集整理造价数据、最终实现造价控制有很大影响,因此计价依据和造价控制存在交集;如果剔除市场价格对造价的影响,通过采用同一时期的市场价格对不同的设计进行造价对比,可以运用数据挖掘等技术对不同的公路建设项目进行横向对比,发现对造价有重要影响的因素,因此市场价格和造价控制也存在交集。

工程进展过程中,由于信息难以及时获取以及信息储存分散和检索困难等原因,增加了项目投资决策、造价控制的难度,以致影响工程造价管理目标的实现。随着工程造价管理体制改革的进一步深入,其管理越来越依赖于广泛、真实且及时的造价信息。工程造价主管部门、工程的发包者和承包者,都要通过接收工程造价信息来了解工程建设市场行情,预测工程造价的发展动态,制定工程造价政策,确定承发包价。因此建立公路工程造价管理信息系统,收集、整理、加工、维护和使用造价信息,全面推进公路工程造价管理信息化,对在信息时代提高工作效

率、完善管理体制、推动整个工程造价领域的发展有着举足轻重的作用。

因此,公路工程造价管理信息化绝对不是某个公路项目建设阶段的造价管理和某种信息技术的简单结合,而是以信息化技术实现造价管理现代化的一个进程。这一进程应该结合公路建设项目全过程造价管理和管理信息化的特点,将现代信息技术与造价管理理念相融合,转变造价管理的业务流程、管理方式和组织方式,按照全寿命周期、全要素和全方位造价管理的理念,通过建设项目各阶段信息传递和信息共享的网络化,增强建设项目每个阶段和环节中信息的分析和统计功能,最终实现合理确定投资、有效控制造价的目标。

2. 公路工程造价管理信息化的特点

(1)数据处理量大

公路工程的生产是一个周期长、数量大的生产性消费过程,而公路工程造价管理中所涉及的定额、指标、材料、设备价格更是种类繁多,而且随着时间不断地发生变化,这就使整个系统中所要求的处理数据量大大增加。

(2)子系统多、关系复杂

公路工程产品是一项复杂的生产活动。它必须经过投资估算、设计概算、施工图预算、招投标合同阶段、施工结算和最后的竣工决算,这样一个复杂的过程才能最后确定其实际造价,这种由粗到细、由浅入深、环环相扣、层层衔接的过程决定了公路工程造价管理信息系统的复杂性。

(3)造价管理需求差异大

不同阶层的用户有不同的信息需求,对于公路工程造价管理而言,可以把管理者划分为三个层次:政府部门、造价管理部门、造价操作部门。不同层次由于其所处的位置不同,因而其职能和工作重点等各有差异,因此,各部门对信息也有着不同的要求:①需求的详略程度不同,管理层次越高,对细节的要求越少,越是底层管理者,要求越多的信息细节;②需求的时效不同,政府部门制定政策和措施应当总揽全局,周密考虑,造价管理部门则利用时效较短的造价信息进行分析;③需求的水准不同,政府部门应综合其他信息源提供的信息进行综合分析,造价管理部门只要针对本部门和行业综合分析。

(4)数据的空间和时间性强

目前由于市场经济体制的完善和工程市场竞争的加剧,造价文件的编制周期越来越短,施工周期也大大缩短,企业造价管理部门中信息流通的速度也应随之提高,否则就不能做出正确的判断和决策。

(5)数据的时效性强

在市场经济体制中,物价指数、银行利率、外汇汇率等信息在造价管理中不断出现,能否及时正确地掌握这些信息,关系到工程造价的正确性,这就对造价管理信息系统的数据收集提出了较高要求。

二、工程造价管理信息化的发展与应用

1. 国外工程造价管理信息化发展历程

在信息时代的市场经济条件下,造价管理的生存空间、发展空间都不能脱离网络发展,知

识经济时代的供应链管理、客户关系管理、知识管理、企业资源计划管理在工程管理中形成协同办公模式,推动了工程造价管理的信息化发展趋势。20 世纪 90 年代末,发达国家运用计算机网络技术实现了工程造价管理的网络化、虚拟化,这种高科技技术和信息产业的发展促进了工程造价信息化的快速发展。各国建筑行业根据本国的国情,建立了具有自己特色的工程造价管理信息化制度模式,走上了规范化、标准化、科学化的道路。

90 年代末,日本开展了针对公共服务工程项目的数据化管理,规定其公共服务类工程项目的全部过程,包括立项、设计、施工和运营都必须统一在信息化平台上进行。经过多年的改进,日本目前采取每隔半年对工程造价信息变动情况调查一次的方法,每隔三年对现场经费和综合管理费进行一次修正,并且每隔五年对工程概预算定额进行一次调整。除此之外,日本的一些民间组织也会定期地发布物价和积算资料,如日本建设物价调查会作为全国工程造价信息的权威发布机构,是一个民间机构,属独立的财团法人,会定期发布建筑材料价格、人工价格、工事费、机械设备、工具价格、建设物价指数等信息。日本建设物价调查会在全日本设有若干调查机构,并具有一套较为科学的资料收集、分析和整理方法。对建设市场的材料价格、机械设备费作专门调查,其中将材料分为 A、B、C 三类,A 类每三个月调查一次;B 类每六个月调查一次;C 类每两年调查一次。每季度发布一次材料价格和工程造价价格信息。

美国作为现代互联网兴起的国家,天然具有对于信息数据使用分析的优势,采用高度智能化和管理相结合。1989 年,美国针对工程项目的信息化管理启动了专项研究,所得出的研究结果时至今日仍然指导着管理信息化工作。美国采用三种层次的造价信息的模式,即政府部门负责发布建设成本的指南和最低工资标准等综合造价信息,民间组织负责发布人工和材料的价格和造价指标等,而专业咨询机构则负责对已完工项目的造价资料进行采集和整理,最后存储进整个信息系统内。政府信息的公共性、专业组织机构信息的客观性、企业信息的实际性,三者有力地保证了造价信息的实时性、有效性、权威性和准确性,使造价信息在客观反映现实的同时又很好地贴近市场。

英国工程造价信息化发展可分为三个阶段,第一阶段以电脑应用、办公室自动化为主的初始阶段,第二阶段是网络化、工程算量软件的普及与联网、多维沟通技术使用的阶段,第三阶段是数据化、BIM、云计算、建筑一体化及全寿命周期、大数据时代的阶段。英国软件系统较为成熟,有算量软件、项目管理软件、建筑信息模型、全过程管理软件等多种实用软件,而近几年大热的 BIM 技术,在英国同样处于起步和发展阶段。

发达国家工程造价信息化发展一般来说具有四个共同特点,一是工程造价信息化建设的主体层次分明、分工明确,主要分为政府、专业团体、公司三个层次。政府通过制定相应的法律、制度、标准等,为民间组织(如行业协会)和企业提供必要的环境条件;民间组织根据地区实际情况收集、整理各种工程造价信息,并有偿向业界提供,推动造价信息市场化运作;企业建立专门的信息处理中心,收集、整理各种信息,形成企业内部的工程造价信息库、数据库,将造价信息演变成企业的无形资产。二是工程造价信息是市场化的数据服务,特别是市场化体系发达的国家显得尤为明显。三是工程造价信息服务只有根植于基础的行业数据中,才能获得真实的、有效的信息。四是注重信息技术的应用。在造价信息管理过程中运用了大量软件、信息系统,供造价信息的共享与交流。

2. 国内工程造价管理信息化发展历程

20 世纪 50 年代至今，我国工程造价管理从无到有、从小到大，经历了三次明显的变革，实现了跨越式发展根据各个阶段信息化建设的不同特性，可以将我国工程造价信息化发展分为三个阶段。20 世纪 90 年代前，是以工具软件为代表的初步信息化阶段，以单一功能的工具性软件应用为主要特征，表现为预算软件的出现和应用；20 世纪 90 年代中期，是以“工具软件 + 互联网”为依托的工程造价信息化阶段，以互联网技术初步应用为主要特征，开始出现社会化的工程造价信息数据；21 世纪初，是以“工具软件 + 互联网 + 造价管理软件”为主的工程造价信息化阶段，以管理性软件系统初步应用为主要特征，一些企业开始尝试利用计算机和网络技术提高业务管理水平，出现了定额管理软件以及服务于工程建设参与各方的全过程工程造价管理软件。

2017 年 8 月，《工程造价事业发展“十三五”规划》指出，积极完善工程造价数据信息标准，保证工程造价数据互联互通，推进建设工程造价数据库、计价软件数据库标准的统一，促进数据共享。按照政府主导、企业主体、行业协会参与的原则，构建高效的工程造价信息化建设协同机制。完善各级政府工程造价信息化建设，整合全国及地区造价信息资源，建立并逐步完善包括指数指标、要素指标、典型工程案例等在内的工程造价数据库。加强工程造价信息化技术研究，加快工程造价信息化标准体系建设，统一工程交易阶段造价信息数据交换标准，实现互联互通和跨部门信息协同。大力开展工程造价动态监测，提高工程造价综合指数、人工、材料等指数监测敏感度，建立市场行情分析、多方联动、快速反应管理机制。加强对市场价格信息、造价指标指数、工程案例信息等各类型、各专业造价信息的综合开发利用，丰富多元化信息服务种类。鼓励社会团体开展细微、精准的工程造价信息服务。建立健全合作机制，促进多元化平台良性发展，大力推进 BIM 技术在工程造价事业中的应用。但是，目前我国工程造价信息化建设还处于起步和发展阶段，造价信息发布机制尚不完善，工程造价信息数据标准化、时效性、准确性有待提高。尤其公路工程建设规模大、工程结构复杂、技术难度大，涉及的材料设备品种繁多，再加上公路工程建设周期长、时间跨度大，不同的编制阶段有着不同的材料价格、物价指数、银行利率、外汇汇率等市场经济要素。确定公路工程项目投资需处理海量的基础数据信息后才能决策。当前，公路工程造价管理的信息化还在积极探索、不断完善中。

3. 工程造价管理信息化应用方向

计算机已广泛用于工程项目造价信息的收集、造价的预算、造价计划和造价控制的全过程。工程造价管理的信息化主要体现在工程造价信息数据上，建立统一标准的基础数据库，数据库可以涵盖项目前期管理、项目建设管理、造价动态监控、运行维护管理、质量动态监测、项目决算管理与后评价等内容，为建设项目各参与方提供各类信息检索查询服务，在工程建设造价宏观管理和微观管理领域的应用都非常普遍。

首先，利用数据库技术完成标准基础数据库的建设，对于规模较大、跨区域的数据还利用有关网络技术实现分布式数据库管理。对于一些结构特殊的数据，可以根据数据自身特点，使用特殊方法，如：数据挖掘技术，提取主要信息记录，给用户提供高效便捷准确的查询服务。材料价格信息是工程造价管理信息中最为重要的一类信息，它直接影响工程造价的结果。借助互联网价格检索入库，这样用户就不仅是信息的享用者，同时也是信息的提供者，还可利用以往历史数据分析价格趋势，大大减少用户的日常询价工作，同时，这种方法收集数据量大，涉及范围广，通过一定的数据分析手段大大提高数据的准确性。利用计算机网络技术资源共享的特点，可以充分调动用户工作的积极性。材料价格信息共享方式的实现，必须要简明科学的分类方法，统一的类别编码，编码要科学有层次、清晰简单，这样不仅可以有效提高查询材料的效率，也方便数据库的开发和维护。

其次，在政府宏观造价管理方面，建设部门或造价管理机构主要采用门户网站与核心业务结合的信息化实现方案，开展造价管理工作。造价管理机构通过门户网站发布政务信息，计价依据信息，工程造价指标、指数、价格信息，咨询单位、从业人员信息；信息员通过门户网站实现人工、材料、机械价格信息和工程项目造价数据的上报；建设部门或造价管理机构通过门户网站的政务平台接口或其他专用接口与用户进行行政许可、人员考试报名等业务的在线办理、沟通互动。目前，国家层面的建设工程造价管理信息化平台是"中国建设工程造价管理协会"，其界面如图 5-1 所示。各地市也都建立起了自己的造价信息平台。

图 5-1 "中国建设工程造价管理协会"网站界面

最后，在企业微观造价管理方面，建设工程估算、概算、预算、招标控制价、投标报价、结算等造价文件普遍使用软件编制。部分建设管理单位、造价咨询企业、施工企业或软件开发商，根据管理需要或市场需求，开发了一批项目管理软件，例如可供施工企业或监理企业编制内业技术资料的建筑工程资料管理软件，供造价咨询企业用于业务管理、协同办公、项目派单、成本控制的综合管理系统等。

三、公路工程造价管理信息化的发展现状

1. 国内公路工程造价管理信息化概况

改革开放以来，公路工程造价管理工作完成了从计划经济到市场经济的转变，取得了较好

的成绩,初步建立了符合国家有关部门规定和具有交通行业特色的工程造价管理体系。截至2017年,全国已有21个省(自治区、直辖市)的公路造价管理机构为独立法人事业单位,10个与其他机构(如质监、建筑建材等)合署办公,各省级公路造价管理机构(以下简称"省站")积极开展公路工程造价审查工作,成效显著。如2017年,湖南省交通建设造价管理站共审查公路水运工程各阶段建设项目191个,其中:估算项目11个,调整估算项目1个,概算项目28个,调整概算1个,一阶段施工图预算项目29个,两阶段施工图预算项目41个,设计变更预算及变更费用项目49个,最高限价及清单预算项目12个,材料调差项目2个,征拆补偿费用及其他项目17个,项目各阶段累加投资总造价约1173.43亿元,核减约33.02亿元,核增约2.35亿元。

在工程造价信息管理方面,全国已有23个省站建设了基于网络技术的公路工程造价数据库信息系统。广东、河北、贵州、福建、新疆、湖南等省站已实现在省(自治区、直辖市)内公路工程项目的造价数据库储存造价资料基础上,分析指标、指数、定期更新和发布造价信息,以此来评价和控制工程造价,为工程造价动态管理发挥了重要作用。同时,部分省站在公路工程材料价格信息管理方面也取得了较好的实际效果,为建设市场合理选择优质工程建筑材料,准确把握材料价格,供造价审查、投标投、财审造价工作提供依据。

由于各省站的业务范围权限、需求深度、对信息化管理力度、项目出发点不同,最终建设的"造价数据库系统"亦存在较大差异,以近几年完成的广东、贵州和北京等省(直辖市)公路造价管理数据库和服务平台建设为例,可以看出造价管理信息化的着眼点主要分为"静态数据分析"和"动态造价管理"两类。"静态数据分析"主要以保存、分析已确认的历史数据(估算、概算、预算、结算、决算),以求为将来新建项目的造价提供决策数据,辅之以材料价格信息分析发布等模块。"动态造价管理"除包括前述所有功能模块目标外,还包括在建项目的造价动态管理要求。

(1)广东省公路工程造价综合管理系统

"广东省公路工程造价综合管理系统"包括项目管理、造价文件编审、监督管理、计价依据管理、材料价格管理、资质资格管理、综合查询管理和电子政务平台等功能模块的管理系统。

系统设计为十个业务子系统和四个桌面型单机版工具软件。系统总体框架如图5-2所示。

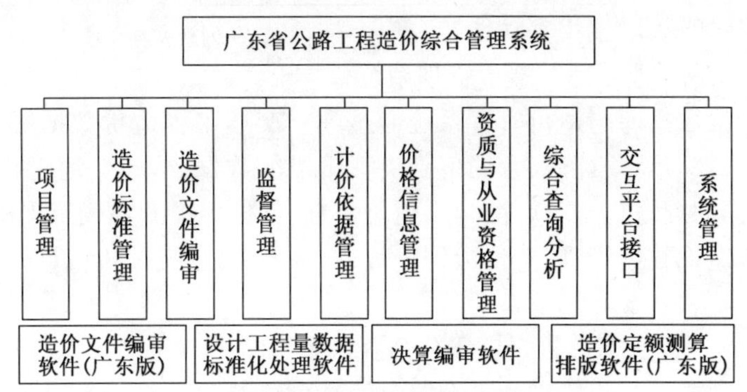

图5-2　系统总体框架图

十个业务子系统是:项目管理、造价标准管理、造价文件编审、监督管理、计价依据管理、价格信息管理、资质与从业资格管理、综合查询分析、交互平台接口、系统管理。业务子系统之间的信息关系如图 5-3 所示。

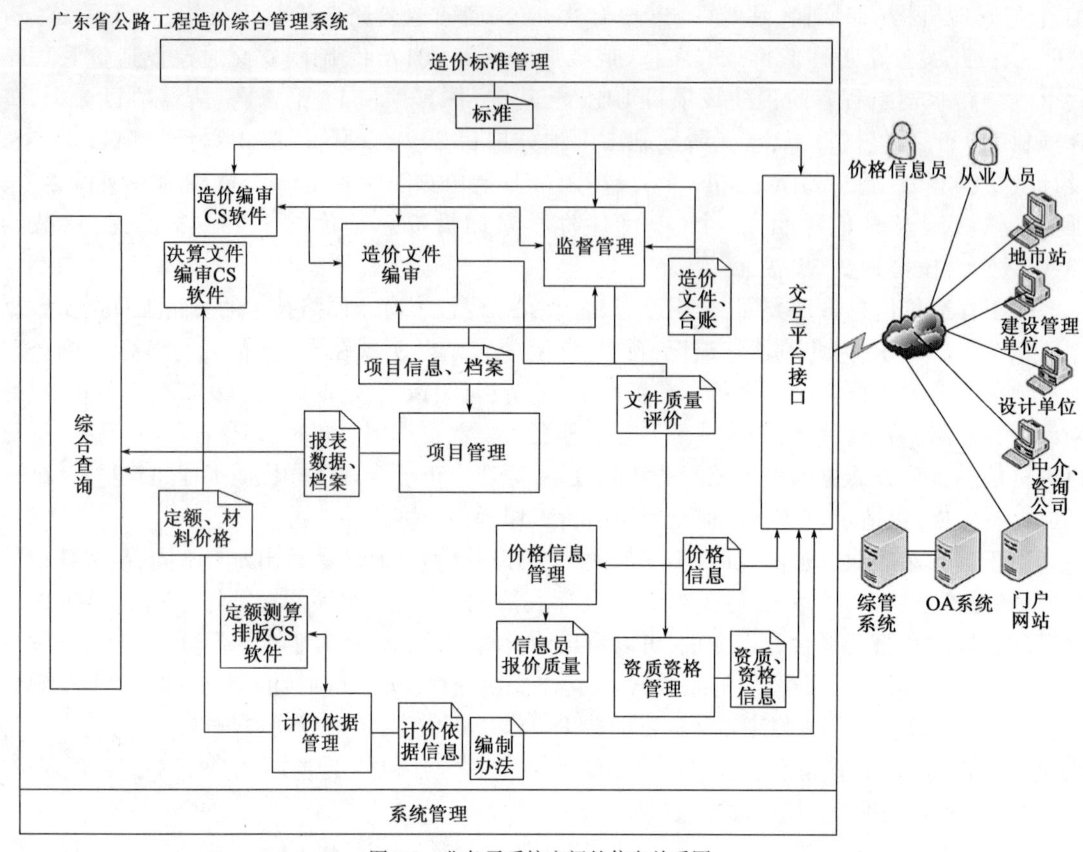

图 5-3　业务子系统之间的信息关系图

四个桌面工具软件是:造价文件编审软件(广东版)、设计工程量数据标准化处理软件、决算编审软件、造价定额测算排版软件(广东版)。

十个子系统与四个单机版软件功能互补,十个子系统构成综合管理统一平台,主要统一数据标准、远程采集、传输、存储、共享、业务办理流程、数据库查询分析等功能,四个单机版软件实现离线数据编辑、运算、输出报表功能。

(2)贵州省工程造价数据库与造价管理系统

贵州省工程造价数据库与造价管理系统通过建立交通工程造价数据库,整理、分析、规范已有的项目估算、概算、预算、标底、合同价到决算阶段的数据,构建交通工程造价数据的分析模型,设计造价数据的提取、分析软件,建立造价审查、价格填报的在线流程机制。

业务模块包含造价数据管理、造价数据审查、材料价格信息、造价信息分析等四个子模块。各模块流程如图 5-4、图 5-5 和图 5-6 所示。

(3)北京市公路工程成本分析管理和公众服务系统

北京市公路工程成本分析管理和公众服务信息系统的建设将服务于公路管理部门、从业单位、社会公众,并实现与北京市交通运输委员会路政局、北京市交通运输委员会、市其他委办局、交通运输部资源共享。

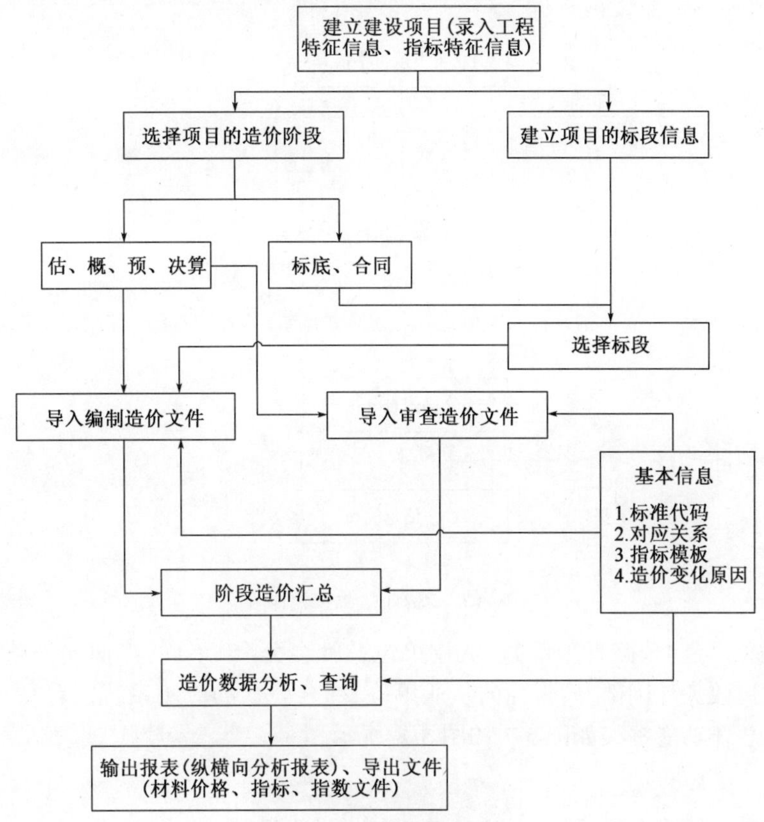

图 5-4　造价数据管理流程图

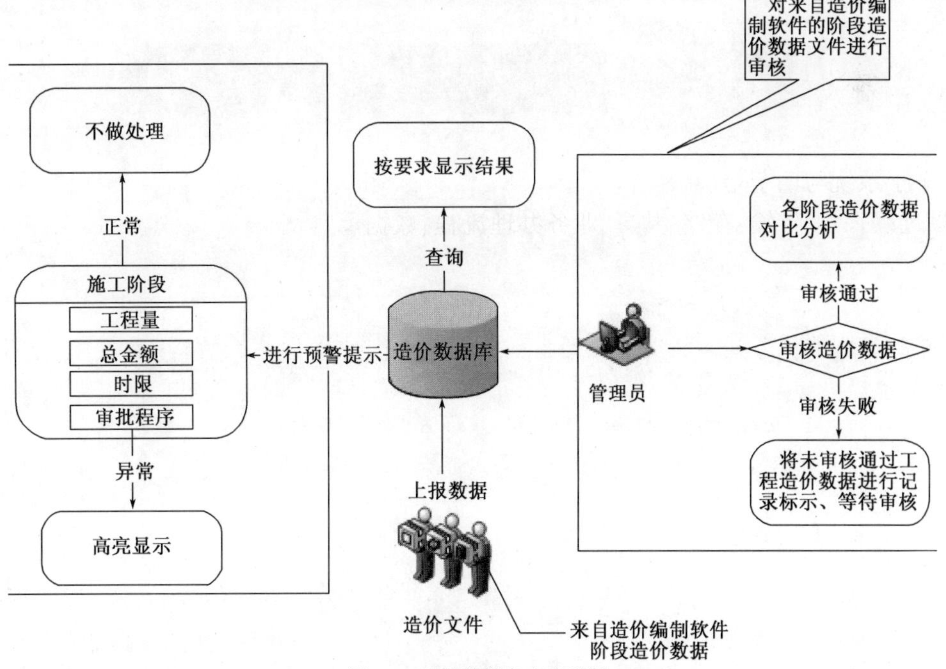

图 5-5　造价数据审查流程图

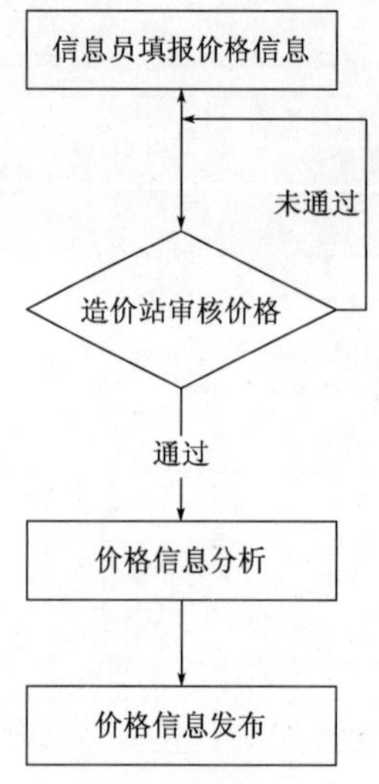

图 5-6　材料信息管理流程图

根据其服务对象(公路管理部门、从业单位及社会公众)不同,将面向公路管理部门的系统部署在路政局政务外网部分;将面向从业单位、社会公众的应用系统部署在互联网部分,其总体布局图和总体功能框架如图 5-7 和图 5-8 所示。

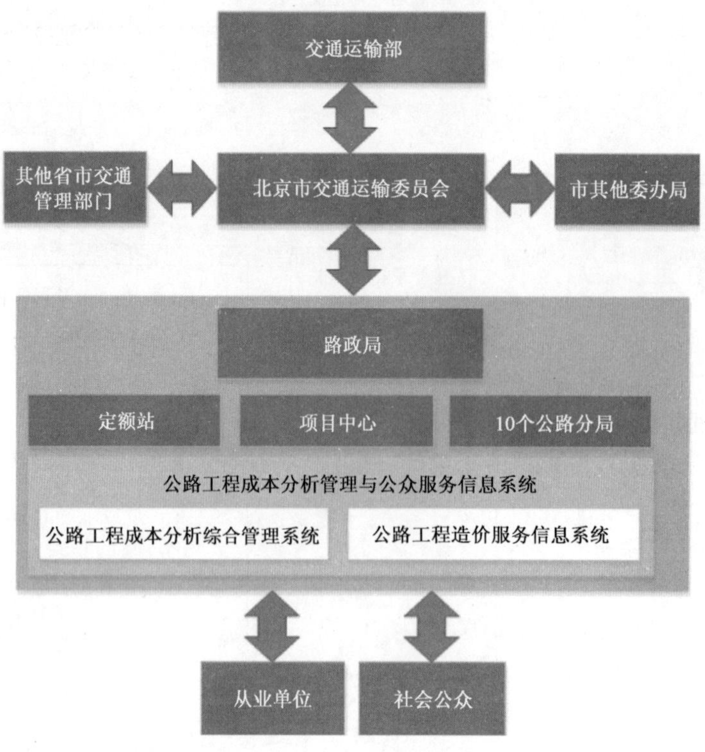

图 5-7　总体布局图

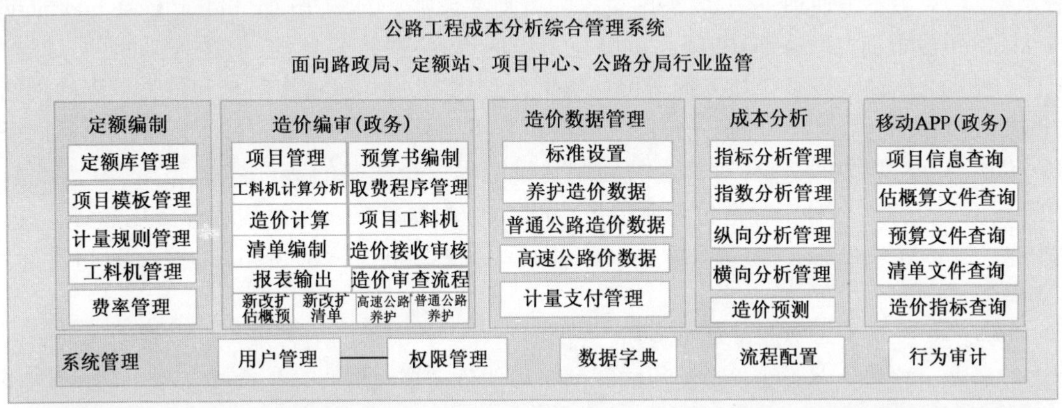

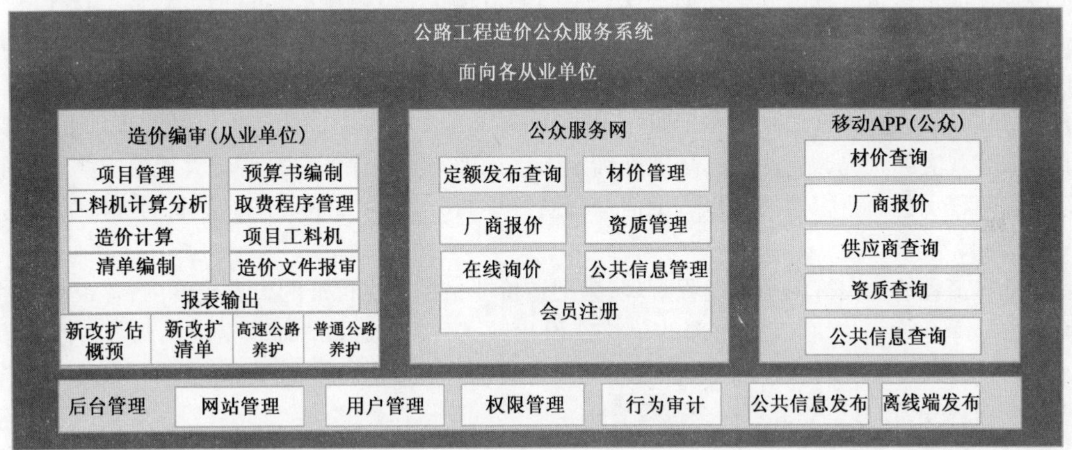

图5-8　总体功能框架

2. 国外工程造价管理信息化现状

随着国际建筑业的发展,发达国家的建筑工程造价管理已在科学化、规范化、信息化的轨道上运行。从目前的资料分析可以看到,主要发达国家,如美国、英国、日本和德国等,普遍利用信息化手段,建立类似"造价数据库"的软件系统,目标均为实现工程全过程的造价控制与管理,采用由行业协会组织专门的机构收集、整理各种工程造价信息,按照各施工企业工程积累的资料和本地区实际情况,根据工程结构、材料种类等,制订出每单位的消耗量和基价,并以此作为依据,分析、测算各种工程造价指数,通过工程造价信息平台提供给业界参考使用。

(1)英国

英国对造价信息体系分为三层次,分别为政府层次、专业团体层次和企业层次。政府层次是指英国建筑业行业设有专门的情报部门——贸工部建筑市场情报局,负责收集、整理及每季度定期向社会公布工程建设领域人工、材料、机械等价格信息,测算各类建设工程的投标指数和造价指数,引导和规范工程造价的确定。这些信息和指数在工程造价中是必备的参考信息,在工程造价管理领域极具影响力。

专业团体层次主要是指发布的造价信息专业团体,其中以英国皇家测量师学会为代表。这些团体下设专门机构,负责收集、整理各种工程造价信息,分析、测算各种工程造价指数,并有偿提供给业界参考使用。例如，英国皇家测量师学会属下的 BCIS（Building Cost Information Service 建筑成本信息服务部）专门收集已完工程的资料，并将其分类、创建数据库，通过建立网上工程造价信息服务平台和工程造价分析平台，提供人、材、机价格信息和各类工程的投标、造价指数；同时提供建设工程不同阶段工程造价分析、测算等服务，通过输入匹配的项目特征，可查询或测算出相关的造价，对确定与控制建设工程各个阶段的造价具有重大作用。此外，BCIS 还不定期发布各种工程造价专业报告，分析人、材、机价格以及工程造价变化趋势。英国的 PSA（Property Services Agency 物业服务社）每月也发布投标价格指数，供招标和投标者参考。

企业层次是指大多数测量师事务所、咨询公司和一些大型的工程承包商发布的造价信息。大多数英国建筑相关企业都非常关注实际的工程造价信息收集、积累，这些都作为公司重要的无形资产严格保密。大部分企业通常设立专门的信息收集处理中心，负责收集、整理各种造价信息。通过分析、总结公司所承接工程实际过程中发生的各种造价数据，积累并生成公司内部的造价信息数据库，编制近期工程造价信息表，供公司内部使用，同时有偿向社会提供工程造价信息服务。这些数据信息来源于实际工程，同时又建立在社会公共造价信息的基础上，反映了企业客观实际状况，贴近市场，是准确确定工程造价的重要保证。一些较大规模的测量师事务所和工程承包商所积累的工程造价信息有逾百年的历史，有力地促进了企业的可持续发展。

(2)日本

日本工程造价实行的是全过程管理，为把造价严格控制在批准的投资额度内，各级政府都利用数据库系统，掌握有自己内部的单位造价指数，为决策提供基础数据。从调查、计划、设计、施工、监理检查、竣工直至维修各阶段均严格管理。对政府投资的项目，分部门直接对工程造价从调查开始，直至交工实行全过程管理。

日本建筑学会成本计划分会制定出日本建筑工程分部分项定额，编制了工程费用估算手册，并根据市场价格波动变化进行定期修改，实行信息化的动态管理。一般每半年发布一次工程造价变动情况的调查报表，每三年修订一次现场经费和综合管理费用，每五年修订一次工程概预算定额。与英国相类似的是日本官方机构下设“经济调查会”和“建设物价调查会”，专门负责调查收集各种相关经济数据和指标。出版与工程造价有关的刊物包括：《建设物价》杂志、季刊版《土木施工单价》、季刊版《建筑施工单价》、月刊版《积算资料》、周刊版《物价》及袖珍版《积算资料》等资料，另外还会在网络上登载一套周刊版《物价》的资料。调查会还使用“积算基准”进行调查，调查包括土木、建筑、电气、设备工程等相关的定额及各种经费的实际情况，发布市场中各种建筑材料的工程价、材料价、印刷费、运输费和劳务费，通过各地商社、建材店、货物或工地实地调查得到相关价格资料。其中，每种材料都标明由工厂运至工地，或由库房、商店运至工地的运输费用差别，并标明每个月的价格走势。利用这种符合实际的工程预算编制方法充分体现了“市场定价”的原则，而且根据不同地区不同价格，更有利于不同条件下的投标报价。

(3)美国

与英国相类似的，美国也包括三层次造价信息。政府部门发布建设成本指标、最低工资标准等综合造价信息；民间组织例如“S-T”、ENR(Engineering News-record)等许多工程造价咨询公司，则负责发布工料价格、建设造价指数、房屋造价指数等方面的造价信息；企业组织是指由专业工程造价咨询公司负责收集、处理、存储大量已完工项目的造价信息统计，供造价工程师在确定工程造价和审计工程造价时借鉴和使用。

(4)加拿大

加拿大魁北克市政府下设一个专门机构，定期发布的该市及其他地区的人、材、机单项价格信息等资料和工程造价的综合性指标。其中所有单项价格和综合指标资料均来源于参与建设的各单位本身所承担的已完工程的实际造价及当时的市场询价。

综上所述，国外在工程造价信息管理方面已有较为成熟管理体系和方法，非常重视已完工程造价信息的积累，对于工程造价管理的典型做法就是建立工程造价信息资料库并加以运用。如何借鉴国外工程造价信息管理的理论研究及实践经验并结合我国的实际情况，建立自身的工程造价信息管理体系是我国公路工程造价的当务之急。

四、我国公路工程造价管理信息化的必要性

1.造价信息化存在的主要问题

由于公路建设工程具有建设规模大、技术难度高、结构复杂、施工周期长、时间跨度大、设计机械材料繁多等特点，并且工程造价编制阶段容易受到物料价格浮动以及银行利率等市场经济因素的影响，需要对大量的基础数据进行妥善处理之后才可以合理确定对该公路工程项目的投资决策。随着我国经济发展进入新常态，特别是经济发展方式从规模速度型粗放增长转向质量效率型集约增长，对加强公路投融资和控制公路建设成本提出了更高要求。

虽然早在20世纪80年代后期，我国公路造价管理信息系统的研发工作就已经开始，从交通运输部到地方公路工程定额站也都进行了大量的资料收集工作，并针对数据库的建立进行了分析，目前交通造价信息化、管理信息化应用的系统也很多，但在实际应用过程中，存在着如下一些共性的问题。

(1)计算模式单一

长期以来，我国的交通运输行业造价计算主要以概算预算定额为计价依据，并结合各省(自治区、直辖市)补充定额。在缺乏网络知识和复合专业人才的情况下，许多交通运输造价管理系统的运算方式都陷入了模仿人工预算的误区，软件的功能只局限于套用定额、修改材料单价、工程取费、计算造价等，计算模式单一、机械、不够灵活。

(2)数据资源不能共享

现在许多造价相关单位对交通运输造价数据资源的重要性认识不足，工程数据资料的积累已经十分丰富，但却是分散的、独立的、封闭的、非共享的系统，导致“信息孤岛”，大量的交通运输造价管理信息资源不能得到有效的利用，不能充分发挥其应有的作用。

(3)历史交通运输造价数据指标不能有效利用

交通运输造价指标是交通运输造价管理信息资源积累的一种结晶，是反映交通运输造价构成的技术经济数据。目前现有的交通运输造价经济指标是通过人工统计后，再进行量化计算的，工作效率低，计算精度不高，而且无法实现多个工程的造价指标对比分析，不能使造价指标资源得以有效利用。

(4)交通运输造价信息资源管理缺乏系统性

目前对交通运输造价信息的采集加工和传播缺乏统一规划,统一编码和系统分类,信息系统开发与资源拥有之间处于相互封闭,各自为战状态。其结果是无法达到信息资源共享的优势。更多的管理者满足于目前的纸上信息,忽略信息深加工。

(5)交通运输造价信息采集处理方法落后

采集技术落后,信息分类标准不统一,数据格式和存取方式不一致,使得对信息资源的远程传递加工处理变得非常困难,信息资源的内在质量很难提高,信息维护更新速度慢,不能满足信息市场的需要,落后于信息化社会的要求。

(6)公众服务能力偏弱

工程造价行业主管部门或是权威部门在以后的市场经济环境下,在数字信息高度发达的条件下,如想保持自身的权威性,就必须对造价信息进行定期发布,才能满足信息社会里人们对造价信息的需求。目前社会上大量从业单位对项目工程价、典型工程案例库、材价、定额、造价相关技术资料有信息查阅的要求,尤其是设计单位和施工单位在编制造价或投标文件时对价格需求尤其强烈,而材料设备供应商也愿意通过一个专业的公众平台发布材料价格(品牌价、市场价),宣传、推广建设材料,但目前行业主管部门在这些方面的服务能力偏弱。

2. 造价信息化转变滞后的原因

随着经济高速发展、现代科学技术进步带来的信息技术巨变,公路工程造价的传统管理方式必须要寻找新的出路,实现信息技术的运用、信息化管理是公路工程造价管理必经之路,但是相关法律法规、管理模式和方法等方面的问题还困扰着造价信息存储体系和分析体系的研究,造成我国公路工程造价管理信息化发展滞后,跟不上信息化时代的步伐。

(1)法律法规方面

目前,我国尚未出台专门针对工程造价信息化的法律、法规和部门规章,建筑行业现有的主要法律、法规和部门规章中也基本没有关于工程造价信息化的相关规定和要求。在住房城乡建设部层面,专门针对工程造价信息化的政策性文件并不多,最主要的当属2011年6月发布的《关于做好建设工程造价信息化管理工作的若干意见》(建标造函〔2011〕46号)。该文件针对政府在造价信息化的职责、信息化平台、信息标准等问题提出了若干意见。

2016年9月2日,交通运输部发布了《公路工程造价管理暂行办法》,自2016年11月1日起施行。这是我国第一部关于公路工程造价管理的规章制度,作为行业规章,从国家层面完善了公路工程造价管理制度体系,在我国公路造价管理发展过程中具有标志性意义。《造价管理暂行办法》对我国公路造价信息化进行了原则性引导,造价管理要顺应时代发展,利用科技进步,搭建起部级和各省(自治区、直辖市)公路工程造价大数据平台,并实现互联互通和信息共享,形成全国一盘棋的思想,深层挖掘造价数据价值,以信息技术引领造价管理发展,大幅度提升管理效率,提升行业管理水平。信息化是以数据的标准化为基础的,因此交通运输部还将尽快制定发布造价信息化标准,以统一部省之间造价信息平台的数据接口。

(2)网络信息化平台层面

我国已建有中国建设工程造价信息网,其基本完成了建设部发布的有关造价管理信息的建库工作。目前,该信息网主要包括首页、综合新闻、政策法规、行政许可、各地信息、清单计价等内容。其中,政策法规数据库汇集了法律法规、部门规章、规范性文件、地方政策法规;造价咨询单位和工程师的管理系统主要完成企业和工程师的资质管理;计价依据数据库汇集了国家统一计价依据和地区计价依据;造价信息数据库汇集了全国各省(自治区、直辖市)住宅建安成本和各工种人工成本。目前,全国绝大多数省(自治区、直辖市)也纷纷建立了工程造价信息网站,但是这些网站的命名方式不统一,信息覆盖程度也参差不齐。综上所述,全国已建立提供各类工程造价信息资源的三级网站,分别是建设部网站下设的"标准定额"子栏目,建设部标准定额司建设的中国建设工程造价信息网,各省级政府自建的信息网及部分地级市、县级城市建立的地方性工程造价信息网站。

在公路工程造价管理信息化方面,交通运输部公路工程定额站和各省(自治区、直辖市)交通(公路)建设造价管理站(局)除建立了官方网站外,在造价信息标准化、材料价格信息管理和投资控制方面进行了大量的探索。福建省第一个制定了定期编制发布造价分析报告的制度,选用的软件基本上涵盖了公路建设工程的所有方面,包括估算、预算、概算、工程量清单编制、审查等。贵州省率先建立了造价监督数据库系统,改变了传统现场检查的造价监督方式,使事后审计与造价监督变成随时随地的动态审计与造价监督成为可能。广东省也取得了创造性的成果,构建公路工程造价管理标准体系、开发公路工程造价综合管理系统、建成集多种类型造价信息为一体的数据库、研发的专业造价工具管理软件也处于全国领先地位。当前,我国工程造价信息化平台建设已初具规模,标准化建设稳步推进,造价信息管理与服务能力正逐步提高。不过,仍存在亟待解决的问题,如政策不健全、标准不统一、应用不深入,造价信息相互封闭割裂且时效性不佳、数据共享与交换较差等,无法有效契合市场需求。

(3)管理模式及标准方面

现在我国采用的是以定额为计价基础的全过程公路工程造价管理模式。《造价管理暂行办法》第二章第五条明确规定了"造价依据"的范围:"交通运输部制定公路工程造价依据。省级交通运输主管部门可以根据交通运输部发布的公路工程造价依据,结合本地实际,组织制定补充性造价依据。"根据交通运输部门制定的统一的指标、定额和完全相同的计费程序等来控制公路工程的造价,且定额等造价依据一般有滞后性,无法及时全面涵盖,即使《暂行办法》要求交通运输主管部门应当及时组织造价依据的编制和修订工作,但仍难以满足公路工程新工艺、新设备、新材料等新形势变化的需求。

除此之外,我国现行工程造价管理体系是以政府为主体的单一管理模式,不利于推动工程造价信息化建设,有必要构建一个更适用于工程造价信息化的组织管理体系,即通过科学管理指导、开发和运用各种现代信息技术手段,以拓展多种服务方式与发展工程造价信息化为目标,按照一定运行规则和制度组成的有机体系。从工程造价信息化的含义与要求看,其涉及的众多参与方大致可分为政府、行业协会、企业三类,具体组成如图 5-9 所示。

(4)管理软件及信息系统方面

20 世纪 90 年代以来,广联达、斯维尔、鲁班、神机妙算等工程造价软件竞相发展,推陈出新。广联达公司、斯维尔公司针对建设方、施工单位、中介公司、政府部门、设计院、专业院校等不同目标客户,开发了多种信息化软件,工程造价信息化软件种类日益丰富。同时,工程造价软件开发企业也注重对 BIM 技术、云技术、项目全生命周期的整体管理以及工程项目相关配套软件的研发,但在对部分造价咨询企业的调查中却发现,一些前沿技术如 BIM、云技术、整体管理等的相关软件市场应用情况尚不理想。

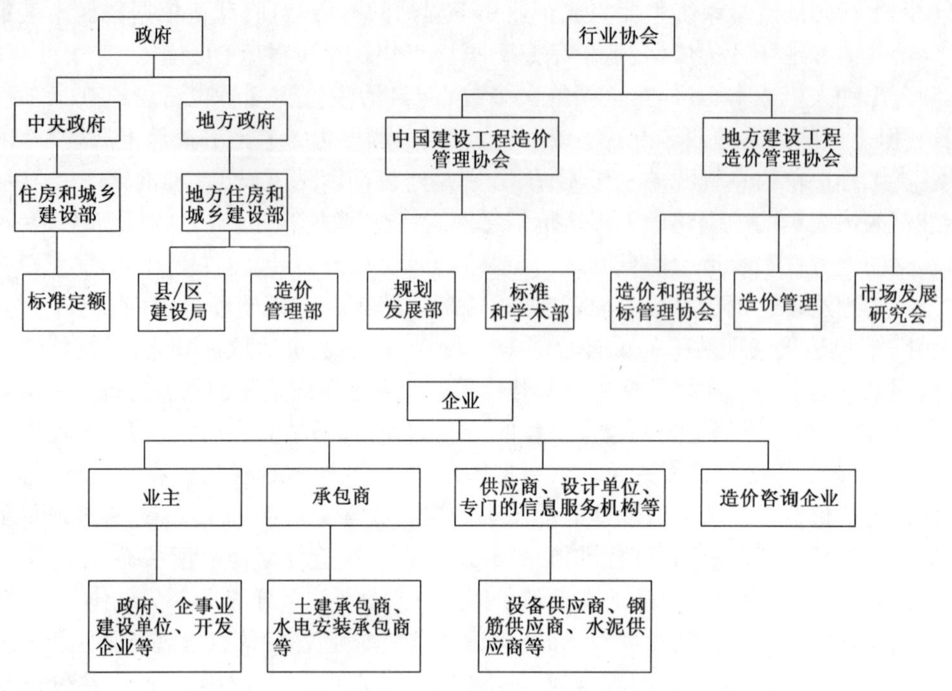

图 5-9　我国造价工程信息化组织管理体系

各省(自治区、直辖市)交通运输(公路)造价管理机构也致力于研发各具特色的专业造价工具管理软件,如河北省材料价格信息系统、广东省三级清单编制软件、湖南省动态监管系统、河南省决算编制系统等。其中,广东省的发展尤为突出,充分利用桌面型单机版工具软件本地化处理批量数据效率高、计算精确、快速导出报表、所见即所得等优势,在统一造价数据输入、输出标准的基础上,研发设计工程量数据标准化处理软件、估概预算编审软件、决算编审软件和定额测算排版专用软件,自动生成标准格式的清单数据,自动汇总数据,导出不同需求的造价文件报表,以解决手工编制、审查造价文件效率低、易出错等问题,给工具软件设计数据交换接口,便于同造价综合管理系统进行数据交互。以上多项管理软件的研发成功,填补了国内空白,大幅度提升了公路工程造价管理的信息化程度和管理效率。

经过多年的信息化建设,我国的公路建设工程造价信息化管理系统已经具有一定规模,这是建筑领域改革创新造价管理方式的重要尝试之一。实现公路建设工程造价信息化管理,对以后工程建设中的工程投资和强化造价管理等方面都起到了至关重要的作用。不过在发展的过程中仍存在不少需要改进的问题,这值得公路工程造价技术和管理人员和技术从业人员继续进一步地进行研究分析,使之更好地应用于工程造价信息化之中。

3. 造价管理信息化必要性

公路建设资金需求量大、筹措困难,公路工程单位造价逐年上升,公路每公里造价从几千万到上亿元不等,构建公路工程造价管理信息系统在合理确定和有效控制工程造价、提高投资效益方面,非常必要、意义重大。

(1)是促进政府职能转变,提升行业管理与服务水平的需要。

打造为工程建设的市场主体单位、工程咨询公司、设计公司、材料设备供应商、政府部门、造价管理机构及造价从业人员提供造价信息服务的服务平台。坚持“创新机制、提升服务”原则,以用户需求为导向,创新服务模式,发挥市场作用,提升行业管理与服务水平。

(2)是政策落地实施,加强造价管理的需要。

全国公路工程造价管理信息系统的建设有利于加强造价管理、控制工程建设成本,推动建立和完善工程造价信息要素收集、发布的相关制度,实现国家、地区和行业工程造价信息资源的共享。做好工程造价定额、指标、指数研究和发布工作。准确反映工程价格和变动趋势,为宏观调控、投资决策以及工程造价的确定、控制和调整提供技术工具和信息服务。

(3)是公众对社会信息公开透明的需要。

全国公路工程造价管理信息系统的建设有利于国有投资的项目成本信息向社会公众公开,有利于公众对国有资金使用情况的监督,有利于工程建设领域实现公正、清明以及防止腐败,提升施工企业的技术、管理能力,实现规范、合理、理智的竞争。

(4)是提升政府公信力的需要。

全国公路工程造价管理信息系统服务于政府部门,作为宏观决策的依据。如发改委、财政部门在资金投资估算的审批时参考造价信息系统数据;审计署进行预决算审核时,系统对三超问题提供合理的数据判定依据。

全国公路工程造价管理信息系统服务于各级建设业主,通过合理的技术指标对工程的设计、质量、安全和养护运营方面进行评价。

(5)是提高行业标准化水平的需要。

全国公路工程造价管理信息系统服务于造价管理部门,作为监测建设市场的依据,作为定额编制的测算、作为材料指导价的发布依据。

全国公路工程造价管理信息系统的建设会促进造价体系标准化推行,协助企业应用通行的工程分类标准体系,清单编码体系,人工、材料、机械编码体系等标准来实现工程造价信息标准化。

(6)是对行业知识沉淀与分享的需要。

全国公路工程造价管理信息系统的建设有利于行业造价知识的沉淀与分享。将行业优秀的造价人员工程经验、造价知识经验进行沉淀,并分享给广大造价员,快速提高造价人员的专业水平,提升造价企业管理水平和造价成果质量。

第二节　公路工程造价管理信息化原理

一、公路工程造价管理信息化的基本思路

制度保障是公路工程造价信息化建设最有效的保障体系,主要包含公路工程造价信息化法律层面、公路工程造价信息化管理制度层面和资金制度层面,从宏观层面全面指导造价信息化建设方向与思路。

标准保障是最基础的保障体系,是从信息资源出发制定的保障,是其他保障体系顺利实施的前提,也是实现行业内工程造价信息资源高度共享的基础,并为公路工程造价信息化平台的建设和运营提供技术支撑。

平台(或系统)保障是公路工程造价信息化建设的外在表现,信息化平台按照服务对象的不同可划分为行业信息化平台、企业管理信息化平台和工程项目造价管理信息化平台。行业信息化平台根据平台的主要职能又可分为行业管理信息化平台和行业服务信息化平台。信息化平台的建设需要各主体的明确分工和协同工作,并依靠制度体系和技术标准为支撑。充分发挥信息化平台对造价工作的重要支撑作用,为行业内造价信息资源的交流与共享提供媒介,促进行业、企业、项目的信息资源交流与共享,实现行业内工程造价信息资源的集约与共享。

整个工程造价信息化建设循环过程与工程造价信息化建设主体政府、行业协会、企业息息相关。政府、企业是提供工程造价信息的主要来源,也是工程造价信息的主要使用者;行业协会是工程造价信息的发布平台;工程造价信息的流通需要政府、行业协会制定法律法规、制度等。从这些可看出造价信息协同与建设主体协同具有一致性。因此造价信息化建设的良性循环需要政府、行业协会、企业的协同运行,良性互动。因此,在大数据时代下,公路工程造价管理信息化首先应在法律制度和标准层面,为信息标准化构建基础和提供保障,其次通过大数据库平台建设,依靠数据库存储和管理能力实现造价全过程数据整理、处理分析、集成与应用。

为充分挖掘程造价数据的利用价值,将公路工程造价管理全过程数据资料分类汇总,统一公路建设前期、中期和后期计价方式,实现各阶段计价方式衔接,造价数据连贯,形成全过程造价数据闭合控制。同时根据公路工程全过程造价管理的需要,建立项目基本信息、造价文件编制与审查、价格信息管理、计价标准管理、从业人员诚信管理、造价监督等的数据信息录入库。在现阶段造价管理的基础上,依据大数据库的建设管理,形成一种用于公路工程造价文件编制、审查、监督管理、信息发布与利用、人员与机构资质管理等全过程的信息化应用模式。

二、公路工程造价管理信息化的技术架构和要点

1. 公路工程造价信息管理的基本原则

公路工程造价管理信息化就是由人和计算机共同对公路工程造价信息进行采集、传递、储存、加工、维护和使用的过程,通过信息资源的开发利用和共享,不断提高造价管理的效率和水平。公路工程造价管理信息是动态的,信息化过程必然也是存在着一定的“阶段性”,因此在技术上也需要进行阶梯式架构与开发。目前常用的成熟度模型基本都是阶梯式的,结合信息化长远和可持续发展的过程一般可分为:①技术支撑级;②资源集成级;③管理优先级;④战略支持级;⑤持续改善级。根据公路工程造价管理现状以及数据存量,可在资源集成级建立造价信息化管理初级模型,适当延伸至管理优先级。而当造价信息资源本身的质量得到保证后,从更好地服务于市场主体的角度出发,在造价信息资源管理过程中需要遵循一些基本原则,才能提高造价信息资源的管理水准和经济效益。

(1)合理配置原则

造价信息资源本身是个大系统,大系统中又包含多个子系统,造价信息资源应合理分配到各子系统中,使各子系统的资源充足又不浪费,保证整个大系统的造价信息资源自由畅通,不

会因为某个子系统的信息短缺而影响大系统的功能，保证造价信息资源发挥最大的效用。同时，在配置造价信息资源时需要结合外部环境的变化，比如市场的需求、造价信息资源的数量等进行合理优化。

(2)合理使用原则

造价信息资源的合理使用即是造价信息资源使用的及时性和高频性，对市场中的造价信息资源需要及时使用，减少它的闲置和浪费；储备的造价信息资源长时间得到使用就会失去效力和原有的价值，导致人力、技术设备的沉没成本增加，并形成了一种机会成本，使造价信息资源系统的投资回报过低，造价信息资源的产出效率偏低，为了提高造价信息资源的使用效益，必须对其合理使用。

(3)及时更新原则

组成造价信息资源中的要素受市场环境影响较大，随政策改变、客户需求改变随时发生变化，不断出现新的造价信息资源，通过及时收集新的信息补充到造价信息资源系统中，从而保证造价信息资源系统的信息可靠性和准确性。在收集信息的同时，需要关注技术设备和相应软件的更新情况，做到造价信息系统本身及时更新。有关信息人员也需及时提高综合素质和专业能力。

(4)规模经济原则

造价信息资源的各要素具有规模经济效益，在条件一定的情况下，增加造价信息资源投入量可以提高造价信息产品的生产效率，当造价信息资源投入量达到一定数量时，造价信息产品的生产效率反而会降低并造成造价信息资源的浪费，导致规模不经济。同时，造价信息资源的各要素之间需要协同考虑，在开始阶段所有造价信息资源要素会随其扩大而表现出规模经济效益，然后经历规模不经济阶段，要最大限度地发挥造价信息资源的规模经济效益，就必须将造价信息资源的各要素合理配置和充分利用。

2. 公路工程造价管理信息化的技术架构

按照信息化管理的基本思路、工作方法和原则分析，公路工程造价管理信息化系统建设是通过公路工程造价管理信息平台来实现，因此，其不仅要能满足当前的需求，兼容现有的软件，而且要考虑长远发展，以便今后扩展。通过造价信息管理平台建设，实现公路工程造价信息资源的集成，公路工程造价业务的协同共享，提升公路工程造价工作效率，为相关工作的预测、决策提供依据。考虑到技术的合理性、可行性和公路工程造价信息海量数据的背景，公路工程造价管理信息化系统一般划分为数据集成层、数据存储层、数据处理分析层、数据输出展示层，同时用相关的标准和规范来约束、支撑架构设计。

(1)数据集成层

数据集成层在整个架构的底层，主要处理平台的数据来源，数据可以是Oracle、MySql数据库或其他数据库，数据结构包括多样化的数据，包括结构化的数据、非结构化的数据及半结构化的数据，数据格式包括文字、音频及图像等。有些数据可以直接存储，有些数据需要经过解析后存储。数据集成层可以实现外部数据源层与文件层的数据交换。

(2)数据存储层

数据存储层使用不同组件，通过分布式文件技术，将不同地方的存储设备组织起来，给数据处理分析层提供一个统一的接口供其访问，可以进行数据表及其存储管理和非结构化的大数据存储。

(3)数据处理分析层

数据处理分析层主要包括数据并行处理程序、数据库工具访问和数据分析计算工具,为数据分析人员提供完整的搜索查询功能。

(4)数据展示层

终端通过 Web 服务器、电脑、手机、平板电脑等进行数据的展示输出。

依据公路工程造价管理信息化系统及平台的需求分析、建设目标及设计原则,考虑平台今后的需求增加和业务的扩展,应用多种服务组件来实现数据接入、丰富数据的处理,技术架构整体可分为 IT 基础环境、业务系统接入、数据资源中心、平台应用支撑、数据交换服务及平台应用等部分,系统总体结构如图 5-10 所示。

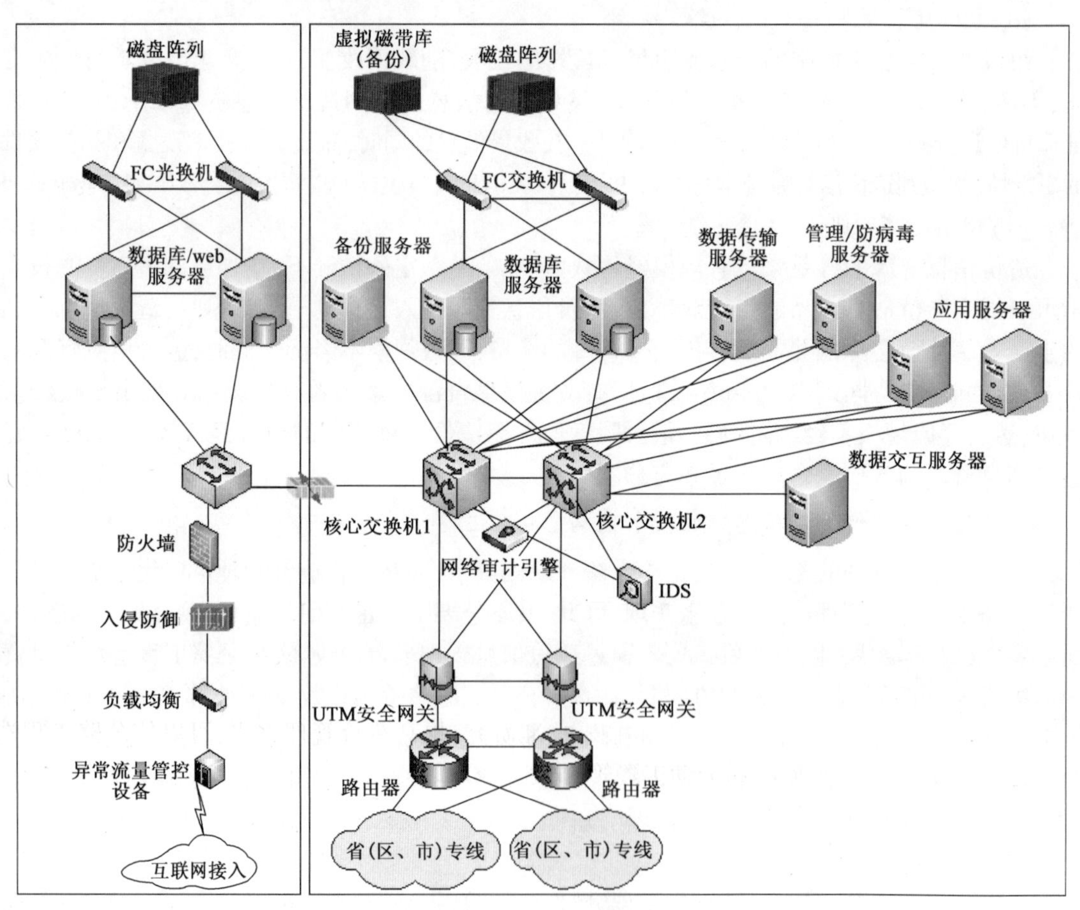

图 5-10 系统总体结构图

①IT 基础部署:IT 基础部署是平台的硬件和软件环境,支撑整个平台的正常、高效运行,主要包括有主机、存储、网络等设备,及操作系统、系统相关软件等。

②业务系统接入:主要接入外部投资决策、设计、招标采购、施工、竣工结算等阶段的相关系统,将业务数据整合到平台数据资源中心。

③数据资源中心:数据资源中心整合了公路工程造价信息资源数据,主要包括政策法规库,人工、材料、机械价格信息库,公路工程造价指标库,行业信息数据库等。

④平台应用支撑:主要为支撑平台应用的一组服务,包括有数据管理服务、注册服务、用户管理、消息服务等。

⑤数据交换服务:主要为数据交换服务的相关组件,包括接口服务、工作流配置服务、规则管理服务、数据转换服务等。

⑥平台应用:主要为包括平台的信息采集、信息发布、信息检索、决策支持等相关应用。

第三节　公路工程造价管理信息的标准化设计

一、公路工程造价管理信息标准化的意义

公路工程造价信息的多样性、复杂性和可变性,决定了对各类信息的归类、整理、分析也应当采用统一的标准和划分方法,虽然交通运输部先后颁布了《概预算编制办法》《公路工程国内招标文件范本》《公路建设项目竣工决算编制办法》等标准文件,对工程项目的划分标准、造价文件的编制内容和格式作出统一的规定。但由于工程项目的差异和一些人为的因素,各项目造价资料的内容和格式不尽相同,给造价资料的存储、分析和使用造成了极大的不便。公路工程造价管理标准化的目的就在于管好、用好公路建设投资,安全高效、优价保质组织公路工程建设项目实施。

公路建设作为交通运输发展的重要硬件基础,是交通系统完成国家和地方公路建设任务的基本职责。公路建设项目造价管理中各阶段造价文件的标准化对交通运输发展的重要意义主要体现在以下几个方面。

(1)有效提高造价管理水平和投资效益

公路工程全过程造价标准技术研究,表面上是为了解决造价文件的规范、统一和协调的问题,深层次来看其实质是为了更加合理地确定造价和有效控制造价,从而提高投资效益和企业的经营效果。另外,通过公路工程造价技术标准研究,提高造价管理水平,可以使公路工程造价管理如同财政、金融、税收和劳动工资管理一样成为国家控制全社会投资总规模和调节投资结构、地区结构、项目结构以及减少盲目建设、重复建设的重要经济手段。同时,打造公路工程建设造价管理一系列标准化体系,使得造价管理机构从烦琐的算量过程中解放出来,转而向经济指标分析、指标控制、指标积累等方向研究,为政府投资部分和公路建设管理部分提供准确的造价服务。

(2)进一步保障和维护当事人合法权益

造价管理文件是工程建设过程中当事各方承担责任和享受相应权利的重要依据。公路工程建设的特点,决定了工程计价具有单件性、多次性、组合性以及计价方法的多样性和计价依据的复杂性等特点,同时工程建设还具有建设周期长、参与方工作关系广泛、项目操作复杂、不可预见因素多等特点。通过造价标准技术研究和应用,提高造价管理文件质量可以显著减少和避免因为造价文件缺陷造成的索赔,同时在出现索赔问题时能够提供完整、详细的证据,从

而保障和维护当事人的合法权益。

(3)进一步促进造价管理信息化建设

公路工程造价文件使用计算机编制的现象已经较为普遍,但是,由于文件编制技术未标准化,各编制单位的电子资料都为单位自行保存,未能形成一个统一的编制、存储机制,资源无法交换与共享。标准化是消除差异、保持统一和协调的基础。通过开展造价标准技术的研究,固化公路工程各阶段造价文件的编制,建立有效的交流和资源共享平台,以信息化为抓手,进一步提高造价管理水平,并且有利于行业信息公开透明。标准化项目表—标准化清单—标准化台账—标准化交竣工造价文件的编制必将为政府投资部门造价管理机构、建设管理单位提供长期有效的造价指标积累。有利于各部门对国有资金使用情况的监督,有利于工程建设领域实现公正、清明以及防止腐败,提升施工企业的技术、管理能力,实现规范、合理、理智的竞争。

(4)进一步提高造价从业人员业务素质

随着公路工程建设市场管理改革的逐渐深化,出现了工程招投标制度、项目法人责任制等工程管理制度,工程索赔、工程项目可行性研究、项目融资等新业务在客观上需要造价管理从业人员应具备经济法、经济管理、工程计量与计价和工程造价管理等多方面的专业理论知识和综合实践工作能力。开展造价标准技术研究将有助于指导相关从业人员不断完善自己的知识结构,提升业务水平,从而更好地协助投资者对投资项目进行全方位的造价管理。

(5)有利于政府公信力提升

公路工程造价管理标准化研究成果服务于参与工程建设的各个部门,为宏观决策提供基础数据积累。如发改委、财政部门在资金投资估算的审批时参考标准化造价积累;审计部门进行预决算审核时,对三超问题提供合理的数据判定依据。

二、公路工程造价管理信息标准化体系及设计

1.体系设计目标

公路工程造价信息是公路工程造价确定与控制的依据,获得有效的、足够的造价信息是提高工程造价编制水平、发挥工程造价管理重要作用的必要条件,也是政府相关部门进行调控的依据。为了完善我国市场经济条件下公路工程造价管理体系,满足建设市场的需要,公路工程造价主管部门应结合公路工程造价的管理现状,建立具备信息收集、处理、查询、指数生成与预测等诸多功能的公路工程造价信息标准化系统平台。

(1)科学性

公路工程造价信息系统平台的建立是为了改善我国公路工程造价管理现状,提高工程造价管理的信息化水平,为政府宏观调控工程造价服务,为项目投资决策服务,为工程造价人员及相关机构服务。因此,该系统平台的建立必须具有科学性和合理性,包括平台的总体设计以及各个模块的功能实现,尤其是造价信息的采集标准和采集途径一定要建立在科学性的基础之上,以保证所采集信息的准确性、全面性、系统性,因为造价信息是形成数据库的基础,是整个系统平台的基础,也是平台各种功能实现的依据。

(2)兼容性和适应性

建成后的信息系统平台要能够兼容现行的定额计价和工程量清单计价两种模式下各种标

准数据格式,同时考虑可以将各省市造价信息网、招标投标网以及各种专业造价软件计算结果以电子表格的形式自动导入,减少人工录入数据的工作量,提高数据准确性。另一方面,系统要能够对同类数据中的主观差异(如项目特征描述的先后顺序、术语选用、文字样式等)自动识别、归纳并提醒数据录入人员可能存在的偏差,即具有较强的适应性。

(3)前瞻性

我国交通基础设施建设市场发展非常迅速,因此,信息系统平台的建立应该具有一定的前瞻性,尤其是信息采集标准的制定更要具有前瞻性以满足未来建设市场的发展,并尽可能考虑与全国各省市乃至全球同类平台的兼容与共享。

科学性、兼容性、适应性和前瞻性是建立我国公路工程造价信息及指数系统平台的目标,也是平台建立过程中需要遵守的原则,依此建立的信息系统平台将达到国内领先水平并能在一定程度上满足未来工程造价管理发展趋势的需要。

2. 功能需求分析

所谓功能需求分析就是针对不同用户的要求进行细致的研究分析,将用户非形式的需求转化为完整的需求定义,再由需求定义转化到相应的形式功能规约(需求规格说明)的过程。我国公路工程造价信息及指数系统作为一个庞大的开放性网络平台,它既要为造价主管部门服务,又要为造价专业人员及相关机构服务,同时还要面向社会开放,为公路工程业内外人士提供各种服务。因此,在信息系统建设之前,应该针对不同用户群对平台的功能需求(如信息类别、服务方式和平台应用的主要困难与障碍等)进行系统、全面的分析,以用户需求为导向,实际应用为依据,把公路工程造价信息及指数系统平台建成满足各类用户需求的多功能计算机网络服务系统。从根本上提升造价管理及成本分析能力的需求,提升为公众提供行业服务能力的需求,提升工程项目及造价数据采集的需求,整合各省现有应用系统的需求。

(1)造价主管部门功能需求

①满足定额编制、发布及修订工作。

②实现公路工程材料设备价格信息收集、整理、发布工作。

③实现公路工程概算、变更的造价审查工作。

④实现对公路工程造价人员资格、造价咨询机构资质的管理。

⑤建设公路工程造价数据库,实现造价指标、造价指数等辅助决策数据的分析。

⑥发布公路工程造价最新政策性信息。

(2)其他相关部门功能需求

①交通运输部

交通运输部需要了解全国公路工程造价指标、造价指数信息,通过这些数据,掌握全国公路工程的造价整体情况。

②其他行业主管部门

其他行业主管部门需要掌握全国公路工程的造价整体情况,利用相关数据分析国家整体经济形势及未来发展方向。

③各省级公路工程造价管理机构

各省级公路工程造价管理机构需要查看最新政策性文件,相关信息查询便捷。通过标准接口、标准数据格式,实现数据共享机制。

④交通运输相关企业

设计、咨询受业主委托,按照各省级公路工程造价管理机构对公路工程行业的规范要求完成被委托项目的概算及变更设计编制工作。

监理单位、施工单位:对项目工程价、典型工程案例库、材价、定额、造价相关技术资料有信息查阅要求,尤其是施工单位在编制造价或投标文件时对价格需求尤其强烈。

主材厂商:希望有公开渠道了解同业其他单位的材料价格情况。

3. 框架设计

系统设计是遵照一定的设计原则对平台的总体架构、功能模块细分、系统标准的制定、数学模型的建立以及相应软件的开发设计等内容进行合理的分析研究,它们构成了平台建立过程中的主要工作,因此,本节仅讨论系统平台建立的总体架构设计以及各个功能模块的设计。

(1)设计原则

为了使系统平台在结构上科学合理,功能上充分满足需要,技术路线切实可行,系统设计应遵照以下原则进行:

①规范化原则:包括平台的内容、数据的分类与编码、信息采集标准等;

②完备性原则:确保数据和系统功能的完备性以满足各级用户的需要;

③可扩展性原则:满足用户对系统要求的增加和系统自身的扩充,特别是数据编码和系统功能、数据以及软硬件配置均可根据未来需要进行扩展;

④适用性原则:系统的结构、功能和界面设置要适合用户使用,操作方便灵活;

⑤实用性原则:系统设计不仅要考虑方法与手段,还要考虑大量数据的存储、维护与更新,同时还要考虑与现行管理体制相适应;

⑥可行性原则:系统设计要充分考虑人力、财力因素,具有稳定可靠的数据源和较为迫切的用户需求以及适宜的建设阶段划分。

(2)总体架构设计

根据系统建设思路、工程建设目标及建设任务,系统技术架构包括信息系统接口层、应用服务层、应用支撑层、数据服务层、IT 支持服务层等五个层面,以及信息系统的安全保障体系、标准规范体系、运行保障体系三大体系。如图 5-11 所示。

①五个层面

a)系统接口层

公路工程造价管理信息系统是针对造价从业人员的数据查询和应用服务的门户,可以通过登录网站访问相关的数据,完成造价业务的处理和综合信息查询,通过数据服务与全过程造价管理监督系统进行造价文件和材料价格等数据的交换。

公众服务系统中要利用行业数据(材料价格、造价文件等)和工程计量数据来进行分析和测算,形成的成果数据如:造价指数、指标等要在公众服务网站上进行发布的展示。

b)应用服务层

服务于造价管理各级单位,以数据资源整合为依托,强化对整合后的造价信息资源的充分挖掘利用,集中开发相关服务。通过数据查询、数据分析和数据发布等手段,多角度、多形式为业务管理和领导决策提供统一的数据资源服务,辅助加强对全国交通造价行业的整体监管能力和分析决策能力,提高全行业整体运行效率和公众服务水平,增强行业管理的科学性和协调性，提高交通造价服务质量，全面提升行业形象。

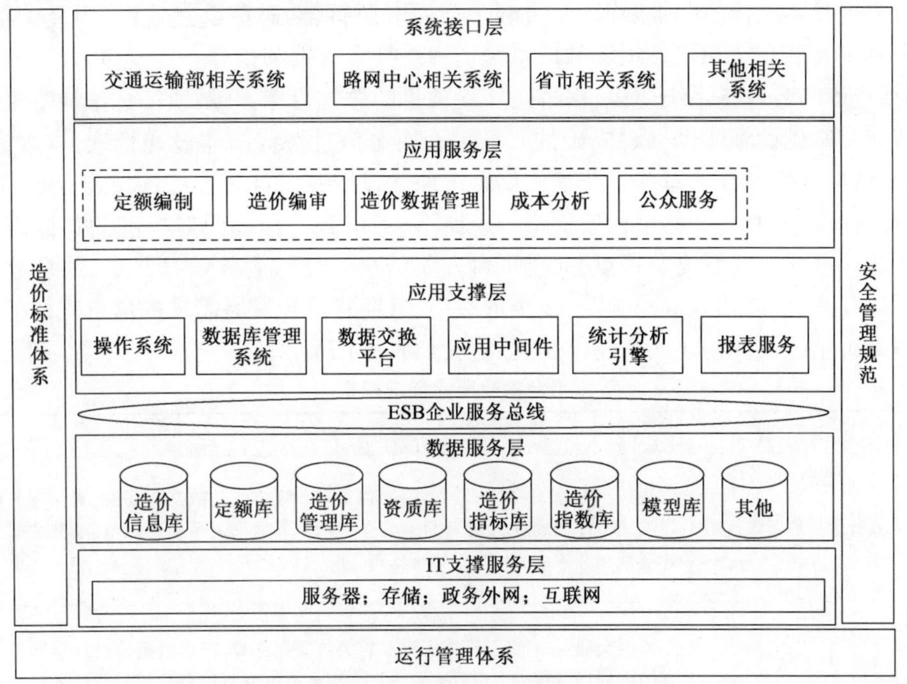

图 5-11　公路工程造价信息管理体系技术架构

用户可通过桌面终端、WEB 终端等多种方式访问应用服务层的数据和功能。

c)应用支撑层

应用支撑平台主要实现用户管理和权限控制、工作流管理、信息交换、云端数据/文件存储、数据挖掘的公众服务基础平台。

d)数据服务层

根据不同的数据周期，制定各自的归档策略，并且采用适度的常规备份和事件触发的备份策略，建议每周进行一次全备份，每天进行增量归档备份。此外，在进行大数据量的数据导入之后，例如进行完大量造价文件数据导入后，都要进行一次完整的数据库备份，以保证在发生意外时，拥有基本实时的数据。

e)IT 支撑服务层

支持服务层包括基础网络、硬件设备和系统软件。

②三大体系

a)安全保障体系

安全保障体系需要在现有的安全管理规章制度、物理安全、网络安全的基础上，结合现有数据安全管理策略做好系统数据安全管理即可满足工程造价管理的安全管理要求。

由于系统所连接的众多外部系统将给所需的局域网以及外网安全带来极大的隐患，所以系统所采用的安全策略应该是多种多样的，既要能够保证核心系统的安全，又能够保证用户和系统之间数据传输的安全，同时还要严格地保障政务外网上其他系统的安全。

b)标准规范体系

标准规范是系统构建的重要基础,有利于开展资源整合,避免重复建设,为最大限度地实现各业务系统互联互通和建立顺畅的信息渠道提供技术依据和指导。为规范系统数据资源整合、数据库建库与各业务系统建设,需围绕建设项目的总体目标,开展所需标准建立工作。

系统涉及基础设施建设(软件、硬件)、数据交换等信息架构的建设和管理,本着标准先行的原则,平台标准化设计的总体思路是依据系统的建设内容、目标,参考各相关行业、部门地方标准和国家标准,同时在新的平台架构指导思路下,考虑到应用部门对标准的具体需求,结合交通信息化标准化发展情况及特点,通过平台开展信息分类与业务信息共享、共享数据项、接口、代码等相应的标准和规范的制定,逐步形成中、远期建设和发展需求的信息化标准体系。

具体来讲系统平台构建共需建设5类规范,如表5-1所示。

平台构建所需标准规范

表5-1

序号	名称	内容
1	业务数据库建设规范	通过制定业务数据库建设规范,以指导和规范业务数据库建设,确保业务数据库建设的统一性、标准性和准确性。主要包括业务数据关系描述规范、业务数据元数据描述规范和业务数据信息发布规范等
2	数据接口规范	依据交通运输部、路网中心已有相关数据规范要求,本数据接口规范制定包括对原有的数据规范基础上进行完善、扩充,满足造价定额信息化需要。数据接口规范制定的内容包括:一是制定数据接入、存储数据格式规范,定义接口参数和类型;二是制定数据交换标准规范和信息报文格式
3	信息接入规范	包括定义交换前置机部署方式、交换桥接模式、接入要求、接入流程、交换桥接系统开发规范和交换服务配置规范
4	交换服务配置规范	定义交换服务配置中的端口占用、发送接收和异常服务、交换通道和异常通道等规范
5	信息服务接口规范	信息服务接口规范为其他系统接入提供可执行规范,包括在系统接口定义、交换系统交换方式、部门接入信息字段定义、各类应用层协议等

c)运行保障体系

在平台的质保期内,由路网中心信息技术人员和承建商的工程技术人员共同承担项目的运行维护。在平台的质保期后,由路网中心信息技术人员负责项目运行维护,或委托第三方专业运维团队进行日常系统维护和业务处理。

4. 工程边界

通过本系统平台建立全国公路工程造价管理的相关数据接口标准,与各系统分别实现数据互通。各相关系统由于需要满足标准接口所做的改造和相关研发工作,不在本平台边界范围。路网中心负责整体平台构建和实施,各省市分平台建设由各省市自行负责,系统边界如图5-12所示。

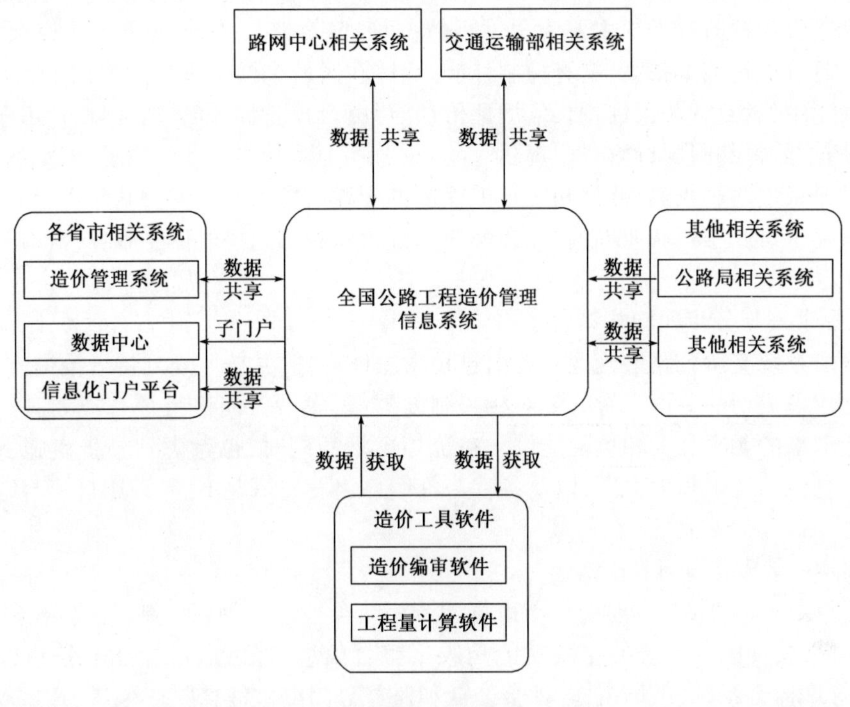

图5-12　系统边界图

第四节　我国公路工程造价管理信息化的实施应用

一、我国公路工程造价管理信息化思路

1.建设思路

以科学发展观为指导,全面贯彻落实2014年全国交通运输工作会议关于"加强工程造价管理,控制工程建设成本"的要求,加快推进全国公路工程造价信息化建设,提高信息管理能力,全面推动交通现代化造价管理体系构建和发展。

坚持"统筹规划、统一标准、分步实施、互通共享"的原则,立足公路建设造价管理的改革发展,做好全国公路工程造价信息化的顶层设计,并结合各地工程造价信息化发展情况及特点,有步骤地推进信息化建设。结合"互联网+"思维,坚持"创新机制、提升服务"原则,以用户需求为导向,创新服务模式,发挥市场作用,形成规模效益,带动造价专业咨询服务业发展。

在广泛调研、充分听取各方面意见的基础上,为提高全国公路工程造价管理信息系统建设运营和监管的科学性、规范性,按照功能不同,将系统分为全过程造价管理监督系统、公众服务系统两个业务系统。两个系统主要由造价大数据平台、材料价格信息管理平台、信用评价管理平台、定额采集分析平台、设计标准化平台、政务信息平台中不同的子系统/模块构成。

全过程造价管理监督系统主要为全过程造价管理审(核)查,建立重大建设项目、典型工程项目电子造价资料档案备案,具有控制性、专业性和区域个性化服务的特征。同时包括公路工程造价从业单位和从业人员注册、信用评价功能,由行政监督部门结合本单位电子政务建设进行设置,用于监督部门履行监督职责。

公众服务系统通过收集、整合和发布工程造价资源信息以及相关公共信息,为全过程造价管理监督系统、市场主体、从业人员、社会公众和行政监督部门提供信息服务,具有综合性和公益性的特征。

(1)统筹规划与分步实施相结合

制定一个系统支持公路造价业务的信息技术总体规划,并按照规划持续推进实施,是公路造价信息化建设成功的关键。有必要对相关制度框架、发展方向进行统筹规划,避免边发展、边规范可能带来的无序开发和重复建设。在统筹规划的同时,也考虑到分步实施,例如,由于各方面对信息化的认识程度不同,以及各省造价信息化发展情况不同,采用自建与统建相结合的方式。

(2)政府引导与市场调节相结合

结合"互联网+"思维,政府引导与市场调节相结合,坚持"创新机制、提升服务"。以公众服务系统为例,公众服务系统的主要功能是收集整合信息、提供造价标准服务和市场信息服务,为造价管理监督系统、市场主体、社会公众和监督部门提供信息服务。基于这一定位,公众服务系统按照政府指导、共建共享、公益服务的原则建立和管理。明晰政府与市场的服务边界,明确政府提供的工程造价信息服务清单,鼓励社会力量开展工程造价信息服务,探索政府购买服务,构建多元化的工程造价信息服务方式。通过购买服务等多种方式,充分发挥企业、科研单位、社团组织等社会力量在工程定额编制中的基础作用,提高工程定额编制水平。

服务将遵循政府政策导向,实现社会资源整合作为前提条件,建立运营模式保障系统正常运转、保障信息质量及服务水平。用户可随时、随地查询具有权威性、标准化的人工、材料、机械等价格信息;也可以从系统中获得类似工程、典型工程、特殊工程的相关数据支持。通过系统与用户间的"信息交互式运动",使系统中的信息和数据提升"纯度"去除"杂质",逐步实现行业内各种信息、资源、要素的优化与重组,为提升行业现代化水平提供有力的支持。

(3)统一标准、鼓励创新、互通共享

由于没有统一的电子造价数据标准,各工具软件格式不同,也没有标准的数据交互接口,使造价信息无法交互和共享,甚至形成新的技术壁垒。因此,要以新造价标准为基础,统一规范与鼓励创新相结合。必须实现两个系统、六个平台的互联互通,实现顶层平台、各省市造价平台的互联互通,必须做到技术标准的统一以实现信息整合,方便行政监督,促进政府信息公开。

2. 建设目标

以造价标准体系为基础,规范造价管理业务流程,在公路工程造价海量数据的基础上,利用先进的信息技术、数理统计与分析方法构建公路工程成本分析模型,实现工程造价管理日常工作高效化、过程管理规范化、造价监控实时化、数据分析科学化的管理目标，最终实现公路工程造价的合理确定和有效控制，服务于交通建设大发展的需要。

精准化服务满足工程造价信息交换、资源共享需要，打造为工程建设的市场主体单位、工程咨询公司、设计公司、材料设备供应商、政府部门、造价管理机构及造价从业人员提供造价信息服务的服务平台。

公路工程造价管理信息系统建设按四个阶段分步实施，第一阶段完成总体规划和相关技术规范标准准备；第二阶段完成部中心系统平台的搭设；第三阶段完成各省市分中心的建设和互联互通；第四阶段完成社会其他相关部门、单位的接入和拓展。

第一阶段依托新公路造价编制办法、定额的修订，已先行开展，在编制过程中充分考虑大数据平台的应用，通过建立统一的工程造价基础代码体系，完善造价文件编制的程序和要求，为信息化提供依托。目前已开始进行系统的总体规划调研和研究。

第二阶段根据一阶段的成果建设公路工程造价管理系统平台，从技术上解决平台应用上的相关问题，初步完成路网中心总系统的搭建和运营测试。

第三阶段依托路网中心总平台，由各省（直辖市、自治区）在已有的分中心平台上，进行改造，实现与总平台的互联、互通、数据共享。

第四阶段各相关公路造价软件提供商、从业机构根据社会需求建设依托管理信息平台的自主信息处理系统，作为社会主义市场经济运行的主体，参与社会化竞争。此阶段时间跨度大，自由度强，政府应给予引导和帮助，建设时间按实际情况自主决策。

力争实现以下目标：

（1）深入分析行业内部造价定额管理部门和外部从业单位的业务需求，统一造价信息标准，实现造价业务数据化、互联网化，造价成果文件电子化。

（2）基于各省级公路工程造价管理机构、定额站的现有资源，基本建成国家公路工程造价数据库，为政府宏观决策、造价管理机构造价管理与服务以及政府行业监督提供决策支持。

（3）建立造价从业单位和从业人员管理信用档案，为政府行政监督部门依法在线监督、诚信查询提供信息通道。

（4）确保安全性的前提下，满足国家、各省级公路工程造价管理机构、定额站和外部从业单位的业务需求，形成服务于从工程建设到维修、养护全过程的工程造价信息资源、电子工程定额等数据服务。

（5）在系统建设和运行过程中，培养一批技术保障运行、支撑业务和数据维护的业务骨干，制定系统运维制度和规范，确保系统稳定运行。

二、我国公路工程造价管理信息化总体建设方案

公路工程造价管理信息平台是公路工程造价管理信息化系统建设的具体呈现，公路工程造价管理信息平台建设应包括：架构设计、标准建立、数据库建立与完善、平台功能设计与开发、工程造价预测、方案比选与推荐、平台与维护等。本部分主要讨论公路工程造价管理信息化建设的应用系统、支撑平台和数据资源建设方案。

1. 应用系统建设方案

全国公路工程造价管理信息系统由全过程造价管理监督系统、公众服务系统两个部分组成。两个系统主要由造价大数据平台、材料价格信息管理平台、信用评价管理平台、定额采集分析平台、设计标准化平台、政务信息平台构成。

部、省两级分别建立统一的造价数据中心体系。部造价数据中心通过与省级造价数据中心的数据交换共享,逐步完善部级数据中心体系,并保持数据同步和标准统一。造价、材料价格、定额等业务数据库集中存储于业务数据分中心,基础数据库、主题数据库、共享业务数据库来源于业务数据库,通过整合汇集,集中存储到主数据中心,主要功能、架构关系和各级数据库分布及数据流向如图 5-13 所示。

2. 应用支撑平台建设方案

全国公路工程造价管理信息系统的应用支撑平台主要实现用户管理和权限控制、工作流管理、信息交换、云端数据/文件存储、数据挖掘的公众服务基础平台。

项目平台应具有跨平台、可移植、可拓展等优点,具备通用的数据接口标准,实现数据交换无缝传递与交互,同时系统必须具有高效的数据处理能力和通用的数据源访问能力。

支撑平台系统可采用数据融合和关联挖掘技术获取综合指标、建立预测模型,实现战略执行监控多维分析技术、实现经营分析与预测。通过建立的多维数据视图和汇总数据的施工企业数据仓库,允许用户在不同的汇总级别观察数据,满足管理决策人员对数据进行深入分析和多级审批的要求。

3. 数据资源建设方案

(1)数据库基本架构

造价管理信息平台一般应设计造价管理业务数据库、社会公共数据库两级数据库的方案,其总体框架如图 5-14 所示,这主要是出于以下原因考虑:

①从安全上讲,本项目分为造价管理机构用户、社会公众两类用户,根据《信息安全技术 信息系统安全等级保护基本要求》,需要分级管理数据,确保满足数据安全的需求,将造价管理机构数据、公共数据隔离起来,造价管理机构、社会公众用户各自访问自己的数据内容,提高安全性。

②从业务上讲,本项目分为造价管理机构、社会公众两类用户,用户对数据需求和数据库性能要求不尽相同,本设计根据各自需求分级建设,确保各级数据库功能和效率,避免相关影响。

③从技术上讲,目前数据共享与交换技术已经非常成熟,政务外网、互联网数据交换效率很高,分级建设不会影响到用户需求。

(2)数据库基本数据及来源

造价信息平台的数据内容包括:造价编审数据、定额数据、工程量清单、工料机基础、取费项、费率、运费标准数据、造价文件数据、成本分析数据、动态台账数据、材料价格数据、网站管理数据、造价人员资质数据、造价上报数据等。具体数据需求和来源如表 5-2 所示。

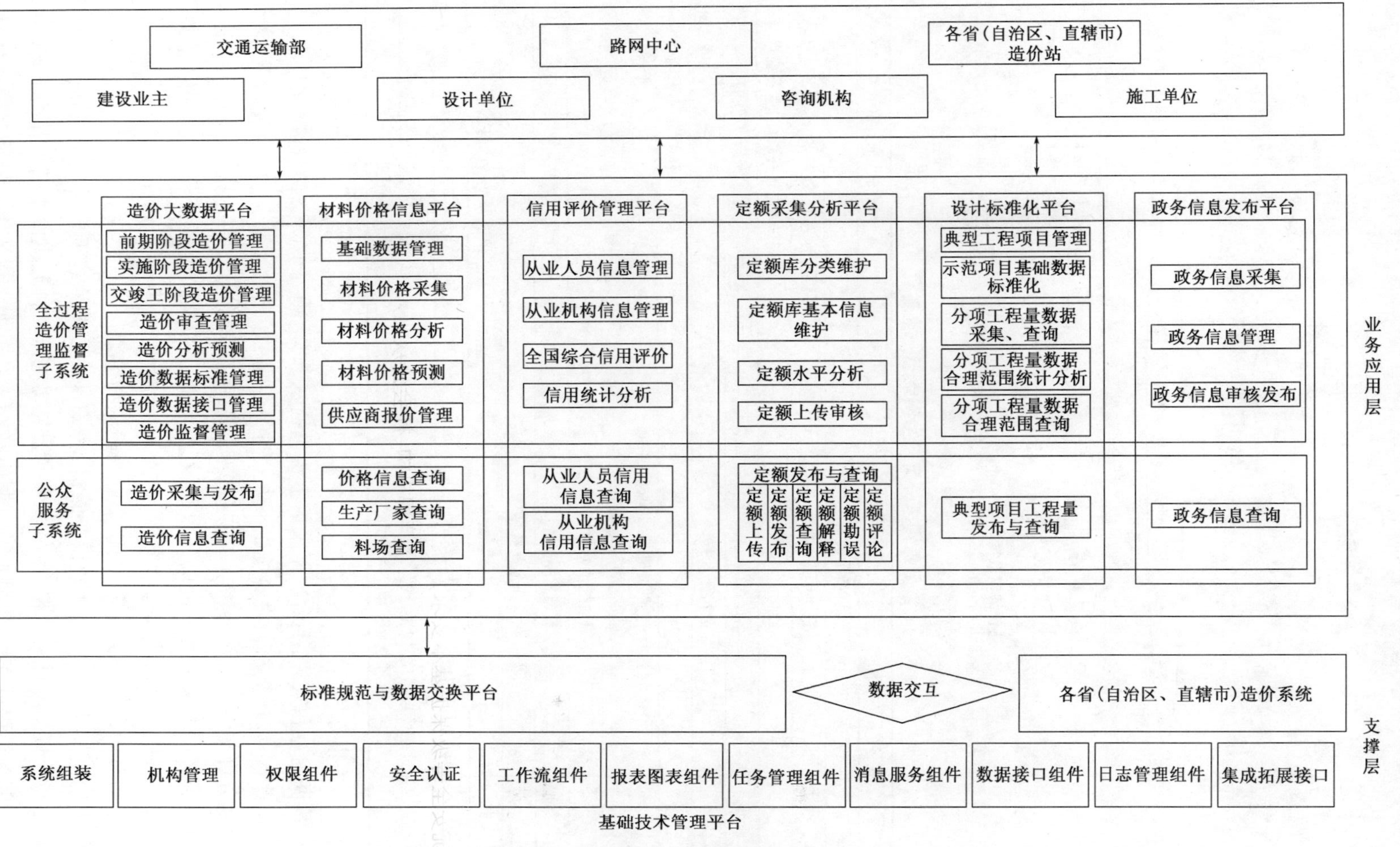

图5-13　全国公路工程造价管理信息系统总体架构图

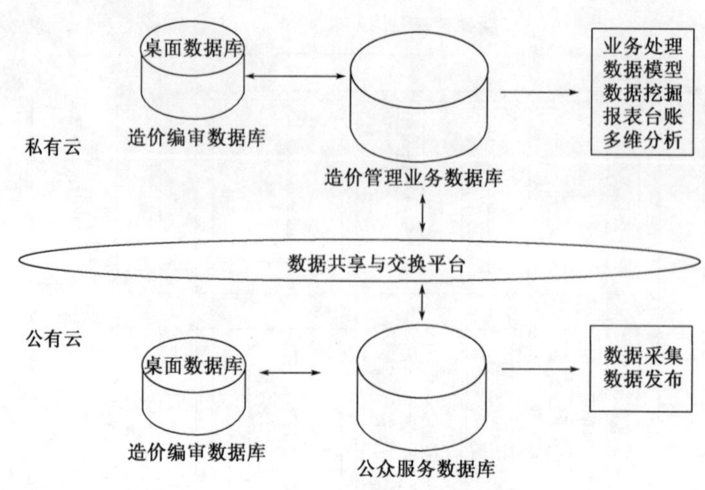

图5-14　数据库总体框架

数据需求分类及主要来源一览表

表5-2

序　　号	主 要 内 容	数 据 来 源
一	项目造价文件	
1	造价编审数据	手工文件表格、既有系统、本系统自身
2	造价文件数据	手工文件表格、既有系统、本系统自身
3	动态台账数据	计量支付系统、本系统自身
二	造价标准数据	
4	定额标准数据	手工文件表格、既有系统、本系统自身
5	工程量清单、工料机基础、取费项、费率、运费标准等基础数据	手工文件表格、既有系统、本系统自身
三	工料机价格数据	
6	材料价格数据	手工文件表格、本系统自身
四	人员和企业数据	
7	从业人员数据	既有系统、本系统自身
8	从业单位数据	既有系统、本系统自身
五	其他	
9	系统管理数据	既有系统、本系统自身

(3)数据采集方式

根据数据内容和来源,平台数据采集主要包括三部分:项目造价文件、标准文件和人员机构信息。因此,可以根据采集内容按以下方式进行数据的采集。

①项目造价文件

项目造价文件的采集可以按两条思路设计:一条是以某公路建设项目为主线,采集其估算、概算、预算、施工阶段、决算造价文件;一条是以计价阶段为主线,如工可阶段估算文件(多项目)、初步设计阶段概算文件等,便于文件的归集和检索。

目前市场上各类计价软件的数据存储格式各不相同,本系统平台采集项目造价文件首先制定统一的造价数据文件交换格式,目前像同望公司主流软件开发商也已公开其格式。其次,系统制定服务接口规范,由造价软件通过调用服务接口实现工程造价成果的收集。这就需要面向市场上的造价软件提供造价数据上传接口，接收各造价软件的工程成果数据。

造价信息数据库结构，如采用单一的文件内容分类目录存储的价值并不大，而是需要把文件内的各类数据项转存到数据库中，这样采集的造价数据才有价值。

②定额编制、工料机价格等资料采集方式

a)制定信息标准

制定和发布建设工程造价信息数据标准，应用于信息的采集、分析、处理、传输和再利用。

b)数据采集

建立长期与多面相结合的信息采集渠道，确保数据的来源的稳定性、真实性和时效性。

c)数据加工

系统地对数据进行清洗、分类、整合、提炼加工、再分类发布的处理流程。

③从业人员、从业机构信息

造价从业人员基本信息从交通运输部从业人员考试系统中数据交换，避免重复录入和数据不一致问题。从业单位信息与交通运输部从业单位信用评价系统共享，避免信息重复录入和不一致。

三、我国公路工程造价管理信息管理平台及构建

1.部级信息平台现状

目前，交通运输部信息中心机房已于2013年搬迁至上庄地面站机房。根据交通运输行业信息化发展建设总体构想，地面站机房将承载部级数据中心和行业信息化基地的运行；交通运输部机关(以下简称“部机关”)机房只部署并支撑涉密网应用，以及部机关访问互联网、视频会议等应用。

交通运输部信息化机房总体架构示意图如图5-15所示。

通过“全国公路基础数据库”“路况信息管理系统”和“通车信息管理系统”等系统的建设，交通运输部已经初步掌握了全国公路基础数据以及公路网交通阻断事件信息、新通车里程数据、重大节假日免费通行数据、气象数据、视频等数据内容，暂无高速公路收费数据。

目前，交通运输部已有系统对本系统无法提供支撑，本系统数据主要来源于各省级清分结算中心，本系统建成后可作为部数据资源的有机组成部分。但是由于全国高速公路通信专网工程尚未竣工，上庄地面站机房还不具备与同城的京津冀鲁晋区域中心机房光纤互联的条件。

2.路网中心信息平台现状

在2014年全国“两会”上，政府工作报告对全国ETC联网提出了明确要求，“在全国基本实现高速公路电子不停车收费联网，使交通真正成为发展的先行官”。2014年3月7日，交通运输部正式下发《关于开展全国高速公路电子不停车收费联网工作的通知》(交公路发〔2014〕64号)，启动全国高速公路ETC的联网工作。为了加快ETC应用的推广，部路网中心组织建设了“全国高速公路电子不停车收费清分结算中心系统”(以下简称“国家中心系统”)，国家中心系统由清分结算系统、综合业务处理系统、风险控制系统、客户服务系统、质量评价系统、军车ETC应用系统共6个子系统构成，如图5-16所示。按照国务院和交通运输部要求，到2019年底，“全国ETC用户数量突破1.8亿”“全国ETC用户新增1亿以上”“各省(自治区、直辖市)汽车ETC安装率达到80%以上”“各省(自治区、直辖市)高速公路入口车辆使用ETC比例达到90%以上”。

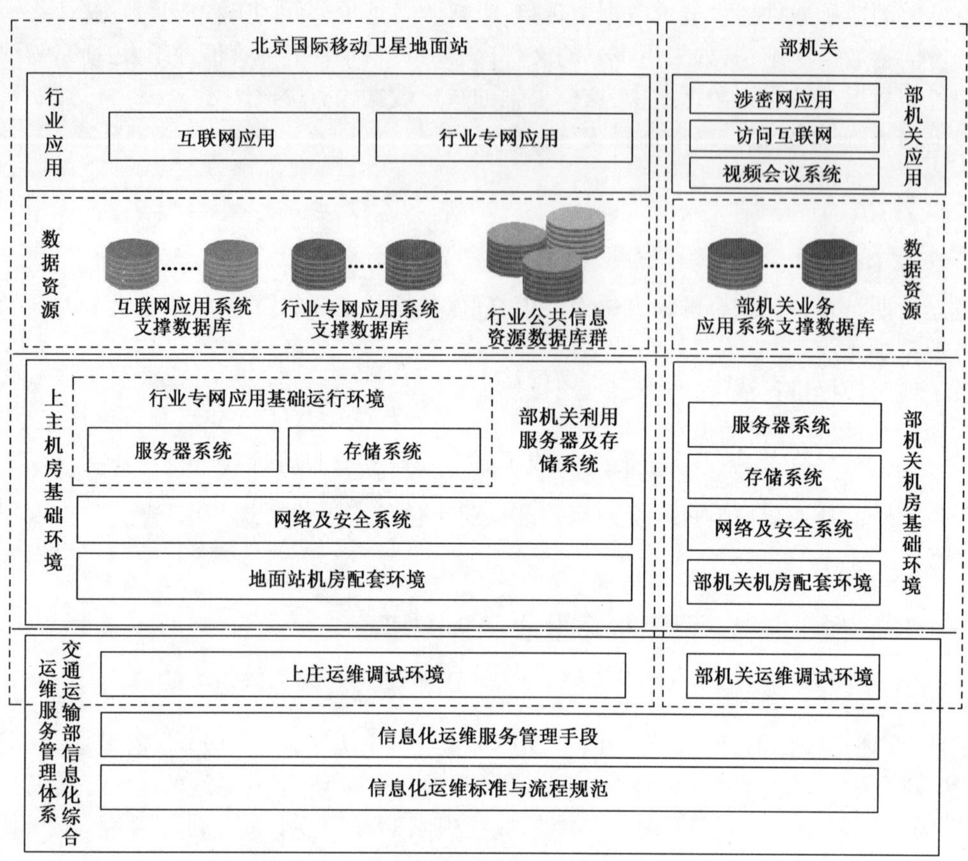

图 5-15　交通运输部信息化机房总体架构图

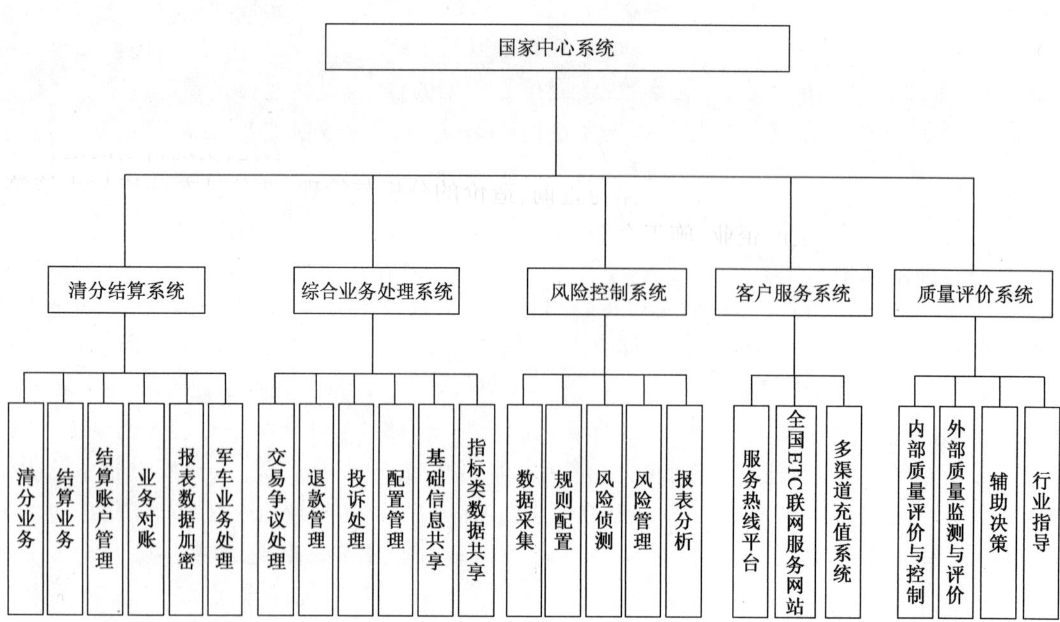

图 5-16　国家中心系统构成及功能模块

根据全国造价信息平台建设的功能分类，可分为六大类：材料信息、人员资质、造价监督、造价数据库、政务信息和造价审查。对全国已建立门户网站的23个省市平台进行分析，可以发现平台功能实现由高到低排序依次为：材价信息、政务信息、人员资质与造价数据库、造价审查和造价监督。可以发现居于核心功能的造价审查与造价监督功能尚开发不足，造价信息平台功能建设的质量还有待进一步提高。

四、我国公路工程造价管理信息化效果分析和前景

目前，作为全国公路交通建设造价主管部门的交通运输部路网监测和应急处置中心尚未建立全国统一的造价信息平台，但各省级公路工程造价主管部门都在积极探索公路工程造价管理的信息化，基本都建立了各自官方网站，按月、双月或季度对公路工程材料价格进行收集、分析、整理并发布造价信息。福建省还形成了定期编制和发布造价分析报告制度。在工程造价控制方面，所有的公路建设工程估算、概算、预算，以及工程量清单的编制和审查都采用成熟的商业软件。除此之外，各省级公路工程造价主管部门还在造价信息标准化、材料价格信息管理和投资控制等方面开展了大量的研究和成果应用。

1. 部分省先进成果简介

随着公路工程建设的开展和开通运营，全国已有23个省级公路工程造价管理机构开发了公路工程造价数据库信息系统。湖南省交通建设造价管理站利用计算机网络技术对省内已建公路工程项目的造价数据进行了收集，并根据不同的公路等级、不同的地形和地质、不同项目的建设成本等，将收集的各类资料进行整理、分析、存储，建立起湖南公路工程造价数据库；并在已储存造价资料的基础上，建立分项工程经济评估指标、上下限控制指标、工程量清单单价波动范围指标。定期更新和发布有用的造价信息，以此来评价和控制工程造价。同时，为进一步提高信息化水平，湖南省交通建设造价管理站还开发了工程建筑材料料场分布及价格信息动态管理数据库，根据收集整理的省内工程建筑材料分布、储量、产量、试验数据、产品质量及开发条件，绘制出工程建筑材料的分布图集，建立起建材分布与工程造价信息发布平台。以最新的GIS（地理信息系统）技术、计算机网络技术、数据库存储技术为依托，实现料场的定位、材料价格管理、定额管理、造价信息的存储与查询、造价的分析与管理、造价动态分析与决策等。此外，为搭建交通建材生产企业、施工企业、服务机构之间相互沟通与交流的桥梁，湖南省交通建设造价管理站还编写了《交通建设相关产品价格信息名录》，涵盖了普通材料、专用材料、地方材料以及工程机械、测绘、试验仪器等设备，生产企业及相关交通建设服务机构的信息。在此基础上，还同时建立了交通建材信息港，可对交通建材产品价格分类检索与查询，对各地预算价格分类检索与查询，对交通建材领域相关企业信息分类检索与查询，对会员分类分权限进行管理，对交通建设行业在线资讯，同时实现信息的采集、更新与发布。

云南省也为公路工程造价管理信息化做出了巨大努力。为进一步提高公路工程造价管理质量和效率，云南省发布了《公路工程工程量标准清单及计量规范》和《云南省公路工程工程量标准清单管理办法》，建立了云南省公路工程工程量标准清单管理系统，规定招标时必须采用工程量固化清单，招标文件必须严格遵循工程量固化清单电子文件中的数据、格式、运算定义及计价规则，否则通不过管理系统的格式审查。未通过格式审查的招标文件不得进行工程

招标。对需新增清单子目的,招标单位应提前报云南省厅工程造价管理局审核,通过后方可招标。通过这种方式,云南省显著提高了工程造价管理的质量和效率。

河北省在工程造价管理信息化过程中也取得了显著成效。为合理选择优质工程建筑材料,准确把握材料价格,河北省建立了“公路工程材料价格信息管理系统”。系统依托省、市、县三级(自下而上)工程材料价格调查队伍与多渠道材料价格调查体系进行调查。河北省交通建设造价管理机构对通过各渠道调查搜集的材料价格信息进行平衡、分析后,综合发布全省各地市工程造价信息,供工程造价人员在造价管理工作中使用。

河南省为提高对工程投资的控制力,建立了“河南省公路建设项目工程决算编制管理系统”,要求各项目业主及时将项目造价数据传送到该系统,并按该系统操作要求编制工程决算。河南省主管部门对安阳至南乐等 7 个高速公路建设项目采用该系统编制的工程决算进行了初步审查,并将初审意见反馈给业主,业主根据初审意见对编制的工程决算进行了核对、修改和完善。实践验证,采用工程决算编制管理系统审查业主编制的工程决算,可以加强投资控制,保证建设项目造价处于可控状态。此外,为细化不同管理部门的管理权限,加强对设计变更的动态管理,实现网络信息化,河南省建立了“高速公路建设项目设计变更与计量支付管理系统”,该系统可以按相应职务对应不同的批复级别、审批时间和权限等。设计变更对应的等级需要签批人员设置其相应权限及审批时间,向相关人员发送短信,提醒其上网查询或审批变更。湖南省也建立了类似的工程造价网上动态监管平台,通过该平台可以动态掌握项目费用支出情况,动态监控项目合同外费用的上报、审批情况,动态分析投资执行情况,并与批复概预算进行比较分析,对超出概预算的要进行预警。

2. 广东省公路工程造价管理信息化效益分析

除了上述提到的省,广东省在公路工程造价管理信息化方面起步较早且发展较快,一直走在全国乃至世界前列。广东省根据交通运输部和省交通运输厅的有关规定,结合广东省公路工程建设项目管理需要在公路工程造价管理信息化方面取得了创造性的成果。广东省公路工程造价综合管理系统已于 2015 年 3 月 21 日通过了广东省交通运输厅组织的鉴定,系统被认为:研究成果总体处于国际先进水平,在全过程造价管理标准化方面达到国际领先水平。建议加强本系统的推广和培训,进一步加强系统安全建设。

(1)经济效益

在经济效益方面,以广东省交通运输工程造价管理站近年来应用该项目成果完成造价审查的情况,来说明本项目产生的经济效益;项目推广前,2011 年全年,广东省交通运输工程造价管理站共完成 2329 亿元、216 项次的交通建设项目造价审查任务;2012 年全年,共完成 2541 亿元、185 项次的造价审查任务。项目推广后 2013 年全年,共完成 3416 亿元、350 项次的造价审查任务;2014 年全年,共完成 4383 亿元、347 项次的造价审查任务。审查核减工程造价额度从一般 3%~5% 幅度,平均每年约 100 亿元,提高到 5%~7% 幅度,平均每年约 230 亿元。审查的业务量逐年递增,借助信息化管理和造价编审工具软件,按时保质地完成了任务,提高了审查效率,收到了良好的造价管控效果。

(2)社会效益

综合管理系统为全过程管理、体系标准化提供了有效的数据管理手段,通过减少手工计算工作量、提高计算准确性和计算速率,较大地减少造价文件编制和审查工作量、提高了编审正确率和效率,节省了劳动成本,提升了管理精度。

综合管理系统,利用三级清单隐藏的逻辑关系和指标计算规则模型,抽取并计算项目指标值,与其他项目、指标库进行纵向、横向比照分析及快速匹配,有助于造价管理部门和项目管理者发现资金使用存在的问题,优化资金使用和提高建设方案和资金监管效果。

材料价格信息子系统的投入使用,实现材料价格信息化管理,大大提升人工、材料的价格信息发布的及时性、可靠性和准确性。为公路工程计价的各环节及时提供与市场价格水平接近的价格信息,确保了造价编制的准确、合理。

资格与资质管理子系统,实现对造价从业人员的网络化管理,为从业人员提供个人信息更新、更新知识、交流学习的平台,推动交通建设造价管理队伍建设,提高交通工程造价人员的素质和业务水平。

通过公路工程造价的标准化和信息化建设,推行信息公开,推行阳光造价,对公路建设领域的反腐倡廉和构建预防犯罪体系意义重大。

(3)成果应用情况

广州市交通工程造价管理站、佛山市交通运输工程造价管理站、东莞市交通工程造价管理站、广东省南粤交通投资建设有限公司、广东平兴高速公路有限公司、广清高速公路扩建工程管理处、深圳高速工程顾问有限公司、广州致正工程咨询有限公司等相关单位对本系统进行应用,对该系统的广东省公路工程项目基本信息管理、造价文件编审、造价监督管理、计价依据管理、价格信息管理、造价人员资质与资格管理、交互平台等子系统进行使用。认为该系统实现了以下功能:

①实现对公路工程估算、概算、预算、招标清单(预算)、合同价、造价管理台账、结算、决算等全过程造价数据的统一管理以及建立相关的计价依据、材料价格信息、从业人员的统一信息库。全过程信息化业务流程处理的实现,将原先各阶段割裂的信息孤岛相互关联在一起,使数据流得以整合利用、反馈优化,将造价管理参与方之间的造价信息便捷地交互共享,实现快速传输和及时响应,解决远程交互的时间、空间隔离,有助于动态管理、动态监管。通过网络化业务办理,优化了造价审查、监督、管理的业务处理流程,缩短了业务处理时间,提高劳动效率,节约成本。信息化的业务流程处理保障了造价形成过程的规范化、透明化,促进工程报价符合企业生产水平、有效控制企业经营和项目实施风险,并能够为工程项目提供建议和咨询服务。

②以公路工程三级清单标准、造价文件编制标准、材料分类编码标准等体系为基础,统一清单编制、概预算文件编制、计量支付与结算编制、决算编制等通用性应用软件的接口标准。针对造价监督管理,系统会提供一套规范、标准的造价台账、变更台账报表模板,使各项目在网上定期填报(或导入)的建设实施过程中的自检报告、造价台账、变更台账、造价人员资格情况,方便造价监督管理人员根据三级清单体系对比分析造价台账、变更台账与系统数据库中已审核的概预算造价的差异,与合同价的差异。审核后的造价台账、变更台账及审查记录进入系统数据库,为工程结算、决算的编制、审查提供参考,也方便随时查阅。

③系统功能全面、实用,运行稳定、数据计算准确,针对造价站内外不同用户群提供不同的功能界面,操作简洁。造价专用单机版软件统一了数据导入、导出标准,保证了各软件之间的数据无缝衔接。自动提取 Excel 图纸数量表,实现工程数量的自动统计。图纸数量表直接生

成分项清单,自动统计定额工程量,自动划分概预算项目表,自动提取工程量清单。以一个熟练的清单编制人员为例,一个造价约10亿元的土建标段从图纸摘录数量编制分项清单,未使用设计工程量算量软件前,约需10天完成,通过软件编制,约7天可以完成,提速30%;而且使用了算量软件,图纸和清单数量之间的准确性得到保证,数据可追溯,方便审核审计,让造价人员专注于造价分析,提升造价文件质量,加快项目进度。使设计工程数量表、造价估算、概算、预算、招标清单报表标准化,为决策提供造价指标数据支撑。

④造价文件编审、交互平台、项目信息等子系统功能基本实现业务需求,系统运行稳定,用户界面友好,流程设置清晰。

3.我国公路工程造价管理信息化前景

实现工程造价信息化管理是建设领域造价管理改革的重要内容。我国公路工程造价管理系统,通过几年的信息化建设,初步建立了适用于工程建设各个阶段的工程量标准清单管理、材料价格信息管理、材料调差管理、项目造价动态监管、工程决算管理系统等,为有效控制工程投资和强化造价管理发挥了重要作用。但与发达国家相比,我国工程造价管理信息化建设与应用还有很大差距。随着我国小康社会与城镇化建设的全面大力推进,公路工程的产业增加值在国内生产总值中所占的比例越来越大,贡献率也越来越高,而在信息化、全球化的当今社会,更需要进行大量信息的共享与分析。随着公路工程造价管理信息化、网络化的日益加强,公路工程造价信息管理必将迎来全方位、全过程、网络化的信息化应用时代,主要体现在以下几个方面。

①基于大数据的公路工程造价管理信息化

当前,以移动互联网、物联网和云计算等为代表的新技术广泛应用于社会各行各业,不断地改变人们的生产和生活方式,无论什么样的信息都最终都会转化为数字代码,数据已经成为信息的结晶体,信息体量高速膨胀,大数据时代已经到来。

随着信息技术在公路工程造价行业的广泛应用,公路工程造价信息数据也已经积累了非常庞大的数据,为了更好地利用这些数据,除了要对数据进行分类、存储,还要进行数据统计分析。面对这些庞大的造价信息数据,单纯地依靠人工的处理不仅工作效率低下,而且容易出错,需要应用现代化的信息化技术来挖掘这些数据的价值,促进行业发展。大数据是未来工程造价信息化建设的未来主要方向之一,基于大数据的应用是公路工程造价行业信息化发展的必由之路。

②基于云计算的公路工程造价管理信息化

云计算(Cloud Computing)始于1983年,2006年3月亚马逊公司率先推出弹性云,使云计算正式走向应用,同年8月9日,Eric Schmidt首次提出“云计算”这一概念,随后美国的众多知名院校迅速投入云计算的推广研究。

美国国家标准与技术研究院给出了较为全面的“云计算”定义,即:在按使用量付费的模式下,用户仅需投入少量的管理工作或者与服务供应商进行很少的交互,就可以进入可配置的计算资源共享池(资源即服务,包括网络、服务器、存储、应用软件),实现资源的快速提取。在强大的存储能力和计算能力的支持下,云计算平台可以在虚拟的资源池内为终端用户提供多样化的服务。

云计算海量储存能力、大数据处理能力和灵活交易方式可以为公路工程造价行业信息发布水平的提高、数据的快速搜集和处理、造价咨询公司信息化管理水平的提高提供重要的技术支持，但是要真正实现云计算在公路工程造价信息管理中的应用，公路工程造价管理部门还需要深化改革，制定相配套的管理制度、数据标准和共享机制，进一步促进造价管理部门转变服务职能，与市场化的发展模式相适应，进一步实现造价信息的流动更新和深度挖掘。

③基于 BIM 的公路工程造价管理信息化

建筑信息模型(Building Information Modeling，BIM)是以三维数字技术为基础，能够实现项目生命周期各阶段、各专业及各参与方之间的信息共享和关联，是对设计、施工和管理方法的一种创新。BIM 虽然是一个模型，但它却包含了庞大的属性信息，如施工资源、构件材料、力学性能、建造商等，而且能够将这些信息有机地进行关联。项目的各方参与者通过 BIM 平台进行信息交流，便可在同一个平台上共享数据，减少了信息在多专业之间的请求次数并缩短信息响应时间。根据国家的“十三五规划”，政府认为建筑企业需要应用先进的信息管理系统以提高企业的素质和加强企业的管理水平。国家建议建筑企业需要致力加快 BIM 技术应用于工程项目中。

随着公路行业的不断发展和其市场竞争的日益加剧，对公路工程建设项目也提出了新的、更高的要求，把 BIM 作为信息系统的核心，依托其自身的强大功能，满足不同使用者的个性化功能需要，纵向连接各阶段、横向集成各参与方，实现信息集成，是当今造价管理的当务之急。基于 BIM 的宏观、中观和精细化管理相结合的多层次管理和可视化模拟将成为今后发展的趋势。

④基于全寿命周期的公路工程造价管理信息化

全寿命周期工程造价管理的思想最早起源于重复性制造业，主要是由英美的一些学者于 20 世纪 80 年代初提出、建立、逐渐推广的一种现代化的工程造价管理的理念和方法。全寿命周期造价管理是综合考虑建设成本与未来成本，从而实现建设项目全寿命周期总造价最小化，要求从资金成本、社会成本、环境成本三方面来控制建设项目的总造价。

在公路工程造价管理过程中，全寿命周期造价管理不仅仅在公路工程建设项目造价管理过程中，而且还要考虑到造价管理系统在竣工验收之后运营维护阶段的应用，不但满足管理部门和建设单位在建设时的需要，同时也能满足使用中在运营和维护阶段实际工作的需要，为建设投资单位、项目使用者、施工单位、甚至分包单位、监理单位等都能得到后期的总结数据服务。

由于全寿命周期造价管理整合了全过程、全团队、全要素、全风险造价管理的思想方法，这就需要实现以下三个维度的信息集成：第一维度，项目各阶段的造价信息集成，从各阶段的联系出发、系统性把握造价的规划、确定以及控制；第二维度，不同参与方之间的信息集成，各参与方协同工作，尤其是政府和设施使用者应加强协调监控，保证各方利益平衡及全寿命周期成本最小化；第三维度，信息操作集成，全寿命周期造价管理不仅要求不同阶段不同参与方之间信息集成共享，而且还应保证系统软件之间能够无缝对接，实现信息及操作的集成。

公路工程造价管理信息化作为一项复杂、涉及面广、关联度高的工作，是一个系统工程，需要融合公路工程、造价管理、计算机技术、数学建模等各方面知识，随着互联网技术、BIM 技术、

GIS 技术和数据挖掘技术等先进技术理念的不断更新和发展,为公路工程造价管理信息化提供了更多的可能与机会。国家政策的大力支持也为我国公路工程造价管理信息化的发展提供了有力的保障,公路工程造价管理信息化前景广阔。在现阶段的基础上进一步提高公路工程造价管理部门及参与各方的数字化、科学化、智能化和规范化管理水平,迎接工程造价管理的网络化、全球化信息时代。

参考文献

[1] 交通运输部令 2016 年第 67 号.《公路工程造价管理暂行办法》[Z]. 北京:中华人民共和国交通运输部,2016.

[2] 2018 年交通运输行业发展统计公报. 交通运输部官网,http://xxgk.mot.gov.cn/jigou/zhghs/201904/t20190412_3186720.html, 2019.

[3]《公路工程造价管理暂行办法》解读. 交通运输部. 中国公路,2016(22):44.

[4] 王娟玲. 公路工程造价[M]. 北京:机械工业出版社,2017.

[5] 刘燕,涂忠仁. 公路工程造价编制与管理[M]. 3 版. 北京:人民交通出版社股份有限公司,2014.

[6] 中华人民共和国交通运输部. 公路工程建设项目造价文件管理导则:JTG 3810—2017[S]. 北京:人民交通出版社股份有限公司,2017.

[7] 中华人民共和国交通运输部. 公路工程建设项目投资估算编制办法:JTG 3820—2018[S]. 北京:人民交通出版社股份有限公司,2018.

[8] 中华人民共和国交通运输部. 公路工程建设项目概算预算编制办法:JTG 3830—2018[S]. 北京:人民交通出版社股份有限公司,2018.

[9] 中华人民共和国交通运输部. 公路工程估算指标:JTG/T 3821—2018[S]. 北京:人民交通出版社股份有限公司,2018.

[10] 中华人民共和国交通运输部. 公路工程概算定额:JTG/T 3831—2018[S]. 北京:人民交通出版社股份有限公司,2018.

[11] 中华人民共和国交通运输部. 公路工程预算定额:JTG/T 3832—2018[S]. 北京:人民交通出版社股份有限公司,2018.

[12] 中华人民共和国交通运输部. 公路工程机械台班费用定额:JTG/T 3833—2018[S]. 北京:人民交通出版社股份有限公司,2018.

[13] 交通运输部公告 2017 年第 51 号.《公路工程标准施工招标文件》(2018 年版)[Z]. 北京:中华人民共和国交通运输部,2018.

[14] 交通部令 2005 年第 5 号.《公路工程设计变更管理办法》[Z]. 北京:中华人民共和国交通部,2005.

[15] 交公路发〔2004〕507 号.《公路建设项目工程决算编制办法》[Z]. 北京:中华人民共和国交通部,2004.

[16] 交通运输部第 26 号公告,交通运输部关于调整《公路工程建设项目投资估算编制办法》(JTG 3820—2018)和《公路工程建设项目概算预算编制办法》(JTG 3830—2018)中“税金”有关规定的公告[Z]. 北京:中华人民共和国交通运输部,2019.

[17] 交财发〔2000〕207 号,交通部关于印发《交通基本建设项目竣工决算报告编制办法》的通知[Z]. 北京:中华人民共和国交通部,2000.

[18] 交规划发〔2011〕695 号,《公路建设项目后评价报告编制办法》[Z]. 北京:中华人民共和

国交通运输部,2011.

[19] 建办标函〔2017〕621号,住房和城乡建设部办公厅关于征求《建设项目总投资费用项目组成》《建设项目工程总承包费用项目组成》意见的函[Z]. 北京:住房和城乡建设部办公厅,2017.

[20] 交通运输部职业资格中心. 交通运输工程技术与计量[M]. 北京:人民交通出版社股份有限公司,2019.

[21] 戚安邦. 工程项目全面造价管理[M]. 天津:南开大学出版社,2000.

[22] 交通运输部职业资格中心. 公路工程造价计价与控制[M]. 北京:人民交通出版社股份有限公司,2015.

[23] 陆春其. 公路工程造价[M]. 4版. 北京:人民交通出版社股份有限公司,2018.

[24] 丁永灿. 公路工程造价[M]. 2版. 北京:人民交通出版社股份有限公司,2018.

[25] 范智杰. 公路工程计量与造价控制[M]. 北京:人民交通出版社股份有限公司,2018.

[26] 辛建丽. 公路工程计量与计价[M]. 北京:科学出版社,2016.

[27] 住房和城乡建设部标准定额所.《公路建设项目经济评价方法与参数》[M]. 北京:中国计划出版社,2010.

[28] 造价工程师职业资格考试培训教材编审委员会,建设工程造价管理[M]. 北京:中国计划出版社,2019.

[29] 郝建新. 工程造价管理的国际惯例[M]. 天津:天津大学出版社,2005.

[30] 尹贻林,申立银. 中国内地与香港工程造价管理比较[M]. 天津:南开大学出版社,2002.

[31] 王振强. 日本工程造价管理[M]. 天津:南开大学出版社,2002.

[32] 王振强. 英国工程造价管理[M]. 天津:南开大学出版社,2002.

[33] 郝建新. 美国工程造价管理[M]. 天津:南开大学出版社,2002.

[34] 李丛. "BOT + EPC"模式下高速公路项目投资控制研究[D]. 重庆:重庆交通大学,2015.

[35] 侯波. 公路工程造价管理体系及确定方法与控制模式研究[D]. 西安:长安大学,2010.

[36] 黄敏. 公路工程造价管理方法及信息化系统的构建与应用[D]. 北京:中国地质大学,2017.

[37] 张大昌. 政府投资项目全过程造价控制管理研究[D]. 北京:北京建筑大学,2013.

[38] 王彬. 政府投资市政工程项目的全过程造价管理研究[D]. 武汉:武汉工程大学,2017.

[39] 韩建军. 建筑工程项目全过程的造价管理研究[D]. 武汉:湖北工业大学,2016.

[40] 王芳,刘凯,王选仓,等. 高速公路建设费用组成及造价估价模型建立[J]. 公路交通科技,2012(06):31-36,67.

[41] 邢爽. 公路工程造价组成及应用[J]. 交通世界(工程技术),2015(3):52-53.

[42] 郑鑫. 基于产业化模式下建筑工程造价组成的研究[J]. 科技经济导刊,2018(9):61.

[43] 闫东星. 内蒙古高等级公路工程造价影响分析[J]. 内蒙古科技与经济,2018(2):34-35.

[44] 傅玲,路峻,王小鹃,等. 产业化模式下建筑工程造价组成分析[J]. 建筑经济,2016(2):34-35.

[45] 徐磊. 建筑工程造价的动态管理与控制研究[J]. 农家参谋,2019(8):123.

[46] 项纯. 国内外工程造价管理情况分析与借鉴[J]. 铁道工程学报. 2009(3):105-109.

[47] ChoongWan Koo, TaeHoon Hong, ChangTaek Hyun. The development of a construction cost

prediction model with improved prediction capacity using the advanced CBR approach[J]. Expert Systems With Applications, 2011 (7).

[48] MA Zhiliang, WEI Zhenhua, SONG Wu, el al. Application and extension of the IFC standard in construction cost estimating for tendering in China[J]. Automation in Construction, 2010(2).

[49] ZHANG Ying, XIONG Lihui. Discussion on the Cost Management and Control of Construction Project[J]. Applied Mechanics and Materials, 2014 (584).

[50] 王树东. 公路工程造价的合理确定与控制分析[J]. 北方交通, 2015(1):128-129, 132.

[51] 王丽丽. 公路工程造价管理及控制的要点分析[J]. 科技与企业, 2015(3):46-47.

[52] 王飞, 郑张丽, 郭静静, 等. 基于神经网络的公路工程造价预测模型[J]. 河北工程大学学报(自然科学版), 2014(4):102-104.

[53] 常春光, 尹凯. 施工阶段工程造价动态控制研究[J]. 沈阳建筑大学学报(社会科学版), 2014(1):60-65.

[54] 董菲. 全生命周期公路工程造价管理研究[J]. 交通标准化, 2013(9):51-53.

[55] 刘伟军, 石志飞. 基于 PM3 的公路工程造价管理成熟度模型[J]. 长沙理工大学学报(自然科学版), 2015(3):105-109.

[56] 雷英夏. 公路工程造价管理工作发展对策探讨[J]. 公路, 2011(5):124-128.

[57] 王义丽. 公路工程施工阶段造价动态控制研究[J]. 公路与汽运, 2016(2):244-246.

[58] 李培培. 道路桥梁工程造价的影响因素与控制措施[J]. 交通世界, 2016(2):102-103.

[59] 郭书翊. 高速公路工程造价控制的思考与探索[J]. 山西交通科技 2016(1):88-90.

[60] 羊少奎. 试论高速公路工程造价的影响因素及有效控制[J]. 中国新技术新产品, 2015(17). 105-106.

[61] 刘波. 浅析公路工程中的造价管理模式和方法[J]. 企业技术开发, 2015(30):157, 162.

[62] 张庆来. 高速公路扩建工程造价控制问题研究[J]. 公路交通科技(应用技术版), 2019(4):323-325.

[63] 余梅群. 高速公路施工阶段的工程造价控制研究[J]. 黑龙江交通科技, 2019(2):179-180.

[64] 王元庆. 公路造价管理与信息化[M]. 北京:人民交通出版社, 2003.

[65] 尹亚辉. BIM 技术在项目全生命周期的应用研究[D]. 北京:北京建筑大学, 2015.

[66] 刘玲, 孟庆昕, 刘晓东, 等. 基于 BIM_GIS 技术的公路预防性养护研究 [J]. 公路交通科技, 2015, 124(4): 13-15.

[67] 广东省交通运输厅. 广东省高速公路建设标准化管理指南(试行)(粤交基〔2011〕158号)[Z]. 广州:广东省交通运输厅, 2011.

[68] 王凯. 国外 BIM 标准研究[J]. 土木建筑工程信息技术, 2013, 5(1).

[69] 王婷, 肖莉萍. 国内外 BIM 标准综述与探讨[J]. 建筑经济, 2014(5):108-111.

[70] 纪博雅, 戚振强. 国内 BIM 技术研究现状[J]. 科技管理研究, 2015(6):184-190.

[71] 李勇, 管昌生. 基于 BIM 技术的工程项目信息管理模式与策略 [J]. 工程管理学报, 2012, 26(4): 17-21.

[72] 曹毅. BIM 标准的现状及其发展[J]. 科技创新与应用,2012(21):256.
[73] 张连营,李彦伟,高源. BIM 技术的应用障碍及对策分析[J]. 土木工程与管理学报,2013,30(3):65-69.
[74] 汤圣君,朱庆,赵君峤. BIM 与 GIS 数据集成:IFC 与 CityGML 建筑几何语义信息互操作技术[J]. 土木建筑工程信息技术,2014(4):11-17.
[75] 何关培. BIM 总论[M]. 北京:中国建筑工业出版社,2011.
[76] 张绍阳,葛丽娟,安毅生,等. 交通运输数据标准研究现状与发展 [J]. 交通运输工程学报,2014,14(2):112-125.
[77] 杜勇,李军. 交通数据中心数据整合与综合数据库的设计研究[J]. 交通科技,2013(2):147-149,153.
[78] 汪祖云. 交通数据中心总体架构与数据共享交换平台的设计研究[J]. 交通运输系统工程与信息,2008,8(3):23-28.
[79] ZHOU Zheng bing. Design of provincial transportation data center for industrial integration and intelligent analysis[J]. Applied Mechanics and Materials,2011:130,134,2886-2889.
[80] 王志伟. 黑龙江省交通两级数据中心设计构想[J]. 中国交通信息化,2011(6):114-116.
[81] 杨洪义. 关于加强综合运输信息平台建设的探讨[J]. 交通运输部管理干部学院学报,2009,19(3):13-19.